"十三五"普通高等教育本科部委级规划教材

纺织品服装营销管理

李双燕　王庆丰　主　编

任继江　孔繁荣　副主编

中国纺织出版社

内 容 提 要

本书从纺织品服装的视角阐述了营销学的基本原理以及营销所面临的各种环境因素;分析了纺织服装产品的流行元素以及面临的主要消费人群;结合相关案例,为企业在经营中如何站稳脚跟以及进行扩张提出了方法策略;在对企业的4P战略研究中,由于考虑纺织服装产品的特殊性,把品牌发展及零售单列出来进行研究;最后介绍了国际上主要的纺织品服装生产国、消费国状况。

本书供纺织服装类本科专业院校及商贸外贸专业师生作为教材使用,也可作为高职高专相关专业学生学习用书或在职人员培训和自学参考书。

图书在版编目（CIP）数据

纺织品服装营销管理/李双燕,王庆丰主编. —北京:中国纺织出版社,2018.4（2024.8重印）
"十三五"普通高等教育本科部委级规划教材
ISBN 978 - 7 - 5180 - 4517 - 4

Ⅰ. ①纺… Ⅱ. ①李… ②王… Ⅲ. ①服装—市场营销学—高等学校—教材 Ⅳ. ①F768.3

中国版本图书馆 CIP 数据核字 (2017) 第 331380 号

策划编辑:符 芬   责任编辑:沈 靖
责任校对:王花妮   责任印制:何 建

中国纺织出版社出版发行
地址:北京市朝阳区百子湾东里 A407 号楼   邮政编码:100124
销售电话:010—67004422   传真:010—87155801
http://www.c-textilep.com
中国纺织出版社天猫旗舰店
官方微博 http://weibo.com/2119887771
北京虎彩文化传播有限公司印刷   各地新华书店经销
2018 年 4 月第 1 版   2024 年 8 月第 3 次印刷
开本:787×1092 1/16 印张:15.25
字数:420 千字 定价:58.00 元

纺织产业在我国占据着非常重要的地位，不仅是国民经济的支柱产业，也是重要的民生产业，而且具有明显的国际竞争优势，是我国出口创汇的主导产业之一。

本书以市场营销学理论为基础，以纺织商品的营销手段为主线，阐述了纺织服装产品在营销过程中的原理、方法、策略、经典案例等。全书共分为十四章，分别从纺织品服装市场营销导论、纺织品服装市场营销环境、纺织品服装流行元素及流行趋势、纺织品服装消费者市场和购买行为、纺织品服装组织市场和购买行为、纺织品服装企业的 STP 战略、纺织品服装企业的发展战略、纺织品服装的产品策略、纺织品服装的品牌战略、纺织服装产品的定价策略、纺织品服装的分销渠道策略、纺织品服装的零售策略、纺织品服装的促销策略、纺织品服装国际市场营销十四个方面对纺织服装营销相关理论和知识进行了详细的介绍。为了增加教材的可读性及趣味性，本书每章开篇均设有引导案例，思考题中包含案例分析。此外，在编纂过程中还引用了较多的小案例、小链接等进行解释说明。

本书既借鉴了前人的经验，又融入了新的元素，体现了教材的前瞻性和先进性。通过学习，纺织服装专业的学生可以掌握营销学与管理学的相关知识，认识纺织品服装营销中应该注意的问题及采取的策略，对其未来从事纺织品服装营销管理类工作起到入门引导作用。

本书由中原工学院纺织学院李双燕副教授和经管学院王庆丰博士负责内容总体设计和编写大纲的拟定。教材的编写分工按章节先后顺序依次为：中原工学院王庆丰编写第 1 章、第 6 章；中原工学院任继江编写第 2 章、第 8 章；河南工程学院郑潇编写第 3 章、第 9 章；河南工程学院贾琳编写第 4 章、第 5 章；河南工程学院孔繁荣编写第 7 章、第 14 章；中原工学院李双燕编写第 10 章、第 13 章；中原工学院杨艳菲编写第 11 章、第 12 章。此外，中原工学院信息商务学院胡芳雅参与了部分资料收集及图表整理的工作。

本书属于中原工学院 2014 年度校级教材重点建设项目，在编写和出版过程中同时得到了纺织服装产业河南省协同创新中心的大力支持，在此表示衷心的感谢！书中参考了相关专业书籍和文献资料，在此向这些作者一并致以谢意和敬意！

由于作者水平有限，本书存在不足和不当之处，敬请广大读者批评指正。

编　者
2017 年 10 月

目录

第一章　纺织品服装市场营销导论

【本章学习目标】

1. 掌握市场营销的基本概念与含义。
2. 了解市场营销的产生与发展历程。
3. 了解市场营销在纺织服装行业中的应用。

【引导案例】

牛仔裤的发明与发展

1829 年，李维·施特劳斯出生于德国的一个小职员家庭，他从小就很聪明，顺利地上完中学、大学。如他的父辈一样，他成为一名文员。

1850 年，美国西部发现了大片金矿。于是，无数个想一夜致富的人们如潮水一般涌向那曾经是人迹罕至、荒凉萧条的西部不毛之地。当时李维·施特劳斯 20 多岁，他也放弃了乏味的工作，加入到浩浩荡荡的淘金人流之中。

李维·施特劳斯经过认真思考，决定开一家日用品小店，从淘金人身上开始自己的梦想。这家小店的生意很不错，很快李维就赚回了成本，还有了不少的利润。

有一天，他外出采购了许多日用百货和一大批搭帐篷、马车篷用的帆布。李维·施特劳斯本来以为帐篷是人们的必需品，却没想到竟然无人问津。忽然他见一位淘金工人迎面走来，并注视着帆布。"我需要的是像帐篷一样结实耐磨的裤子，你有吗？""裤子？为什么？"李维·施特劳斯惊奇地问道。那工人告诉他，淘金工作很艰苦，衣裤经常要与石头、砂土摩擦，棉布做的裤子不耐穿，几天就磨破了。"如果用这些厚厚的帆布做成裤子，肯定又结实又耐磨，说不定会大受欢迎呢！"淘金工人的这番话提醒了李维·施特劳斯。于是，他用带来的厚帆布效仿美国西部的一位牧工杰恩特制的一条式样新奇而又特别结实耐用的棕色工作裤，向矿工们出售。

1853 年，第一条日后被称为"牛仔裤"的帆布工装裤在李维·施特劳斯手中诞生了。当时它被工人们称为"李维斯工作裤"。

牛仔裤以其结实、耐久、穿着合适获得了当时西部牛仔和淘金者的喜爱。大量的订单纷至沓来。李维·施特劳斯不再开自己的那家日用品店。1853 年，李维·施特劳斯正式成立了自己的牛仔裤公司，开始了经营这个品牌的漫漫长路。

公司开张后，产品十分畅销，但李维·施特劳斯却对帆布做的裤子很不满意。因为帆布虽然结实耐磨，却又厚又硬，不但穿在身上不舒服，而且也无法像柔软的布料那样，设计出各种美观合身的款式。

　　他开始寻找新的面料。有一天，他发现欧洲市场上畅销一种蓝白相间的斜纹粗棉布，兼有结实而柔软的优点。他当机立断，决定从法国进口这种名为"尼姆靛蓝斜纹棉哔叽"的面料，专门用于制作工装裤。结果，用这种新式面料制作出来的裤子结实柔软，式样美观，穿着舒适，再次受到矿工们的欢迎。

　　这次换用新的布料，在牛仔裤发展史上具有重要意义。此后，这种用靛蓝色斜纹棉哔叽做成的工装裤在美国西部的淘金工、农机工和牛仔中间广为流传，靛蓝色也成为李维斯工装裤的标准颜色。由于靛蓝色与欧洲原始时代和宗教信仰有密切的关系，因此对牛仔裤后来在欧洲的流行起着潜在的促进作用。

　　虽然初步获得了成功，但李维·施特劳斯并不就此满足，他还在继续寻找机会，对牛仔裤进行改进。当时淘金工人在劳动时，常常要把沉甸甸的矿石样品放进裤袋，沉重的矿石经常会使裤袋线崩断、开裂。当地一位名叫雅各布·戴维斯的裁缝经常为淘金工人修补被撑破的裤袋。雅各布用黄铜铆钉钉在裤袋上方的两只角上，这样就可以固定住裤袋。同时他还在裤袋周围镶上了皮革边，这样既美观又实用，有的工人裤子没有磨破，为了美观而去镶边。雅各布·戴维斯就此向李维·施特劳斯提出了建议。李维·施特劳斯不但接受了这个建议，还把尚未出厂的工装裤全部加上黄铜铆钉，申请了专利，由此传统的牛仔裤就此定型。

　　最初的时候，为了淘金工人活动方便，李维斯工装裤是短裤。后来为了防止蚊虫叮咬，李维·施特劳斯又把短裤改为长裤，并设计成西班牙牧童短裆瘦腿裤的款式，缝制时用走明线和钉铆钉的方法增强裤子的牢度，同时突出装饰效果。淘金工人穿着这种牢固耐磨的裤子显得特别豪爽和神气。当他们进城休假时，这种装束引来不少人羡慕的眼光，于是李维斯工装裤开始在多种职业的人群中流行。

　　此后，由于耐穿、方便和式样美观、别致，李维斯工装裤不再是淘金工人的专用服饰，而成为美国社会中受大众欢迎的一种时髦服装。尽管受到普通民众的欢迎，但李维斯工装裤却受到上流社会中的一些人的抵制和蔑视，说它是"庸俗和下流"的服装。

　　在很长一段时间里，李维斯工装裤只是一种难登大雅之堂的非正式服装。而李维·施特劳斯为扩大产品的影响，更是不断改进、创新，付出了毕生的努力。当他1902年去世时，牛仔裤依然没有普及，没有被大多数人所接受。然而，他的下一代继承了他的敬业、创新精神，运用优秀的广告，通过好莱坞影星、西部牛仔影片，终于把李维斯工装裤推向了全世界。

　　如今，牛仔裤已经成为既可以表现各个年龄层性感的服装，同时也是可以在任何时候穿着都不会有落伍感觉的"时装"。在全世界所有的牛仔裤品牌当中，李维斯是最老的百年常青之树。

第一节　市场营销的基本概念

　　市场营销是建立在经济科学、营销科学、行为科学和现代科学技术基础之上的一门实用性很强的应用学科，是通过对企业营销实践进行概括和总结而逐渐形成。

一、市场营销的内涵与定义

（一）市场的含义

关于市场，可以从不同的角度进行界定。在日常生活中，人们习惯将市场看成是买卖的场所，如农贸市场、服装市场、超级市场、批发市场等。这是从时间和空间的角度来理解的市场概念。

经济学家从揭示经济实质的角度提出市场概念，认为市场是社会分工和商品生产的产物，是实现商品形态变化，在商品所有者之间进行商品交换的总体表现。管理学家则侧重于从具体的交换活动及其运行规律中去认识市场，认为市场是供需双方在共同认可的条件下所进行的商品或劳务的交换活动。

美国著名营销学家菲利普·科特勒（Philip Kotler）认为，"所谓市场，是指某种产品的实际购买者和潜在购买者的集合。这些购买者具有某种欲望或需要，并且能够通过交换得到满足。因而，市场规模取决于具有这种需要及支付能力，并且愿意进行交换的人的数量。"

站在经营者角度，人们常常把卖方（生产者）称为行业，而将买方（消费者）称为市场。图1-1展示了它们之间如何通过四种"流"联系在一起。卖方向市场传递产品、服务和传播信息（如广告和直邮），同时收取顾客的款项及信息（如顾客态度和销售数据）。内环显示交易双方之间产品、服务和款项的交换，外环显示双方的信息交换。

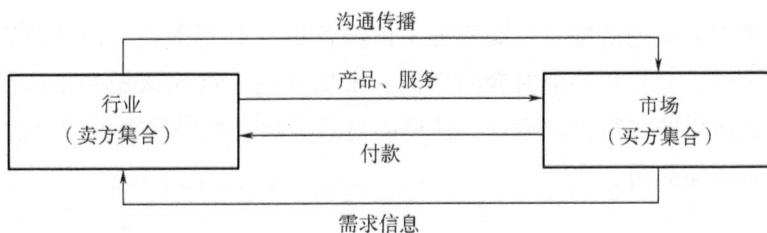

图1-1　简单的市场营销系统

（二）市场营销定义

美国市场营销协会将市场营销定义为：市场营销是在创造、沟通、传播和交换产品中，为顾客、客户、合作伙伴以及整个社会带来价值的一系列活动、过程和体系。本书采用菲利普·科特勒教授关于市场营销的定义：市场营销是通过创造和交换产品及价值，从而使个人或群体满足欲望和需要的社会和管理过程。

根据上述定义，可以将市场营销概念从管理角度具体归纳为下列要点。

（1）市场营销的基本目标是"获得顾客、挽留顾客和提升顾客"。

（2）"交换"是市场营销的核心。市场营销的基本任务就是为实现交换不断地"创造、传播和交付顾客价值和管理顾客关系"。

（3）交换过程能否顺利进行，关键取决于营销者创造的产品和价值能够满足顾客需求的程度，以及对交换过程管理的水平。

市场营销是企业最重要的职能之一。因为企业存在的价值在于它能够不断提供合适的产品或服务，有效地满足顾客需要。管理大师彼得·德鲁克指出，"顾客是企业得以生存的基础，企业的目的是创造顾客，任何组织如果没有营销或者营销只是其业务的一部分，则不能称为企业。""市场营销和创新，这是企业的两个功能。"其中，"营销是企业与众不同的、独一无二的职能。"

二、市场营销相关概念

（一）需要、欲望和需求

1. 需要 人类需要是市场营销的基石。所谓需要，是指人们与生俱来的基本要求。人们为了生存需要食物、衣服、房屋、安全感、尊重和一些其他的东西，这些需要存在于人本身的生理需要和自身状态之中，市场营销者可以用不同的方式去满足它，但不能凭空创造。

2. 欲望 欲望是人们希望更深层次的需要得到满足，是个人受不同文化及社会环境影响表现出来的对需要的特定追求。例如，人们穿衣服不仅仅是遮体御寒的需要，还为了使自己更加漂亮，这就是欲望。虽然人们的需要很少，但是欲望却很多。人类欲望的形成和发展受到社会力量和诸如社会团体、学校、家庭和朋友的影响。市场营销者无法创造需要，但可以影响欲望，并通过创造、开发及销售特定的产品或服务来满足人们的欲望。

3. 需求 需求是针对特定产品的欲望。这种欲望必须有两个条件：有支付能力并且愿意购买。也就是说，当有购买力支持的时候，欲望就变成了需求。因此，在营销过程中，不仅要预测有多少人喜欢自己的产品，更重要的是要了解有多少人愿意并且能够购买。

市场营销人员不需要创造需要，需要先于市场营销人员而存在。市场营销人员和其他的社会上的影响者一样，只是影响消费者的欲望。市场营销人员应该做的工作是：分析有关顾客调查数据，认真研究顾客行为和偏好，使产品对目标顾客来讲显得更加合适、富有吸引力，价格合适并且可以方便获得。

（二）产品

在营销学中，产品指能够满足人的需要和欲望的任何事物，其价值在于它给人们带来的对欲望的满足。因此，任何满足需要和欲望的东西都可称为产品，包括有形产品和服务。

有些制造商过于重视有形产品，而忽视服务，这是一个误区。他们以为自己只是出售一件产品，而不是提供对某项需要的满足。例如，一个人在购买一件 T 恤衫的时候，往往不仅是购买 T 恤衫，还在购买"美丽"。市场营销人员的工作不仅仅要描绘其产品的物理特征，还要描述产品深层的利益和所能提供的服务。市场营销者必须清醒地认识到，其创造的产品不管形态如何，都要满足顾客的需要和欲望。

（三）价值与满足

在满足某种需要的诸多产品中消费者将如何选择？冬天来了，人们需要保暖的衣服，有许多产品可以供人们选择，如棉大衣、呢绒大衣、棉外套、毛衣、保暖内衣、羽绒服、棉袄等。假设一个人还有另外的需要，比如还需要质地轻软、颜色鲜艳、耐磨、防雨等功能，这些称为需要组合。每个产品在满足需要的时候具有不同的功效，如棉大衣经济适用，但是它的耐磨、防雨、颜色等方面存在不足，而羽绒服可以满足质地轻柔、颜色鲜艳、耐磨、防雨的功能，但是价格较贵，同时显得臃肿。

消费者会在这些功能中选择最想得到的满足和最不需要的满足，并把它们排列顺序。因此，在消费者做出选择的时候，将考虑产品的费用和效用，选择购买能使每一元花费带来最大效用的产品。也就是说，消费者在购买产品的时候，考虑的更多是产品的价值而不仅是价格，价值可以用下式表示：

$$价值 = \frac{利益}{成本} = \frac{功能利益 + 情感利益}{金钱成本 + 时间成本 + 体力成本 + 精神成本}$$

当消费者价值得到满足的时候，就会购买所需要的产品。

（四）交换、交易和关系

当人们有需要和欲望的时候，只有通过交换才能得到满足时才会出现市场营销。交换是指从他人之处取得所需之物，而以自己的某种东西作为回报的行为。交换是市场营销的核心概念，营销的全部内容都包含在交换概念之中。

交易是交换的基本组成单位，是交换双方之间的价值交换。交换是一种过程，在这个过程中，如果双方达成一项协议，就称为发生了交易。交易通常有两种方式：一是货币交易，二是非货币交易。

建立在交易基础上的营销称为交易营销。关系营销是市场营销者与顾客、分销商、零售商、供应商建立、保持并加强的长期合作关系，通过互利交换及共同履行诺言，使各方实现各自目的的营销方式。与顾客建立长期合作关系是关系营销的核心内容。关系营销可以节约交易的时间和成本，其营销宗旨从追求每一次交易最大化转向与顾客和其他关联方共同长期利益最大化，即实现"双赢"或"多赢"。

三、市场营销管理

市场营销管理是指企业选择目标市场，通过创造、传播和交付优质的顾客价值，建立和发展与目标市场之间的互利交换关系而进行的分析、计划、执行与控制过程。它的基本任务就是通过营销调研、计划、执行与控制来管理目标市场的需求水平、时机和构成，以达到企业目标。

（一）需求管理

市场营销管理的本质是需求管理。在现实生活中，企业市场营销管理的任务，会随着目标市场的不同需求状况而有所不同。营销者通常需要应付各种不同的需求状况寻求适当的方式来影响需求水平、需求时间和性质，以便实现组织目标。常见的需求状况主要有以下几方面。

1. 负需求 负需求即多数人不喜欢，甚至愿意花一定代价来回避某种产品的需求状况。对负需求市场，营销管理的任务是"改变营销"，即通过重新设计产品、降低价格和更积极促销等手段，来改变市场的信念和态度，将负面需求转变为正面需求。

2. 无需求 无需求即目标市场对产品（如陌生产品，与传统、习惯相抵触的产品等）缺乏兴趣或漠不关心的需求状况。对无需求市场，营销管理的任务就是设法把产品的好处和人与社会的需要、兴趣联系起来。

3. 潜在需求 潜在需求即现有产品或服务尚未满足的隐而未现的需求状况，如人们对节能汽车的需求。对潜在需求，营销管理的任务就是致力于市场营销研究和新产品开发，有效地满足这些需求。

4. 下降需求 下降需求即市场对一个或几个产品的需求呈现下降趋势的需求状况。营销管理者需要分析需求衰退的原因，通过开辟新的目标市场、改变产品特性，或采用更有效的促销手段来重新刺激需求，扭转其下降趋势。

5. 不规则需求 不规则需求即市场对某些产品或服务的需求在不同季节、甚至一天的不同时段呈现出很大波动的需求状况，如对旅游景点、公共汽车、地铁等服务需求。市场营销管理者要通过灵活定价、大力促销及其他刺激手段来改变供需的时间模式，努力使供需在时间上协调一致。

6. 充分需求 充分需求即某种产品或服务的需求水平和时间与预期相一致的需求状况。对此，营销管理的任务就是要密切关注消费者偏好的变化和竞争状况，不断提高产品质量，设法保持现有的需求水平。

7. 过度需求 过度需求即某产品或服务的市场需求超过企业所能够提供或者愿意供给水平的需求状况。对此，营销管理的任务是实施"低营销"，通过提高价格、合理分销产品、减少服务和促销等手段，暂时或永久地降低市场需求水平。

8. 有害需求 有害需求即顾客对黄、毒、赌等的需求。对有害需求，营销管理的任务是"反市场营销"，运用宏观营销从道德和法律手段加以约束和杜绝。

小案例1-1 非洲土人穿鞋的故事

美国一家鞋业公司的老总派了甲推销员去非洲考察市场。一个星期后，甲推销员打电话说："这里的人不穿鞋，因而这里没有鞋的市场。"

老总又派了乙推销员前往。一个星期后，乙推销员打电话回来说："这里的人不穿鞋，是一个巨大的市场，快寄一万双鞋子过来。"可是，当鞋子发过来之后却无人问津，始终打不开市场。原来，非洲人世代以来都是赤脚的，他们没有穿鞋的习惯，也不懂得穿鞋，鞋子无法激起他们的欲望；另外，当地居民有一种迷信，认为穿鞋子是对祖宗的大不敬。了解到问题所在后，乙推销员开始"对症下药"，投入经费进行广告宣传，渗透穿鞋对人的好处和这种迷信的荒谬性。他选择非洲人的重要节日，在人潮汹涌的广场竖立一个大塑像，采用一块大布将塑像掩盖着，以保持神秘感。等到节日开幕的那一天，乙推销员邀请非洲名人主持揭幕礼。当主持人带动高喊："三、二、一"，人群中爆发"哗"的惊叹声。非洲人看到自己敬佩的人穿着鞋子，另有穿着美丽鞋子的人翩翩起舞。于是穿鞋子变得非常时髦，大家纷纷效仿，鞋子很快被抢购一空。

（二）顾客关系管理

建立和维系与顾客的互惠关系，是市场营销管理的基本目标。一个企业的需求无非来自于两个群体：新顾客群体和重复采购的老顾客群体。传统的营销理论把注意力放在新顾客群体方面，企业往往更注重新顾客的开发管理，以争夺更高的市场占有率。随着市场环境的变化，需求管理除了要制订吸引新顾客并与之达成交换的策略外，还要尽一切努力维持原有的顾客并与之建立长期的互惠关系，追求更高的顾客占有率。

小知识1-1　顾客生命价值

顾客生命价值（Customer lifetime value）是企业未来从某一特定客户身上通过销售或服务所实现的预期利润。根据平均的生命长度，生命周期内每个相关时期的平均收入，长期附加产品和服务的购买额，长时期由此顾客介绍来的其他顾客数量来衡量顾客生命价值。

强调维持原有顾客的重要性是至关重要的。过去，企业面对的是迅速增长的经济和不断膨胀的市场，因此，可以用"漏篮子"的方法进行营销；膨胀的市场意味着许多新顾客，企业能够用新顾客填满营销的篮子"而不必担心原有的顾客从篮子底下漏出去"；但是今天，营销环境已经发生变化，市场竞争更为激烈，许多产业的生产能力已经过剩，所有这一切意味着企业的新顾客越来越少。为了在低增长甚至负增长的市场上获取一定份额，许多企业都在尽力吸引新顾客。这就导致了很高的成本。调查数据显示，在美国，吸引一个新顾客的成本要比维持一个老顾客满意的成本高四倍。

一些企业意识到，失去一个老顾客不仅是失去一次销售，而是失去了该顾客以后的全部采购。例如，对于美国通用汽车公司或福特汽车公司而言，一个顾客的整个生命价值超过34万美元。因此，维持原有顾客具有非常重要的意义。一个企业可能在一次交易中蒙受损失，但却能从长期的顾客关系中获得巨大的收益。

到目前为止，吸引新顾客仍然是营销管理的主要任务之一，但营销管理的焦点正在向维持老顾客并与之建立长期的互惠关系转变。其中的关键就是要向顾客提供超价值和高满意度的产品或服务。

四、市场营销管理哲学

市场营销管理哲学是指企业对其营销活动及管理的基本指导思想。它是一种观念，一种态度，或者一种企业思维方式。确立正确的营销管理哲学，对企业经营成功具有决定性意义。市场营销管理哲学的核心是正确处理企业、顾客和社会三者之间的利益关系。在许多情况下，这些利益是相互矛盾的，也是相辅相成的。企业必须在全面分析市场环境的基础上，正确处理三者关系。

随着社会、经济的发展，市场环境的变迁，以及企业经营经验的积累，营销管理哲学观念发生了深刻变化。这种变化的基本轨迹是由企业利益导向逐渐转变为顾客利益导向，再发展到社会利益导向。具体而言，市场营销管理哲学观念的演变可以划分为生产观念、产品观念、推销观念、市场营销观念和社会营销观念五个阶段。

（一）以企业为中心的观念

1. 生产观念 生产观念一种最古老的营销管理观念。生产观念认为，顾客会接受任何他能买到并且买得起的产品。因此，企业应当致力于提高生产效率，实现低成本和大众分销。持生产观念的企业的典型口号是"我们生产什么，就卖什么。"

生产观念在西方盛行于 19 世纪末 20 世纪初。当时，资本主义国家处于工业化初期，市场需求旺盛，整个社会产品供应能力相对不足。企业的中心问题是扩大生产价廉物美的产品，而不必过多关注市场需求差异。在这种情况下，生产观念为许多企业所接受。

例如，福特汽车公司在 1914 年开始生产 T 型汽车之后，亨利·福特的整个营销哲学就是不断完善 T 型汽车的生产、降低成本，使更多的人能够买得起这种汽车。他曾开玩笑说，"不管顾客需要什么颜色的汽车，我只提供黑色的。"在生产观念营销哲学的指导下，T 型车创造出了汽车发展史上的奇迹，到 1921 年 T 型车在美国汽车市场上的占有率高达 56%。

2. 产品观念 产品观念认为，消费者最喜欢高质量、高性能和具有某些特色的产品。因此，企业管理的核心是致力于生产优质的产品。持产品观念的企业假设消费者欣赏精心制作的产品，并愿意出较高价格购买质量上乘的产品。这些企业的经理人员常常迷恋自己生产的产品，而不太关心市场是否欢迎，在设计产品时只依赖工程技术人员却很少让消费者参与。

产品观念和生产观念几乎在同一时期流行。与生产观念一样，产品观念也是典型的"以产定销"观念。由于过分重视产品而忽视顾客需求，这两种观念最终将导致"营销近视症"。

3. 推销观念 推销观念认为，消费者通常有一种购买惰性或抗衡心理，如果听其自然，消费者就不会大量购买本企业的产品。因而营销管理的中心是积极销售和大力推广，其口号是"我们卖什么，就让顾客买什么。"

推销观念盛行于 20 世纪三四十年代。在这一时期，整个市场供过于求，企业之间的市场竞争日益激烈。现实使许多企业认识到，企业不能只顾生产，即使有价廉物美的产品，也要努力推销才能保证被顾客购买。在推销观念指导下，企业相信产品是"卖出去的"，而不是"被买去的"。企业致力于产品的推广和广告活动，进行无孔不入的促销信息轰炸，以求说服甚至强迫消费者购买。

推销观念强调产品销售的交易而非与顾客建立长期的互惠关系。推销观念假设被诱导的顾客喜欢这种产品，即使顾客不喜欢这种产品，他们也会很快忘记，还会重复购买这种产品。然而许多研究表明，不满意的顾客不会重复购买；更糟糕的是，一个满意的顾客会把他的经验平均告诉三个人，而一个不满意的顾客会把他的经验平均告诉十个人。

（二）以消费者为中心的观念

以消费者为中心的观念，又称市场营销观念。该观念认为，实现企业目标的关键在于正确地确定目标市场的欲望和需要，并比竞争对手更有效地满足顾客的欲望和需要。

市场营销观念形成于 20 世纪 50 年代。第二次世界大战之后，大量军工企业转向民品生产，社会产品供应量空前增加，市场竞争进一步激化。同时，西方各国相继推行高福利、高工资、高消费、低工作时间的"三高一低"政策，消费者有较多的可支配收入和闲暇时间，对生活质量的要求提高，消费需要变得更加多样化，购买选择更为精明，要求也更为苛刻。这种形势迫使企业改变以卖方为中心的思维方式，转向以顾客为中心。

市场营销观念和推销观念很容易混淆，图 1-2 将这两种观念做了比较。推销观念是从内向外进行的，它起始于企业，强调企业当前的产品，要求营销人员努力推销和促销，以便获利。推销观念的着眼点是征服顾客，追求短期利益，从而忽视了谁是购买者以及为什么购买的问题。市场营销观念则是从外向内进行的，它起始于明确地定义市场，强调顾客的需要，协调影响顾客的所有营销活动，按照顾客的价值和满意状况建立与顾客的长期互惠关系，并由此获利。市场营销观念的着眼点是生产顾客所需要的产品，通过满足顾客的需要来获得利润。

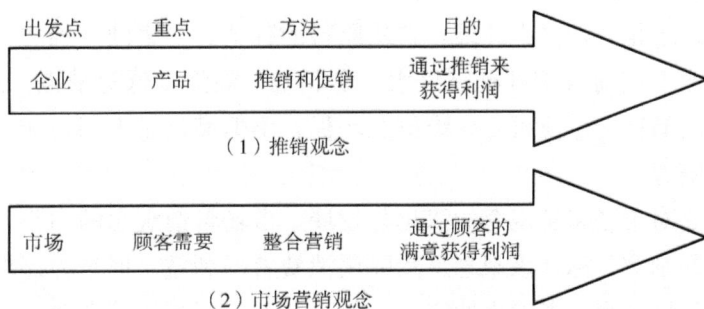

出发点	重点	方法	目的
企业	产品	推销和促销	通过推销来获得利润

（1）推销观念

市场	顾客需要	整合营销	通过顾客的满意获得利润

（2）市场营销观念

图 1-2　推销观念和市场营销观念的对比

执行市场营销观念的企业，称为市场导向企业。其座右铭是"顾客需要什么，我们就生产供应什么。"市场营销观念要求企业贯彻"顾客至上"的原则，将营销管理的重心放在首先发现和了解目标顾客的需要，然后再协调企业的活动并千方百计去使顾客满意，从而实现企业目标。

市场营销观念并不是要向顾客提供所有顾客需要的东西。营销者需要在企业盈利和创造更大顾客价值之间寻求平衡，因为营销的目的不是使顾客满意程度最大化，营销的目的是在一定利润水平下创造顾客价值。

小案例 1-2　希望没有不满意的顾客

许多成功的公司都在努力使自己的各个组织建立起顾客满意观念。美国比恩公司（一家服装和户外运动设备零售商）甚至在 1912 年初创时就宣称："除非直至商品在完全用坏后顾客仍感到满意，我们的销售工作就没有完结……我们希望没有一位不满意的顾客。"直到今天，为鼓励员工确立市场营销理念，比恩公司在每个办公室都张贴了这样的警示："顾客是什么？顾客是公司最重要的人。顾客并不依靠我们，而我们却依赖于顾客。顾客不是我们工作中的麻烦，而是我们工作的目的。我们提供服务不是帮顾客的忙，而是顾客为我们提供了服务机会。我们不能同顾客争论，因为没有任何人能赢得同顾客的争论。顾客把需要带给我们，我们的工作就是满足顾客的需要，以便双方获利。"

（三）以社会整体利益为中心的观念

从 20 世纪 70 年代起，随着经济全球化、环境污染、资源短缺、人口迅速膨胀、世界范围的经济问题，以及被忽略的社会服务等问题日益突出，企业被要求顾及消费者和利益相关者的整体与长远利益，即社会整体利益的呼声越来越高。

例如，染料的使用使人们的服装和纺织品变得丰富多彩，可是在部分染料中含有致癌物质，对人们的身体健康和生活环境造成了巨大影响。

于是，在市场营销学界提出了一系列新的观念，如人本观念、理智消费观念、生态主宰观念等。其共同点是认为企业生产经营不仅要考虑消费者需要，而且要考虑消费者、利益相关者和整个社会的长远利益。这类观念统称为社会营销观念。

例如，莱赛尔纤维是一种再生纤维。它从原料的种植、采集到纤维的加工都采取了绿色环保的措施，还克服了以前再生纤维易缩水、易起皱、湿强度低等缺点。此种纤维的使用，不但丰富了纺织品的品种，也使再生纤维更加环保，不但满足了人们对纺织品的需要，同时也做到了循环利用资源。

社会营销观念是对市场营销观念的深化与发展。市场营销观念的中心是满足消费者的需求，进而实现企业的利润目标，该观念虽然强调消费者的利益，但是为谋求消费者的利益必须符合企业的利润目标，当二者发生冲突时，保障企业的利润要放在第一位。社会营销观念则强调，要以实现消费者满意以及企业内外经营者和社会公众的长期福利作为企业的根本目的和责任。

例如，强生公司被美国《幸福》杂志评价为在社区和环境责任方面最受尊敬的企业。强生公司对社会利益的关心可以从公司的一份文件中看出："我们的信条是强调诚实和正直，要把人看得比利润更重要。"在这种信条下，强生公司宁可承担大笔损失，也不愿意把任何有害产品推向市场。

五、营销要素与市场营销组合

营销要素是企业为了满足顾客需求，促进市场交易而运用的市场营销手段。这些要素多种多样，且在促进交易和满足顾客需求中发挥着不同的作用。

为了便于分析和运用市场营销要素，美国市场营销学家麦卡锡教授把市场营销要素归纳为四大类：产品（Product）、价格（Price）、分销（Place）、促销（Promotion），简称 4P。由于这四个营销要素是企业能自主决定的营销手段，故又称为可控因素。

企业为了要满足顾客需求，促成市场交易，在市场上获得成功，达到预期的经营目标，仅仅运用一种营销手段而无其他营销手段相配合，是难以获得成功的。必须综合利用产品、价格、分销、促销等可控因素，将这些因素进行整体组合，企业营销活动才可能获得成功。

市场营销组合就是指企业为追求预期的营销目标，综合运用企业可以控制的各种要素，并对之进行最佳组合，简称4P组合。

市场营销组合有许多种组合形式（图1-3），而且只要其中某一个因素发生变化，就会出现一个新的组合。因此，在选择市场营销因素组合时，营销因素不能选择太多，否则随着市场营销因素的增多，经过排列组合，市场营销组合的数量会大大增加，不仅浪费时间、精力和资金，也使企业无所适从。

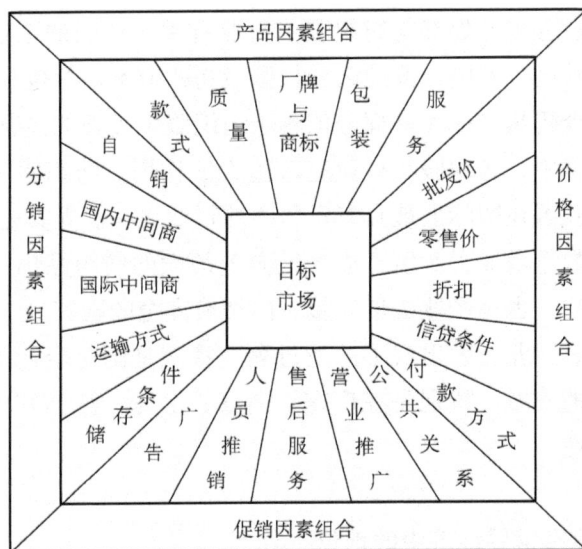

图1-3 市场营销组合示意图

市场营销组合不是固定不变的静态组合，而是经常变化的动态组合。对企业来说，营销活动成败的关键之一是要使营销组合的各要素之间形成相互协调一致的整合关系。例如，高档服装品牌形象需要与高端的销售渠道相配合，而廉价服装需要选择较低端的销售渠道。有效的营销组合策略的每一个要素应该能支持和配合整个营销组合需要并影响目标市场，从而实现 $1+1>2$ 的效果。

第二节　市场营销概念在纺织服装行业的应用

纺织服装是和消费者联系最紧密的行业之一，在人们的生活和整个社会经济中有着不可替代的作用。随着市场竞争的日益加剧，只有满足消费者的需求，企业才能生存和发展。

一、纺织服装行业的特点

（一）纺织服装行业在社会发展中的地位

纺织服装行业是我国最重要的行业之一。纺织服装行业不仅有力地支持了我国工业现代化的进程，同时也对世界贸易、经济乃至政治都有重大的影响。纺织服装业涉及面料、辅料以及相关的流通、包装等产品和行业产品。作为传统行业，集中反映了社会的进步、经济的改革和世界产业的结构变化中的冲突和矛盾点。

在社会经济活动中，许多人涉足了纺织服装行业，从纤维、服装到家用纺织品，从服装生产机械到产品加工、设计和纺织服装辅料的设计、生产。产品的销售流通、信息服务和消费活动，为纺织服装行业提供了大量的就业机会，同时也为人们提供了发挥才能的空间。

现代社会的工业化进程中处处都与纺织服装行业有关，英国的工业革命就是从纺织业开始的，中国香港特别行政区、中国台湾地区和韩国最初的资本积累也是从纺织服装业开始的，香港特别行政区经济至今仍然有很大一部分依赖于纺织服装品牌的经营和贸易。

在我国的现代化进程中，纺织服装行业起着重大的作用。纺织服装行业在我国是体系最完善的行业之一，也是我国在国际上最具有竞争力的行业之一。尤其是加入 WTO 以来，我国在全球纺织品产品出口数量增加了 8 倍，成为世界上最大的纺织品出口国。目前我国是全球纺织产业规模最大的国家，也是产业链最完整、门类最齐全的国家。

虽然我国的纺织服装行业一度出现了总量过剩，特别是国有企业效益滑坡等现象，但经过调整后，得到了长足的发展，特别是在广东、浙江、上海、江苏和山东等地，纺织服装行业仍然是当地的支柱行业。

（二）纺织服装行业在世界经济中的地位

虽然在西方发达国家中，纺织服装行业已经萎缩，但是它在整个世界经济中仍占有很重要的地位。目前，世界纺织服装行业呈现出以下特点。

1. 全球性结构转移　发达国家与地区的纺织服装行业向发展中国家和地区转移，以利用当地的廉价劳动力与原料资源，同时使发展中国家和地区的纺织服装行业迅速发展。巴基斯坦、印度、越南、菲律宾、印度尼西亚等国的纺织业就是在 20 世纪 80 年代以后得到了迅猛发展。

2. 发达国家拥有高档和高科技纺织服装产品　目前，一些发达国家对纺织品的研究仍然保持高度的热情，如莱卡、莱赛尔纤维、莫代尔纤维等都是由发达国家研制并推向市场的。

3. 竞争加剧，反应迅速　随着全球经济的一体化和信息社会的到来，纺织服装表现出多品种、小批量、短周期、流行快等特点。发达国家往往将设计、信息、加工设备和技术等方面的优势转化为市场竞争力，确保其竞争优势。

4. 新的竞争格局正在形成　中国加入 WTO 以后，纺织品服装市场的竞争格局发生了很大变化。中国已经从最初的急剧增长过渡到目前的逐渐收缩，有许多中国企业为了寻求成本优势而在东南亚国家投资设厂，同时欧美国家的跨国公司也把制造部分慢慢从中国转移出去。因此，我国的纺织服装行业受到多面夹击，面临着来自各个方面的压力。

（三）纺织服装营销是理论和实践相结合的学问

纺织服装行业在加工制作和销售流通的过程中需要面对产业市场营销、消费者市场营销等课题。而纺织服装市场的变化快、信息量大、影响因素多，所以纺织服装营销在理论与实践要紧密结合，才能使产品符合市场需求。纺织服装在市场营销中具有以下特点。

1. 劳动力成本逐渐增高　纺织服装行业是一个劳动密集型的行业，劳动力的成本很大。虽然一些新技术和新设备的使用可以减少劳动力，但不能从根本上改变劳动密集的状况。随着一些国家和地区劳动力成本的增加，纺织服装产业也转移离开。近年来，我国东南沿海地区的纺织服装企业纷纷在新疆等中西部区域建厂或者东南亚建厂，出现了从劳动力成本高的地区往劳动成本低的地区转移的趋势。

2. 企业规模不等　纺织服装行业有规模很大的企业，也有二三十人的小厂，甚至一个家庭就可以组建一家工厂。

3. 加工流程长　纺织服装行业的某些生产、加工环节可以很简单，但是从原料到成品经过的流程很长，如纺纱、织布、印染、服装加工、零售等，由此产生了快速反应和加工流程长之间的矛盾。

4. 流行期短　通常纺织服装的流行期很短，主要表现在设计、色彩、款式上不断变化。一些新产品和新辅料的出现，以及新技术的推动，给纺织服装行业带来了机会，同时也给企业的经营带来更大的风险和不确定性。

5. 市场的差异性大　市场的多样化决定了小批量、多品种是服装行业经营的重要特点和趋势。同时，由于各个国家和地区在文化、宗教信仰上的差异，以及各个年龄阶段对产品需求的不同，更加剧了纺织服装的市场差异性。为了满足不同细分市场的需要，差异化营销是今后竞争的重要手段。

6. 产品的无形价值提高　纺织服装在人们实际生活中的意义已经远远超出了掩体御寒的功能，人们赋予它美学价值、文化价值、宗教价值等，这使得纺织服装产品的价值很难精确定位和度量。

7. 相关产业多　纺织服装行业不仅本身的加工流程长，而且相关的产业众多，如皮革、金属、化工、石油、农业、服务、文化等。

二、纺织服装市场营销的影响因素

人们通常把市场营销看作是对产品进行的一种创造、促进、运送，以及服务消费者的一种工作。

1. 商品　纺织服装是人们能切身感受到的产品，生活中到处都充斥着各种各样的纺织品。

2. 服务 随着经济的发展，服务也越来越受到人们的重视。提高服务质量，推出新的服务措施，是各个企业营销的重要手段。

3. 事件 某些事件之所以能协助营销，是因为这些事件具有巨大的影响力和魅力，企业可以利用这些事件，树立声誉或推介自己的产品。

4. 人物 人物可以被附加上很多内涵，特别是一些著名的人物往往担任产品的代言人，在纺织服装行业里这种现象更是比比皆是。

5. 地点 现在很多地区通过实施纺织服装产业集聚，打造纺织服装区位品牌，以地点加上纺织服装产品特色来进行营销活动，如"郑州女裤""深圳女装""嵊州领带""宁波男装""绍兴轻纺"等，很好地起到了展示区域纺织服装文化特色，构建城市名片形象的效果。

6. 机构 一些机构或组织通过努力，为自己在社会公众的心目中树立起强有力的形象，赢得公众的认同和信任。一些纺织服装的检验机构就是利用一些机会通过形象宣传，达到营销的目的。

例如，国际羊毛局通过在产品上悬挂国际羊毛局产品标志的措施，不但提高了自己在纺织服装领域内的声望和地位，同时也为企业的产品提高了声望和地位。带有国际羊毛局纯羊毛标志的服装产品拥有独特的个性，并且不断推陈出新，它代表着高质量、好信誉、值得信赖，对于消费者来讲是一种质量保证。

7. 信息 信息是可以像产品一样生产和销售，各类广告宣传就是要把信息传递给信息的需要者，网络、报纸、杂志、电视、街头路牌等几乎都成了传播信息的渠道。

8. 观念 在以前，人们一般认为化纤面料的特点是结实、耐磨，但是不透气、吸湿性能差。随着科技的发展，化纤面料的性能有了很大的改进，一些新型的化纤面料在吸湿透气方面甚至比天然纤维制成的面料还要优越。改变人们对化纤面料传统的看法，也是营销人员应该做的事情。

小知识 1 - 2　国际羊毛局

国际羊毛局（The Woolmark Company）总部设在伦敦，在世界上 34 个最重要的羊毛市场上设有分支机构，组成了一个国际性的服务网。

国际羊毛局本身并不制造和销售羊毛制品，但它在建立羊毛需求的过程中，经常与纺织工业各层次的单位保持密切的联系，包括为零售商和羊毛纺织工业生产单位提供原毛挑选、加工工艺、产品开发、款式设计、品质控制、产品推广等方面的协助和支持，并与他们联合进行宣传活动，如推行世界知名的纯羊毛标志。

国际羊毛局的主要活动包括：

推广纯羊毛标志，利用电视、杂志等媒介，向消费者宣传纯羊毛标志的意义，利用每季度的《国际羊毛局通讯》，传递各种活动情况及其他资料；

审批纯羊毛标志挂牌工厂，向其提供技术和品质控制的协助，

保证挂牌产品的质量；

利用培训班、时装表演等形式，提供国际最新的时装和潮流信息，协助有关企业提高产品设计质量水平。

三、纺织服装营销的主要工作内容

（一）发现需求

一个成功的营销者应该明确目标客户并提供顾客所需要的产品，收集关于顾客群体的信息，关注目标群体的消费习惯并分析其对产品行为的表现。随着人们生活水平的提高，人们对生活质量的要求越来越高。对于服饰来讲，人们不但追求外观上的美丽，同时又追求舒适和体，杜邦公司就是发现了人们的这种需求，成功地开发出了氨纶，并注册了品牌"莱卡"。

（二）产品的开发和设计

当企业明确了消费群体后，就需要研究目标消费群体的心理特征和消费特征，产品的开发要围绕满足消费者的需求来进行。纺织服装行业是一个变化非常快的行业，产品的开发和设计要紧跟时代变化的潮流，同时要符合消费者的消费习惯和心理，因此，快速反应就成了取胜的重要法宝。

（三）产品要和消费者的价值趋向一致

当企业的产品能够和消费者的趋向一致时，企业才能通过满足消费者来创造利润。如材料的选用、价格的确定、款式的设计以及销售的场所等，都要和消费者的价值趋向相一致。

（四）市场与交易

企业要设立广泛的销售渠道和信息渠道，产品只有通过销售渠道才能将产品卖出去，换回企业所需要的利润。应该把企业的信息及时快速地传达给客户，使客户能够在有效的时间内来获取产品的信息并且购买产品。很多企业每年都投入大量的广告来宣传企业和产品就是要把企业的信息及时准确地传达给目标消费群体。

☞ 思考题

1. 什么是市场？什么是市场营销？
2. 针对常见的八种需求状态，应分别采取什么样的营销行为？
3. 简述五种市场营销管理哲学观念的主要内容和观点。
4. 什么是市场营销组合？
5. 简述纺织服装营销的主要工作领域和内容。

👉 **案例分析**

"莱卡"纤维的发明与营销

"莱卡"纤维的历史可追溯到 1958 年。这一年，美国杜邦公司发明了一种人造弹性纤维，并注册了商标，"莱卡"纤维就此诞生，逐渐走进人们的生活。

1959 年，取代了橡胶丝纤维的"莱卡"纤维，被用于内衣制作，第一次让人们体会到了小小的"莱卡"纤维的巨大魔力。这种精妙的弹力纤维可被轻松拉长 4~8 倍，并能迅速恢复原状，让衣物具有良好的弹性，同身体贴合的体验也由此而生。

1962 年，"莱卡"纤维同女性的专属物——长筒袜走到了一起，加入了"莱卡"纤维的长筒袜充满弹性、持久不变形，总能恰到好处地勾勒出女性的腿形。也许，当时女性的长筒袜正是女性妩媚、性感的象征，"莱卡"纤维也借此走上了时尚舞台，更将其技术层面的优势转化为人的愉悦。

1974 年，"莱卡"纤维开始逐渐进入体育界，运用于泳装制作的"莱卡"纤维，彻底克服了传统泳装容易松垂、缺乏弹性的缺点。它不仅赋予泳装光滑均匀、火辣性感的风姿曼妙，更为原本炫耀力量、充满竞争意味的体育赛事加入了时尚的元素。

1985 年，"莱卡"纤维从体育赛事的幕后走到了前台，"莱卡"纤维成为运动类服饰的标准成分，从此"莱卡"纤维和篮球飞人乔丹、网球冠军阿加西结下了不解之缘，而这些激情四射的运动员也很好地演绎了"莱卡"纤维，并掀起了新一轮的时尚风潮。

对"莱卡"纤维而言，1993 年是里程碑式的一年，无论是休闲装、运动装，还是在 T 型台上，各大奢侈品牌所推出的高端时装中，"莱卡"纤维成为了不约而同的选择。不论时间、不论场合，"莱卡"纤维可以被运用于各种服装面料，"莱卡"纤维在倾力打造时尚！

1994 年，新的"莱卡"纤维标志全新问世，这标志着"莱卡"纤维成为了真正意义上的时尚品牌。

2000 年，美国时装设计师协会宣布"莱卡"纤维是 21 世纪最有创意的服装产品之一。

"莱卡"纤维之所以能在全球掀起纺织服装的革命，与其优良性能和杜邦公司的成功营销模式密切相关。

长期以来，杜邦公司坚持"上游带动下游"的品牌营销策略，不断通过各种方式向消费者传递健康、充满活力的生活方式和时尚概念。

通常的纺织服装产品营销流程见图 1-4。

纤维制造商 → 纺纱企业 → 制造企业 → 印染企业 → 服装企业 → 纺织服务销售企业 → 消费者

图 1-4 纺织服装产品营销流程

杜邦公司在营销过程中，不断地向消费者传达穿着含有"莱卡"纤维的服饰所带来的好处。同时，杜邦公司瞄准纺织贸易及产业，全力建立供应链式伙伴体系。为了保证销售增长并提高市场渗透力，杜邦公司进行了"莱卡"纤维客户、产品及服务细分，将纤维、纱、织物及服装生产者有机地连接在一起，使彼此互相协调，提高商业运作效率。此外，杜邦公司还向供应链的每一环节提供技术帮助。它所采用的营销流程如图 1-5 所示。

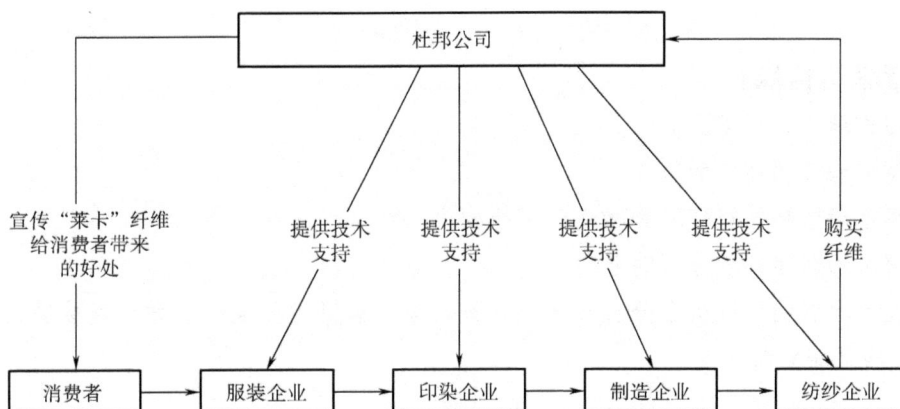

图 1-5　杜邦公司的营销流程

（资料来源：王金泉．纺织服装营销学 ［M］．北京：中国纺织出版社，2006）

案例讨论

1. 氨纶的发明满足了顾客的哪些需求？
2. 相比于传统的纺织服装营销流程，杜邦公司的营销流程有什么优点？

第二章　纺织品服装市场营销环境

【本章学习目标】

1. 掌握市场营销环境的概念。

2. 了解市场营销环境的特征。

3. 了解市场营销宏观环境和微观环境的构成。

4. 理解市场营销环境分析的意义。

5. 通过市场营销环境机会分析与环境威胁矩阵，掌握对环境机会和环境威胁的综合分析方法及相应的营销策略。

【引导案例】

旭日集团的四次转型

从赤膊游泳偷渡至香港的难民，到香港著名企业家，旭日集团的董事长杨钊用40年的时间，带领旭日四次转型，将一个小小的代工厂发展为横跨零售、地产等领域，业务遍及全球多个国家和地区，拥有真维斯（JEANSWEST）等知名品牌的大集团。其所用的企业发展秘诀，便是被集团上下奉为圭臬的12字箴言："人无我有、人有我优、人优我转。"他说，旭日集团四次转型，都是被环境变化"逼"出来的。

第一次转型是纺织业从香港转向海外。1974年，香港经济正值蓬勃发展之期，其制衣行业拥有欧美国家纷至沓来的配额订单，市场空间巨大。彼时，在香港制衣行业深潜7年之久的杨钊，决定把握产业的黄金期，自己创业。他拿出自己的5万元积蓄，又找朋友借来5万元，创立了旭日制衣厂。通过模具创新，杨钊承接了其他厂商不敢接手的格子牛仔裤订单。随着该类牛仔裤风行世界，旭日制衣厂的规模迅速成长。2年间，工厂由600平方米扩大至超过1万平方米，工人从100人扩充到超过1000人，期间，格子牛仔裤为杨钊带来了600万港币的利润，以及"牛仔裤大王"的称号。

旭日制衣厂规模化后，很快就迎来了"纺织在香港有配额，有天花板"的问题，所以，他就马上找没有配额的地方，随即他将眼光投向海外市场。

第二次转型是国际化战略，杨钊先后在菲律宾、印度尼西亚、柬埔寨等国建立庞大的服装生产基地。1990年，杨钊收购了拥有18年历史，主打牛仔系列的澳大利亚服装品牌JEAN-SWEST（真维斯），在不到2年的时间内，将真维斯品牌影响力迅速蔓延至新西兰，分店数目超过200家，成为当地第二大服装品牌。随着生产规模的不断扩张，需要的人力增大，而中国香港的人力成本太高。"怎么解决？改革开放，内地的人力成本便宜，给了我们很好的机会。"

第三次转型是杨钊将真维斯的重心迁移至内地。杨钊作为最早看好内地前景并投资内地的香港企业家之一。在 1978 年，改革开放之初，便在广东顺德成立了全国第一家来料加工、补偿贸易的工厂。20 世纪 90 年代时，该厂的年营收已经高达 4 亿美元。1993 年，真维斯在上海开设了第一家专卖店，力求打造中国自己的市场品牌。此后，真维斯又与 I.T 公司合作，引进日本等国际服装品牌。截至目前，真维斯已经在内地 300 多个城市开设了超过 2600 家零售店，拥有最大的休闲服装销售网络，稳居内地休闲服装市场的领导地位。

在力求行业最优的同时，旭日集团也开始了第四次转型——从劳动力密集型向人才、资本密集型转变。杨钊说："企业发展快了，劳动力成本上升，赚的钱就变少。从 1 万人到 10 万的同质发展，对企业而言并不是一个好模式。要想效率更好、利润更高，必须由劳动力密集向人才密集、资本密集型产业发展，人才结合资本，效率才会高很多。"如今，金融和地产已经成为集团的支柱产业，在地产领域，旭日已经集自行策划、投地、兴建、销售、租务、管理等于一体，业务范围中国香港、内地，扩展至新加坡、澳大利亚、加拿大及美国等国家和地区。在效益上，这两项业务更是后来居上，远超旭日集团赖以起家的零售和服装生产。

（资料来源：华商韬略，2015.11.19）

第一节　市场营销环境概述

随着市场经济的不断发展和对外开放的逐步深入，企业的外部环境发生了巨大变化，市场竞争日益激烈。企业为了更好地生存和发展，必须顺应市场环境的变化，分析研究市场环境变化的趋势，及时调整营销策略，才能确保企业在激烈的市场竞争中立于不败之地。

一、市场营销环境的概念

环境是企业营销的土壤，企业的市场营销决策和活动都是在一定的环境下与其他企业、目标客户和社会公众的相互联结中开展的。因此，环境的各种因素和力量都会不同程度地影响企业的营销目标。

现代营销理论认为，企业经营成败的关键，在于企业能否适应不断变化的市场营销环境。市场营销环境泛指一切影响和制约企业市场营销决策和实施的内部条件和外部环境的总和。概括来说，市场营销环境可以分为微观环境和宏观环境。微观环境是指与企业紧密相连、直接影响企业营销能力和效率的各种力量和因素，如营销渠道、顾客和竞争企业等，这些环境因素对企业的营销活动有着直接的影响，所以又称直接营销环境。而宏观环境是指一个国家的经济、社会和发展状况等的总体情况，是企业无法控制的因素，这些环境因素对企业的营销活动起着间接的影响，所以又称间接营销环境。

二、市场营销环境的特征

(一) 客观性

环境是客观存在的，是不以人的意志为转移的因素。营销者很难根据自己的意愿和要求去改变环境，尤其是宏观环境，例如人民币的升值，中美以及欧盟的纺织品贸易纷争等。企业能够做到的是积极主动地预测、发现和分析市场营销环境变化的趋势，尽早发现潜在的市场机会，主动调整市场营销战略。对于一些难以控制的外部因素或内部因素，企业必须制订相应的措施，争取使其向有利于企业的方向转化，从而创造出有利于企业发展的环境条件。

(二) 差异性

从宏观上看，似乎所有企业所处的环境大致相同，但是每一个企业都拥有自身独特的环境，具有一定的差异性。例如，即使在同一个国家，不同纺织服装企业所处的地理位置不同，面临的自然环境特点、顾客需求、竞争对手、地方经济发展状况以及政府政策支持等市场环境都有差异。

(三) 多变性

随着时间的推移，市场营销环境中的诸多因素都会在不断地发生变化。环境的变化既可能给企业带来良好的市场机会，也可能带来一定的营销危机。由于纺织品服装具有时尚性、流行性、周期短等特点，受环境变化的影响更突出，正确分析和有效利用市场营销环境对纺织品服装企业来说尤为重要。

(四) 复杂性

影响企业发展的因素很多，各个因素之间又相互影响、相互制约、相互依存。企业与其目标市场进行有效交易不是简单的买卖行为，而会受到诸多复杂因素的影响。

三、市场营销环境分析的意义

市场营销环境是影响市场营销活动的首要因素，也是企业能否实现既定的营销目标的重要因素。企业只有对营销环境进行认真分析，才能在竞争激烈和环境多变的形势下得以生存和发展。所以，对市场营销环境的分析，也是企业制订科学有效的经营战略、营销策略的重要依据。

例如，2005年初，纺织品配额的取消造成了众多的纺织品经销商涌入我国，带来了大量的纺织品订单，使我国纺织企业一片红火。而我国纺织品大量涌入欧洲和美国，又使当地纺织企业产生恐慌，从而造成我国纺织品在美国和欧洲重新回到配额时代。这种市场营销环境的巨大变化造成众多纺织企业产品大量积压，而国外的批发商和零售商出现无货可卖的局面。

小案例 2 - 1 耐克公司的营销环境

自从 1873 年发明帆布运动鞋以来，运动鞋行业发生了翻天覆地的变化。各个品牌此消彼长，竞争非常激烈。

自从 20 世纪 70 年代末期以来，运动鞋的购买者已经越来越认品牌。此外，运动鞋已经取代传统的休闲鞋而成为街上最常见的鞋类。只有不到百分之十的顾客买运动鞋是为了参加运动。

大量"二战"以后出生的人都对保持健康非常感兴趣，他们改善了饮食结构，并增加了体育锻炼。但是在五个成年人当中只有一个人（介于 25 岁到 55 岁）每周的运动达到两次。在 20世纪 80 年代，人们开始对运动着迷。到 1991 年，运动器械的销售已经超过了三百亿美元。

购买运动鞋的消费者的年龄在发生着变化。45 岁到 54 岁之间的成年人处于收入和消费的最高峰。随着"二战"以后出生的人逐渐步入这个年龄阶段，他们要求消费品生产商对这个人群给予更多的关注。统计数据表明，在 1971 年，每二十七个女孩子中有一个人锻炼，而1995 年的数据是每三个人当中就有一个人在锻炼。这给运动鞋生产商提供了巨大的机会。

而横在行业中的主要竞争对手有 REEBOK、阿迪达斯、新平衡、K - SWISS、FILA、ASICS、洛杉矶 GEAR、KEDS、CONVERSE 和英国骑士等。竞争最激烈的是在行业两大巨头耐克和 REEBOK 之间。来自欧洲的竞争也越来越激烈，德国的阿迪达斯在欧洲是排名第一的运动鞋销售商，耐克和 REEBOK 分别为第二和第三。分析家认为，在欧洲市场上表现出色对于在这个行业里占到优势至关重要。

耐克是美国运动鞋中最出名的牌子，但运动鞋只是整个体育用品市场中的一小部分，运动场不再是耐克公司的一统天下。随着跑步在美国的兴起，新老厂商争先恐后地投入到运动鞋生产行业中去，并取得了像耐克这样的发展速度。

目前，各类运动鞋行业正以爆炸性的速度向前发展，这一行业有很大的发展空间。

（资料来源：朱莉·B·斯特拉瑟，劳里埃·贝克伦德.鞋王耐克［M］.孙康琦，余家驹，译.上海：上海译文出版社，1989）

第二节 市场营销的宏观环境

市场营销的宏观环境是指企业无法直接控制的因素，是通过影响微观环境来影响企业营销能力和效率的一系列巨大的社会力量，如人口、经济、自然、科学技术、政治、法律、文化环境等，如图 2 - 1 所示。

一、人口环境

市场是由具有购买欲望和购买能力的人构成的，人口规模、人口地理分布、人口密度、流动趋势、家庭规模、年龄构成、种族、宗教结构及收入等人口环境因素对企业营销活动都

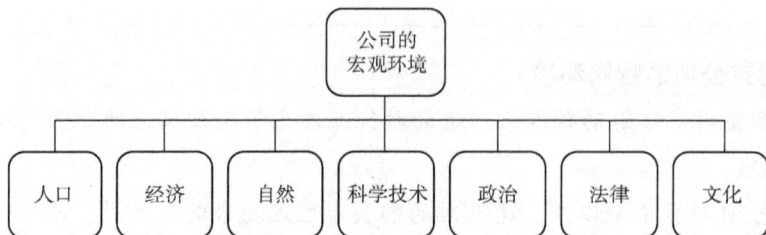

图 2 - 1　市场营销的宏观环境

有直接影响，营销人员要通过对这些信息进行分析研究，提出应对策略。

　　人口规模即人口总数，是影响基本生活资料需求的一个决定性因素。世界人口爆炸性增加是世界各国极其关注的一个大问题。一方面，纺织品服装市场随着人口的增加而迅速扩大，但由于人口的扩张主要集中在发展中国家，所以市场份额的增加主要来源于发展中国家，而且这些国家的消费者购买力主要集中在中低档纺织服装消费上；另一方面，目前发达国家经济普遍不景气，各类产品市场竞争激烈，价格逐年走低。我国是全球最大的纺织服装生产国和输出国，人口多、增速快是我国人口环境的两个重要特点，占世界五分之一人口的中国是一个巨大的潜在消费市场，企业的营销机会很多；但是，人口多导致人均资源占有量低，不可能满足所有消费者的需求，不利于企业的发展壮大。

　　人口的地理分布也影响纺织服装市场的消费需求。大城市、人口密集地区的市场需求量大，也是企业的主要目标市场。同时，不同地区居民的购买习惯和购买行为也存在差异。比如在闷热的南方人们对吸湿透气性服装的需求量大，而在寒冷的北方则需要保温性更强的御寒服装；在青岛、大连等沿海城市人们冬季喜欢穿着呢大衣，而在内蒙古、宁夏人们则需要皮衣来抵御风沙和寒冷。

　　此外，城乡居民的消费偏好也有很大差异。中国的农村人口一直在总人口中占很大比例，农村市场是一个潜在的巨大市场。企业应针对这一市场制订营销计划，满足农村市场的需求。

　　改革开放以来，我国的人口地理分布的流动性趋势明显：人口迁移、人口流动速度加快，规模不断扩大，人口从农村流向城市，内地流向沿海，欠发达地区流向发达地区。人口流动为纺织服装业创造了一系列新的市场机会。

　　人口构成包括自然构成和社会构成。自然构成包括性别比例、年龄结构等；社会构成包括民族构成、宗教构成、教育程度构成、职业构成等。世界人口年龄结构普遍老龄化，人口的老龄化也是我国在人口构成方面的显著特点。老龄人口数量的增加，使市场需求结构出现新的变化：老年人的市场容量扩大，老年人用品的需求不断增加。这一代老年人比上一代老年人更懂得享受生活，更注重身心健康，对旅游、文化娱乐、体育活动的需求也增长很快，因而老年人的运动服、休闲服和富有个性化的服装将成为一个不可忽视的市场。

　　家庭是社会的细胞，也是消费品的主要采购单位。我国家庭规模变化的趋势是家庭的小型化。目前，中国家庭中两口和三口之家在家庭总数中占绝大部分，但国家"二孩"政策的放开带动了婴幼儿用品需求量的快速增长。未来随着人们生活水平和文化水平的进一步提高，我国婴幼儿用品市场的产品和服务将会有很大的发展空间。

我国目前的人口环境，有一些新的变化趋势：城市人口的出生率呈下降的趋势，但全国总人口的增长仍未停止；受教育程度提高；人口流动性增大，城镇化的趋势明显；老龄化问题逐渐严重；独生子女政策取消，"二孩"政策放开。这些变动无疑会给企业市场营销带来广泛的市场机会，同时也带来新的挑战。

二、经济环境

一个国家或地区的经济环境是由经济制度、经济发展状况、经济发展趋势、社会购买力等因素构成。消费者的消费水平和消费结构会受人均国内生产总值、个人收入、消费倾向和储蓄倾向等因素的影响。纺织品服装市场营销的经济环境分析如图2-2所示。

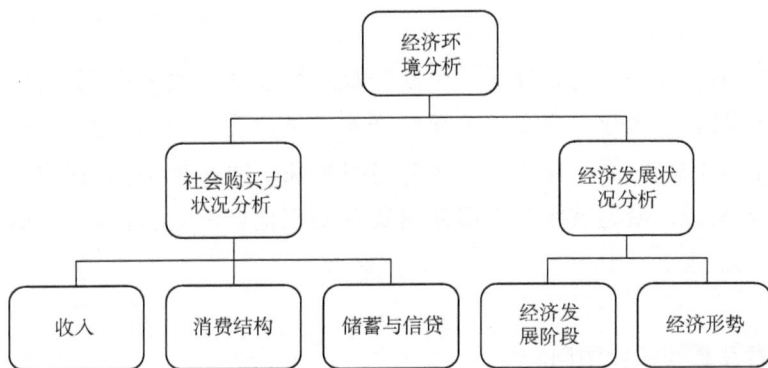

图2-2 市场营销的经济环境分析

从图2-2可以看出，企业对经济环境的分析可以从两方面入手，一是对消费者的社会购买力状况进行分析，二是对社会的经济发展状况进行分析。目前，我国经济发展平稳，社会经济状况向好，因此，企业的研究对象主要集中于消费者的社会购买力状况，即消费者的收入水平、消费结构以及储蓄和信贷倾向。

（一）消费者收入水平

消费者收入是指消费者个人从各种来源所得到的货币收入，包括个人的工资、奖金、其他劳动收入、退休金、助学金、红利、馈赠、出租收入等。消费者收入水平越高，购买力就越大。由于各种税费及固定支出，消费者收入不会全部用于生活消费。因此，对营销者而言，除了消费者收入外，还有必要区别以下两个概念。

1. 个人可支配的收入 即个人收入中扣除各种税款（如所得税等）和非税性负担（如工会费、养老保险、医疗保险等）后的余额。它是消费者个人可以用于消费或储蓄的部分，形成实际的购买力。

2. 个人可任意支配的收入 即个人可支配收入中减去用于维持个人与家庭生存所必需的费用（如水电、食物、衣服、住房等）和其他固定支出（如学费等）后剩余的部分。这部分收入是消费者个人可任意支配的，因而是消费需求中最活跃的因素，也是企业开展营销活动所要考虑的主要对象。

（二）消费者的消费结构

消费结构是指一定时期内人们对各类型商品的需求量和比例。西方经济学家常用恩格尔系数来反映消费结构，并据此反应一国的经济发展水平。

$$恩格尔系数=用于购买食物的支出/全部消费支出×100\%$$

食物开支占总消费量的比重越大，恩格尔系数越高，意味着生活水平越低；反之，食物开支所占比重越小，恩格尔系数越小，意味着生活水平越高。联合国根据恩格尔系数的大小对生活水平进行如下划分：一个国家平均家庭恩格尔系数大于60%为贫穷；50%～60%为温饱；40%～50%为小康；30%～40%为相对富裕；低于30%为最富裕。2016年我国的恩格尔系数为30.1%。

恩格尔系数表明，在一定的条件下，当家庭收入增加时，收入中用于食物开支部分的增长速度要小于用于教育、医疗、享受等方面的开支增长速度。目前对大多数人来讲，纺织品服装已不再是生活必需品，而是作为一种提升自身形象、改善生活品质的享受品。因而对于纺织品服装营销者来说，最为重要的是帮助消费者发现他们的潜在需求，利用有效的营销手段将产品推向目标市场。

（三）消费者储蓄和信贷倾向

消费者的购买力还要受储蓄和信贷倾向的影响。

1. 消费者的储蓄倾向　消费者个人收入不可能全部花掉，总有一部分以各种形式储蓄起来，这是一种推迟了的、潜在的购买力。消费者储蓄一般有两种形式：银行存款和购买有价证券。储蓄的增多会使消费者现实的需求量减少，购买力下降。但储蓄作为个人收入则增加了未来的潜在需求量。

如果消费者较注重未来消费，则现在较为节俭而增加储蓄；如果消费者重视当前消费，则储蓄倾向较弱，储蓄水平降低。另外，储蓄目的不同，往往影响潜在需求量、消费模式、消费内容、消费发展方向的不同。

2. 消费者的信贷倾向　目前，随着消费者收入的提高以及对未来通胀的预期，消费者不仅以货币收入购买所需要的商品，而且可以通过借款来购买商品，所以消费者信贷也是影响消费者购买力的一个重要因素。所谓消费者信贷，就是消费者凭信用先取得商品使用权，然后按期归还贷款，以购买商品。第二次世界大战后，西方各国盛行消费者信贷，其主要种类有以下三种。

（1）短期赊销，例如，消费者在某零售商店购买商品，这家商店规定无需立即付清货款，有一定的赊销期限。如果顾客在期限内付清货款，则不付利息；如果超过期限，要付利息。

（2）分期付款，消费者在购买汽车、电冰箱、昂贵家具等耐用消费品时可以采取分期付款的方式。通常是先签订一个分期付款合同，先支付一部分货款，其他货款按计划逐月加利息偿还。

（3）信用卡信贷，顾客可以凭卡到与发卡银行（公司）签订合同的任何商店、饭店、医院、航空公司等企业、单位去购买商品，款由发卡银行（公司）先垫付给这些企业、单位，然后再向赊欠人收回。

由以上分析可见，消费者储蓄会抑制当下的需求，而消费者信贷会刺激消费。作为纺织品服装营销管理人员，如果能够在支付时提供信贷服务，无疑会刺激消费者的冲动消费。

三、自然环境

自然环境可能给企业创造市场机会，也可能给企业带来挑战和威胁。因为任何企业的生产经营活动都与自然环境息息相关。

首先，自然环境决定了自然资源的分布，自然资源的分布又决定了纺织服装企业获取原材料成本的高低，从而决定产品最终成本的高低。其次，随着工业生产活动范围的扩大，我国的自然环境在几十年中已遭受了不可弥补的破坏，如土地超载和耕地锐减、森林赤字、淡水资源紧缺、不可再生的有限资源的短缺和严重污染等。市场营销人员必须注意到自然环境的变化以及相关法律政策对企业营销活动的影响。

纺织印染工业在我国国民经济中占据十分重要的地位，全国的纺织印染企业在沿海若干个省市集中度较高。印染行业高温、高耗水、使用多种助剂等特性，对周边环境造成了不同程度的污染，已经受到国内外政府及相关部门的高度重视。

2013 年 9 月，国务院印发《大气污染防治行动计划》，对多个行业进行工业废气重点治理，纺织印染行业是其中之一，染整环节是工业废气的重灾区。《2011—2020 非常规性控制污染物排放清单分析与预测研究报告》数据显示，2008 年，我国纺织印染行业 VOCs（挥发性有机化合物）排放量占不同来源 VOCs 排放总量的 8.8%，这是一个相当大的比例，占工业过程 VOCs 排放的 30% 以上。VOCs 与 PM2.5（二次气溶胶）形成有直接关系，对大气环境影响较大。

自 2013 年起，我国开始制定《纺织印染工业大气污染物排放标准》，将其作为国家强制性标准对印染工业的废气严格管控。印染大省浙江省曾出台地方标准，对新老纺织印染企业提出不同的排放标准。其中，现有企业颗粒物、油烟排放最高限值分别为 $20mg/m^3$ 和 $30mg/m^3$，新建企业最高限制分别为 $10mg/m^3$ 和 $20mg/m^3$。

出台纺织印染工业废气排放标准，促使纺织企业进行废气污染治理，能有效地控制该行业对大气环境的污染，改善局部地区的空气质量。同时，在标准强有力的约束下，纺织企业势必要加大废气治理技术研发，改进相关生产装备和工艺，以减少大气污染物的排放。印染企业在环保方面的投入将进一步加大，中小企业将面临更大的环保压力，部分不符合要求的中小企业或将退出市场，行业集中度有望进一步提升。

小知识 2-1 生态纺织品

生态纺织品是指符合有关国家保护环境和消费者健康安全而规定的纺织品生态安全方面

的法规和标准，或达到生态标签标识产品的生态标准技术要求，通过检测并采用对周围环境无害或少害的原料制成的对人体健康无害的纺织产品。生态纺织品从原料的选择到生产、销售、使用和废弃处理整个过程中，对环境或人体健康无害。

虽然在国际纺织品贸易中各国和各个纺织品采购商均会根据自身的法律法规和实际需要对生态品监控项目增删选择，但到目前为止，在国际纺织品贸易中，有关纺织品生态安全性能的监控范围已经从单纯的游离甲醛释放扩展到了可裂解出致癌芳香胺的禁用偶氮染料、致癌染料、致敏染料、可萃取重金属、pH、五氯苯酚防腐剂、有机氯载体、杀虫剂、有机锡化合物、六价铬、色牢度、异味、多氯联苯衍生物、抗菌整理剂、含溴阻燃剂、聚氯乙烯（PVC）增塑剂等二十余项。

欧盟在纺织品和服装领域主要标示两种绿色标签，即欧盟"生态标签"和"生态纺织品认证"。前者是欧盟制订的，后者是国际纺织品生态研究检验协会制订的。"生态标签"的标准涉及纺织品原料、生产、产品本身和耐用性等多方面，"生态纺织品认证"主要关注纺织品本身，前者比后者的要求更严格。

随着生态纺织品技术的发展、人们对环境科学研究的深入以及环境意识的增强，各种相关检测技术的成熟与发展以及在国际贸易中的技术贸易壁垒的不断强化与变化，将会有更多的、新的监控项目被引入，并且在控制指标上会提出更高的要求。

四、科学技术环境

科学技术的发展可以影响纺织业生产的机械化水平和自动化水平，可以加快纺织面料和纺织工艺的革新换代，还可以促进纺织服装企业利用信息化技术拓宽纺织品服装的营销模式和销售渠道。市场营销人员要充分了解科学技术的不断变化，努力利用新技术为消费者提供更优质的产品和服务，极大地满足消费者的需求。

随着科学技术日新月异的发展，新技术、新产品、新工艺、新材料对纺织行业提出了越来越高的要求。例如，近年来新材料产业的发展越来越受到世界的瞩目，我国也将新材料列为重点发展的十大领域之一。在大环境、消费者需求、成本等多重因素变化影响下，中国纺织行业也在逐渐发生新变化，其中创新是主要变化。创新主要包括技术创新、产品创新和模式创新。

技术创新是指当前以智能、绿色为特征，纺织技术正以平台化、集聚化、融合化的方式涌现。信息技术、纺织技术、材料技术、环保技术相互交融，行业技术创新速度加快。

产品创新是指纺织服装产品研发周期与时尚周期不断在缩短，产品更新换代速度不断在加快。缺少耐心与短暂关注正在形成一种消费趋势，这种需求传导到产业链前端，要求产品开发与供应必须更快速、更敏捷。世界四大时装零售集团之一 Inditex 凭借旗下品牌 Zara 的快时尚风格在 2016 年销售额同比增长 12%，达到 233 亿欧元，营业利润为 40 亿欧元，同比上涨 9.4%；净利润为 32 亿欧元，同比上涨 10%。更快的还有 Boohoo 和 ASOS，可以在 2~4 周内生产商品，Zara 和 H&M 为 5 周，而传统零售商则需要 6~9 个月。

模式创新指新工具与新市场催生新模式。技术创新与产品创新使得行业模式创新业态日渐丰富，速度日渐加快。Dior、Topshop、Moschino 等利用虚拟现实技术在实体店播放时装秀，摩登大道引入 VR、AR、智能眼镜等技术，实现购物社交化、娱乐化。双驰企业与中科院共建虚拟现实技术和鞋业产业实验室，将步态测量与 VR 技术相结合。博柏利和汤米·希尔费格等在尝试即秀即买的新模式。

目前，中国纺织企业科技进步步伐加快，已有越来越多先进智能设备被研发和引进。中国纺织品信息中心、国家纺织产品开发中心依托 CNCS 色彩体系，采用码隆科技的人工智能视觉识别平台，进行时尚色彩研究；棉纺智能化纺纱生产线、自动化全成型针织生产线、印染在线检测自动配送系统、化纤自动包装、服装智能仓储系统等在行业内已实现应用；双驰企业为旗下门店配备 3D 脚型扫描仪；七匹狼在门店中安装和推广 3D 试衣镜等。

我国工信部于 2016 年发布了《纺织工业"十三五"发展规划》，明确指出要加强对高性能纤维、生物基纤维等化纤新材料成套装备、短流程新型纺纱织造装备、新型印染等装备的开发生产，推动信息化技术在纺织生产、研发、管理、仓储、物流等各环节广泛运用，培育发展大规模个性化定制等，从而推动我国加快纺织行业智能化、数字化的转型。

小知识 2-2　差别化纤维

从根本上讲，天然纤维带有面面俱到的性质，但从局部指标评定，许多化纤品种的性能都超过了天然纤维。

随着生活水平的提高，人民对纺织品的消费要求也在发生变化。业内常说的服用舒适性是一系列具体技术指标的综合，如触感，包括了纺织品的柔软性、悬垂性、压接触、热接触、冷接触等方面的感觉。研究发现，如果改变化纤的分子量、聚合度、取向度以及化纤的线密度、截面形状和长度，就可以改变纤维的物理化学性能，于是差别化化纤便脱颖而出，成为化纤的发展方向。

日本纺织界针对纺织品消费市场的变化，将差别化纤维称为高感性纤维，实际上就是设计生产出系列化的、在局部有突出优点的化纤，再通过现代纺织加工技术，将不同化纤的性能取长补短，生产出各式各样综合性能超过天然纤维的纺织品。

五、政治法律环境

政治法律环境是指对企业的营销活动能够产生影响的国内外政治因素和法律因素的总和。由于企业是社会的一部分，企业的营销活动必然会受到社会生活中政治、法律环境的影响。政治法律环境是指一个国家或地区的政治体制、方针政策、法律法规、政局稳定性等方面的因素。这些因素常常制约、影响企业的经营行为，尤其是影响企业较长期的投资行为。

政局的稳定性是影响整个社会所有问题的首要因素。政局稳定性包括企业所在国家和地区的政局稳定性，也包括企业的供应者、产品的使用者所在国家和地区的政局稳定性。政治体制规范，可以制约各种组织的行为。各种法律法规，可以起到保障所有权、保护竞争、保护消费者权益或者保护社会的长远利益的作用。这些都很容易产生、维持、增加或消除某些市场机会，都会直接影响企业的发展。如2005年中美、中欧纺织品贸易纠纷对我国以及其他国家的纺织品企业均造成了巨大影响。

企业应密切关注政治法律环境，要能够充分利用好国内外各种有利的优惠政策和法规，同时规避企业的营销活动与国家政策和法律法规相抵触。各国的政策和法规是为了保护本国企业间的利益不相互侵害，消费者的权益不受侵害，以及社会公众利益不受侵害等，如《消费者权益保护法》《反不正当竞争法》等。近年来，各种媒体公众和压力集团（如我国的消费者协会）对国家立法、政策和社会舆论的影响越来越大，成为构成政治环境的重要因素。

六、社会文化环境

人们处在一定的社会文化环境中，其生活习惯、购买理念和消费水平及审美观念等就会受社会文化环境的综合影响。社会文化环境包括价值观念、风俗习惯、宗教信仰、消费习惯、受教育水平等因素。价值观念是人们对社会生活中各种事物的态度和看法，它在很大程度上决定了人们的消费观念和购买理念。不同的民族性格、民族文化、宗教信仰、居住环境和风俗习惯等，都会使人们对服装的面料、款式、类型和功能性需求有所不同。例如，我国出口到科威特的产品包装上有寿星图案而被退货，因为在科威特，寿星图案是不吉利的象征；有一年美国向日本出口高尔夫球，质量很好，价格也合适，却无人问津，经过调查发现，1个盒里放4个球，触犯了日本的忌讳，后来改成一个盒里放3个、6个、12个，结果很快就有了销路。

小知识 2 - 3　朝鲜族的服饰

每个民族的服饰都有自己的特色，朝鲜族也不例外。朝鲜族民众历来都是很喜欢穿白衣素服的，似乎每个人的身上都会有白色的衣服存在，也正是因为如此，朝鲜族被称之为"白衣民族"。尤其是在一些大型的节日或者是出席很隆重的场所的时候，朝鲜的男女民众都会穿着白色的衣衫。

朝鲜族的女装一般是采用丝绸或者柔软面料制作而成的，穿着非常的舒适。一般都是短袄长裙的搭配，这是经典款。它的袄襟很短，不使用扣子，而是用绸带系住。很多现代的朝鲜年轻女子为了使服饰更漂亮，往往会选择在袖口和衣襟的位置镶上彩色的绸缎边。

年龄阶段不同的朝鲜女性，对应穿着的裙子也是有区别的。一般未成年的少女只能穿着直筒式的褶裙，腰间会有一些细褶，看着比较宽大，但是又有比较飘逸的感觉。而年轻的妇女则是可以穿着褶裙或者是缠裙的，相对来说要求更加宽松一些。一般中老年的妇女穿着缠裙的比较多，系上宽腰带，然后有白色的衬裙进行搭配，展现出衣服雍容华贵的感觉。

而朝鲜族的男性服装就没有那么多样化了，一般都是短款上衣，搭配上宽腿大裆的长裤，也是有比较宽松而且舒适的感觉。若是外出则是穿着斜襟长袍的比较多，没有设计纽扣。相比较而言，儿童的衣服则是五彩斑斓。

另外，随着社会化媒体的兴起、电子商务的深入发展和全球经济文化的互联合作对社会人文精神和消费市场信任关系的变迁产生重要影响，现代纺织服装企业要在新环境下从事营销活动，就必须了解现代消费者所处的社会文化环境，积极融入基于互联网营销的时代趋势，有效地利用社会化媒体，注重互联合作，与消费者充分沟通，正确地把握新环境下的顾客需求特点，整合用户资源，缩短营销渠道，创新营销模式，才能适应环境，寻求并获得新的市场增长。这是企业必须面对的现实和迎接的挑战。

第三节　市场营销的微观环境

企业要通过营销活动，实现既定的市场目标，不仅要顺应营销环境中宏观环境的变化，而且还要掌握微观环境的变化。微观环境是影响企业市场营销组合决策的主要因素，对企业市场营销行动产生更为直接的影响。通过对微观环境的分析，可以明确企业的优势和薄弱环节，从而在市场营销组合决策中充分利用企业的有利条件，采取有效的管理措施。

市场营销的微观环境是指对企业营销活动产生直接影响的要素，这些要素一般包括企业内部环境、供应商、营销中介、顾客、竞争者、社会公众等（图2-3）。

图 2-3　市场营销的微观环境

一、企业内部环境

任何企业的市场营销活动都不是某个部门的孤立行为，而是企业内部各部门科学分工、密切协作的组织行为，是企业整体实力与能力的体现。企业高层管理部门负责总体计划，营销部门负责制订营销计划，财务部门负责制订资金计划，生产部门负责制订生产计划，研发部门负责制订研发计划，采购部门负责制订订货计划，所有这些相互关联的部门构成了企业的内部环境（图2-4）。企业的营销部门同其他部门发生着各种联系，受到企业微观环境的影响。由于各部门有明确的分工和任务，各部门之间既会有联系也会有冲突。这就需要营销部门在制订营销计划时，一方面要争取企业决策层的理解和支持，使营销计划能够在决策层的推动下得以实施；另一方面要能够和其他部门密切合作与沟通，充分考虑财务、研发、采购、生产等部门的情况和要求，以顾客为中心，与他们共同研究制订和完善营销计划，相互协调，相互合作，才能顺利实现营销目标。

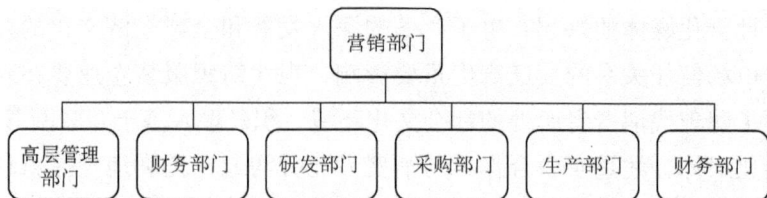

图 2-4 企业的内部环境

二、供应商

供应商是专门提供生产经营所需资源的企业和个人，包括原材料、设备、能源、劳务和其他用品。供应状况直接影响着营销活动是否能顺利进行以及生产经营效果。由于纺织服装的多样性和复杂性，纺织服装企业在选购原材料时涉及的面料和辅料能达到上百种，为保证产品的质量、产量和交货期，选择价格、质量和服务优良的供应商尤为重要。同时，要与供应商保持长期稳定的合作关系，甚至与多个供应商建立供求关系。供应商是社会分工和生产效率与效益提高的产物，商品经济越发达，社会分工越细，企业就越需要处理好同这些机构的合作关系。

三、营销中介

所谓营销中介是指帮助企业推广、销售和分配产品给最终消费者的企业和个人，它们包括中间商、实体分配机构、营销服务机构和金融中介。同供应商一样，营销中介也是企业的整个价值传递系统中的重要组成部分。在多数情况下，纺织服装企业的产品要经过营销中介才能到达目标顾客。要使顾客满意，企业不仅要使自己的业绩最好，而且应与供应商和营销中介建立良好的伙伴关系，以使整个系统取得最佳业绩。

（1）中间商包括代理中间商和买卖中间商，能帮助企业找到顾客或将产品直接卖给顾客完成交易，所以中间商在企业的营销活动中起着十分重要的作用。

（2）实体分配机构协助企业储存货物并把货物运送至目的地。例如，货物储运公司可以帮助企业在从原产地到目的地的过程中办理运输、仓储、装卸、搬运和移送货物、订单处理等业务。企业必须综合考虑成本、运输方式、速度和安全性等因素，从而决定运输和存储货物的最佳方式。

（3）营销服务机构包括市场调查公司、广告公司、传播媒介公司和营销咨询公司，它们帮助企业正确地定位、推广和促销产品。

（4）金融中介能够为企业的交易提供金融支持或对货物买卖中的风险进行保险，降低商品买卖中的风险，如银行、信贷公司和保险公司等。

四、顾客

顾客是企业的服务对象和营销活动的出发点，也是企业最终提供产品和服务的目标市场。

企业的目的是为了满足顾客的需要，顾客及其需求是企业生产经营活动的出发点和归宿，是企业生产经营决策的根本依据。顾客可以是个人、家庭，也可以是组织机构和政府部门。顾客可能与企业同在一个国家，也可能在其他国家和地区。概括来说，顾客包括消费者市场、企业市场、中间商市场、政府市场和国际市场。

（1）消费者市场由个人和家庭组成，他们仅为自身消费而购买商品和服务。纺织服装更多的是人们的日常用品，所以消费者市场是纺织服装的最终市场。

（2）企业市场购买产品和服务是为了进一步深加工或在生产过程中使用，如纤维、纱线及各种面料等。

（3）中间商市场是为了转卖产品或服务获取利润，如服装批发商、代理商、纺织外贸公司等。

（4）政府市场由政府机构构成，购买产品或服务是为了服务公众，或者作为救济发放，如政府机关的制服、红十字会等慈善机构发放的物资等。

（5）国际市场由其他国家的购买者构成，包括消费者、生产商、经销商和政府。纺织品是我国出口创汇的主要来源之一，所以国际市场也不容忽视。

在"消费升级"的当下，消费者对于纺织品的需求也在发生着改变，根据麦肯锡发布的《2016年中国消费者调查报告》显示，中国消费者对于把钱花在何处更为挑剔，普遍的、快速的市场增长已经不复存在，消费者开始增加提升生活品质及体验的开支。其次，据艾瑞咨询和德勤数据显示，目前中国年轻一代消费者对于质量过硬、性价比高和设计个性这三个方面比较看重。

五、竞争者

一般来说，为某一顾客群体提供产品和服务的企业不止一个，特别是纺织服装行业。企业的营销系统往往是在一群竞争对手的包围和制约下工作的。广义的竞争者是来自于多方面的，比如企业与自己的顾客、供应商之间，都存在着某种意义上的竞争关系。狭义的竞争者是那些与本企业提供的产品或服务相类似，并且所服务的目标顾客也相似的其他企业。

迈克尔·波特（Michael Porter）于20世纪80年代初提出了五大竞争力量模型（五力模型），它认为行业中存在着决定竞争规模和程度的五种力量，这五种力量综合起来影响着产业的吸引力。五力模型确定了竞争的五种主要来源，即供应商和购买者的讨价还价能力，潜在进入者的威胁，替代品的威胁，以及来自同一行业的公司间的竞争。因此，波特的五力模型是企业制订竞争战略时经常利用的战略分析工具，见图2-5。

（一）竞争者分类

对于竞争者的分类，企业可以从产品导向、技术导向、需要导向、顾客导向等业务范围导向来识别竞争者，也可以从产品的替代性来识别竞争者，这时竞争者可以分为四类。

第一是品牌竞争者（Brand competition），是指满足同一需要的同种形式产品的不同品牌之间的竞争，如罗莱生活、水星家纺、雅戈尔和杉杉等。

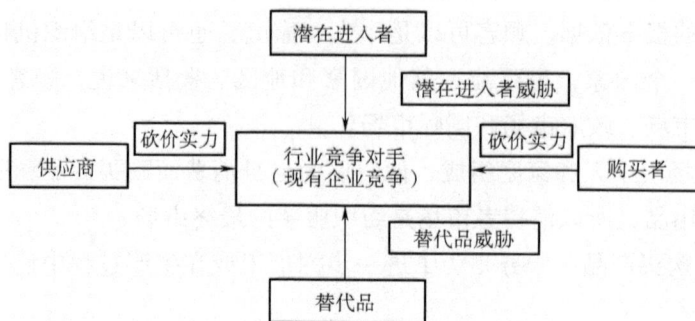

图 2 - 5　迈克尔·波特的五力模型

第二是产品形式竞争者（Form competition），也称行业竞争者，是指满足同一需要的产品的各种形式之间的竞争，即生产同种产品，但提供不同规格、型号、款式的竞争者。

第三是属类竞争者（Industry competition），是指行业内提供不同产品以满足同一种需求的竞争者，如单门与双门冰箱的竞争等。属类竞争者也称平行竞争者。

第四是愿望竞争者（Generic competition），是指提供不同产品以满足不同需求的竞争者，如出售旅游产品与出售纺织服装产品之间的竞争。

从这四种竞争者类型可见，竞争者不仅发生在同行业内，行业外的一些企业也可能成为竞争者，如属类竞争者可能通过替代品的生产而参与竞争，或者采用优势的营销策略拉走原有购买愿望但购买资金有限的顾客。尤其是随着人们生活水平的提高，购买的纺织服装产品已不是必需品，企业更需要采取有效的竞争策略，刺激消费者购买欲望，满足消费者需求。

此外，企业的竞争者不仅来自本国市场，而且也可来自其他国家和地区。据工信部信息显示 2014 年中国居民境外消费超万亿元，购物消费占五千多亿元，购买的物品中服装、鞋类等纺织品不在少数。

（二）竞争者战略

总的来说，基本的竞争战略有三种。一是通过降低成本，降低价格获取竞争优势的总成本领先战略（Overall cost leadership），这种情况下，企业必须在采购、工艺、制造和分销等全方面占有优势。二是通过针对特定市场，设法使自己的产品或服务有别于其他企业，建立产品、服务或营销特色来获取竞争优势的差异化战略（Differentiation）。例如，艾格采用速度制胜，其专柜每隔 15 天就可以全部换成新款式，极大地满足女性顾客追求新时尚、新款式的需求，这也是艾格的核心竞争力。三是将经营范围集中于某一个或几个有限的细分市场，使企业有限的资源得以充分发挥效力，赢得竞争优势的集中化战略（Focus），可以是成本集中也可以是别具一格集中。例如，Hermes 实施产品差异化策略，产品均为手工制作，提供的有形物品和无形服务给消费者带来心理上的满足感及信任感，其名品的价值在于稀少性和差异性，同时产品凝结制作工匠的精湛技艺、专注态度与宝贵时间，是值得收藏的艺术品。

不论是何种类型、何种地位的竞争者，在市场营销中都必须根据市场需求和企业自身的发展目标和实力来制订科学合理的竞争战略，在同行业竞争中取得主动。在考虑同一类产品的卖方密度进入壁垒的前提下，力争使自己的产品更有特点，形成明显的产品差异，才能在激烈的市场竞争中处于不败之地。

小案例 2 - 2　COACH 抓住亚洲市场庞大消费力——关键：在 LV 旁开店

COACH（寇驰）是美国著名皮革制品奢侈品品牌，是首屈一指的主营男女精品配饰及礼品的美国企业。1941 年 COACH 品牌在美国注册，其独特的制作工艺和高质量的制作受那些颇为讲究品质的顾客青睐。COACH 遍布美国 970 多个百货商店，在 20 多个国家中遍布于 211 家国际性的百货商店、零售店和免税店。

不断拓点与紧咬 LV 不放是 COACH 能在日本蹿红的主因。2001～2005 年这五年 COACH 是所有精品品牌里在日本开店最快的一家，总共开了 104 家店，其中包含七家旗舰店，这些销售店或旗舰店全都紧邻 LV。根据 COACH 的 2003 年财报，当年在日本每开一家店就要花上 656 万美元。在精品龙头 LV 旁开店，消费者心中会塑造它与 LV 同级的印象，但价格却大多只要 LV 的三分之一。

（资料来源：万艳敏，吴海弘．服装营销案例教程 [M]．上海：东华大学出版社，2013）

六、社会公众

公司的营销环境还包括各种社会公众因素。社会公众是指对企业的营销目标和营销能力产生直接影响或间接影响的任何团体或机构，包括金融机构、媒体、政府公众、民众组织、当地公众、一般公众和内部公众。社会公众既可以增强也可能削弱企业实现营销目标。一个成功的企业应该考虑如何主动地处理好与社会公众的关系，而不是消极等待或对公众采取冷漠态度。

第四节　市场营销的综合环境分析

研究市场营销环境的目的在于通过对环境变化的观察，来把握营销环境变化的发展趋势，从而发现企业发展的机会，避免环境变化给企业带来威胁。有效地分析市场营销环境的变化，及时抓住营销机会或采取应变措施消除环境威胁，对企业的发展具有重要意义。

一、市场营销环境的分类

根据市场营销环境是否对企业有利，可以把环境分为市场机会和环境威胁两类。

（一）市场机会

市场营销环境机会是指对企业营销活动有利的，富有利益空间和吸引力的领域。例如我国"二孩"政策的放开，对一个企业来说，婴幼儿家纺产品、服装服饰品和生活用品的新需求，家庭人口的增长带来的居住户型的需求变化以及私家车空间和座椅数量等出行交通工具的需求变化等，都意味着有一系列新的市场机会的出现。但是，这些新的机会中，并不是每一个机会都适合企业。这就要求企业的经营者对机会进行分析和评价，才能抓住适合发展的重要机会。

机会成功的概率是指企业抓住市场机会并将其转化为具体利益的可能性。因为具有吸引力的市场机会并不一定就是本企业实际发展的良机，其可行性不一定符合本企业的具体情况，也就不一定能够为企业带来真正的利益。

市场机会对企业的吸引力是企业利用市场机会可能创造的最大利益，它是企业在最理想的条件下充分利用该市场机会的最大极限。创造的利益越大，市场机会对企业的吸引力越大；反之，对企业的吸引力就小。具有较大吸引力的市场机会并不一定是企业的发展良机，因为它所提供的市场机会在该企业不一定可行；而具有很强的可行性的市场机会对该企业的吸引力也不一定很大；只有具有很大的吸引力，同时又具有很强的可行性的市场机会，才具有较高的价值。图2-6是机会分析矩阵。

图2-6中第Ⅰ象限是机会的吸引力和成功概率均为最大，是企业的最佳机会，企业可以准备若干营销计划以追求其中一个或几个机会。第Ⅱ和第Ⅲ象限机会的吸引力和成功概率不相一致，企业应保持密切关注，这些机会可能会成为最佳机会。第Ⅳ象限机会的吸引力和成功概率均太低，企业可以不予考虑。

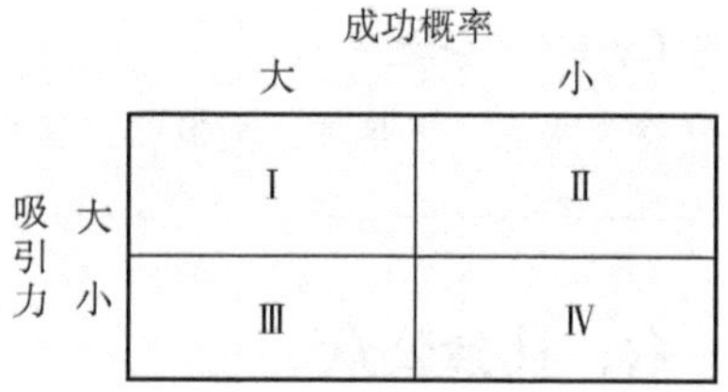

图2-6 机会分析矩阵

（二）环境威胁

环境威胁是指环境中不利于企业营销的因素及其发展趋势，对企业形成挑战或对企业的市场地位构成威胁。如果企业不能根据市场营销环境条件的变化及时调整相应的市场营销策略，这种不利的环境趋势必将对企业带来不利影响，甚至侵害企业的市场竞争地位，使企业陷入困境。因此，市场营销人员要善于分析市场营销环境的发展趋势，及时准确地识别环境威胁或潜在的威胁，并且能够正确地认识和评估环境威胁的严重程度，从而有利于企业采取相应的战略行为，避免威胁造成不利的后果。

在对环境威胁进行分析时，往往要考虑环境威胁出现的概率和威胁的严重程度（含潜在威胁）两个方面，可以采用矩阵图的方式来进行分析，如图2-7所示。

从图2-7可以看出，第Ⅰ象限是环境威胁出现的可能性最高，威胁程度最严重的区域，对企业来说是致命的威胁，企业应处于高度警惕状态，并制订相应的措施，尽量避免损失或者使损失降低到最小，因为它的潜在严重性和出现的概率均很高。第

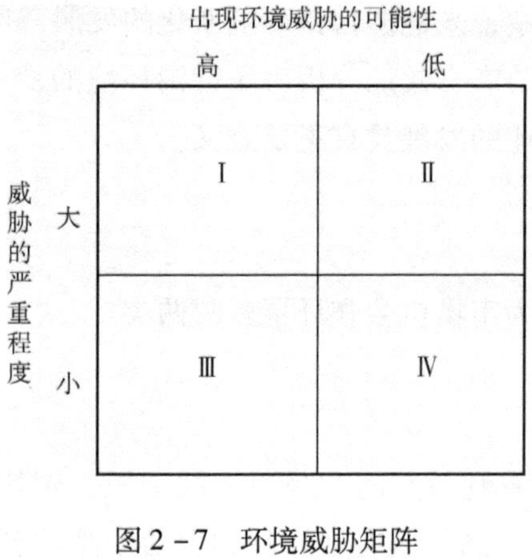

图2-7 环境威胁矩阵

Ⅱ象限是威胁程度很严重，但出现威胁可能性较低的区域。第Ⅲ象限是出现威胁可能性很高，但威胁性较轻的区域。对于第Ⅱ、Ⅲ象限的威胁，企业也不应该掉以轻心，要给予充分的重视，制订好应变方案。第Ⅳ象限是威胁出现的可能性很小，威胁的程度也较小的区域，企业一般应注意其变化，若有向其他象限转移趋势时应制订对策。

小案例2-3　南通某纺织企业环境威胁的分析过程

Ⅰ—竞争者引进全套先进纺织设备；Ⅱ—国家宏观经济状况持续恶化；Ⅲ—加入WTO，国外纺织品进入中国市场；Ⅳ—政府限制纺织企业放任发展。

由图2-8可以知道，图中第Ⅰ象限，即竞争者引进全套先进纺织设备的威胁是关键性的，它将严重威胁南通某纺织企业的利益，并且出现的可能性很大。因为纺织品的生产技术对于纺织企业的生产和效益起着至关重要的作用，而且引进全套先进纺织设备对于大的纺织企业来说并非难事。当时江苏省内几家重要

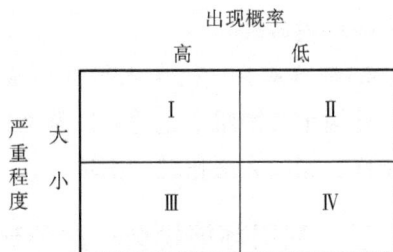

图2-8　南通某纺织企业环境威胁矩阵

纺织企业已准备引进全套先进纺织设备，南通某纺织企业必须对这一威胁有清醒的认识，并准备相应的计划。图中第Ⅱ象限，即国家宏观经济状况持续恶化的威胁虽然对南通某纺织企业的影响很大，但出现的可能性较小。第Ⅲ象限，加入WTO后国外纺织品进入中国市场，对南通企业可能会造成威胁，但这种威胁的影响不会很大，要充分抓住这次历史机遇占领市场份额。第Ⅳ象限，政府限制纺织企业放任发展，有利于竞争激烈的市场环境营造和谐有序的市场秩序，对于南通企业是有利的发展环境。

（资料来源：王若明，张芝萍. 纺织品市场营销［M］. 中国纺织出版社，2008）

二、市场营销环境机会与威胁的综合分析

企业必须对市场营销环境的机会水平和威胁水平做全面综合分析，才能做出科学有效的营销策略（图2-9）。

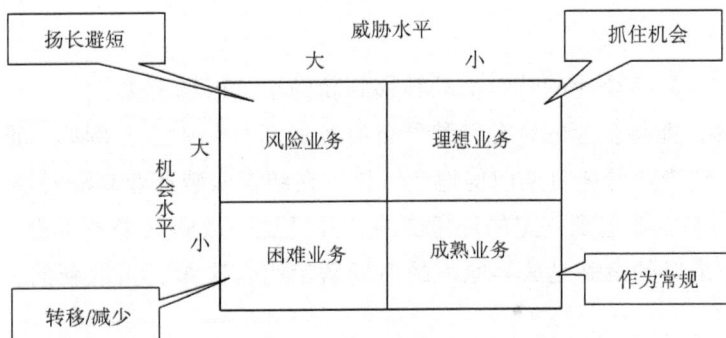

图2-9　机会水平与威胁水平的综合分析

1. 理想业务　机会水平高，威胁水平低，利益大于风险，是理想业务。企业应看到机会难得，甚至转瞬即逝，这时企业必须抓住市场机遇，迅速行动，抢占先机。

2. 风险业务　机会水平和威胁水平均高的业务是风险业务。面对高利润与高风险，企业既不宜盲目地冒进，也不应迟疑不决，坐失良机。这时应全面分析自身的优势与劣势，扬长避短，努力创造条件，争取突破性的发展。

3. 成熟业务　机会和威胁均较低的业务是成熟业务，这是一种较平稳的环境，一方面企业要按常规经营、规范管理，维持正常运转；另一方面，企业要积聚力量，为进入理想环境或风险环境做准备。

4. 困难业务　机会水平低、威胁水平高的业务是困难业务，这时环境风险大于市场机会，处境十分困难。企业可以努力改变营销环境，从而走出困境或减轻环境威胁，也可以立即转移、摆脱无法扭转的困境。

三、利用环境机会与避免环境威胁的策略

（一）利用环境机会的策略

1. 及时利用有利的环境机会　市场机会是不断发展变化的，并且市场机会随着时间的变化其价值也会发生变化。当一个好的市场机会来临时，肯定会有一批又一批的企业和竞争者加入。这时，在企业资源可能的情况下，要迅速行动，及时调整营销组合策略，充分利用对企业发展有利的市场机会。

2. 创造条件适时利用环境机会　当企业自身条件与市场机会所要求的条件不相符，而市场时机在一定时间内又不会发生重大变化时，企业应通过自身的努力改善或补充环境所不具备的条件，使之成为企业可利用的市场时机，条件成熟后再从中利用。

3. 放弃不可行的环境机会　有时市场机会很好，但由于企业内部的条件限制很难利用。此时企业应放弃该市场机会，寻找与企业内部条件相吻合的市场时机。

（二）避免环境威胁的策略

1. 转移策略　转移策略是指当企业面临环境威胁时，通过改变自己受到威胁的产品现有市场，或者将投资方向转移来避免环境变化对企业的威胁。该策略包括以下三种转移方式。

（1）产品转移，即将受到威胁的产品转移到其他市场，这是大部分创新型企业采取的策略。

（2）市场转移，即将企业的营销活动转移到新的细分市场上去。

（3）行业转移，即将企业的资源转移到更有利的新行业中去。例如，雅戈尔集团涉足多个行业，在纺织服装产业低迷时期向房地产转移，在纺织服装产业高涨时期又适时转移回来。

2. 减轻策略　当企业遇到一定的环境威胁，并且这一威胁后果不可避免时，如果没有能力与之正面对抗，最好的策略是放弃原来的市场营销组合决策，采取新的、有效的市场营销组合决策。

3. 反抗策略　反抗策略是指企业利用各种不同手段，限制不利环境对企业的威胁作用或

者促使不利环境向有利方面转化。反抗策略通常被称为是积极、主动的策略。例如，长期以来我国纺织品服装在欧美摩擦不断，受到各种非关税壁垒的威胁，这些限制条件反倒促使企业提高产品质量，积极进行产品研发，增强了纺织服装企业的竞争实力。

☞ 思考题

1. 市场营销环境包括哪些因素？
2. 市场营销环境有哪些特点？
3. 企业为什么要分析市场营销环境？
4. 企业应如何利用环境机会而避免环境威胁？

☞ 案例分析

利郎商务休闲男装

伴随着陈道明"西服也休闲，简约而不简单"的广告语轰炸，消费者领略到了利郎商务男装独特的品牌魅力。

由于服装市场的同质化竞争日益惨烈，利郎在1995年至2000年，从最初的成功开始走向停顿，走向衰退，甚至走到破产的边缘。

2001年，利郎创始人王良星痛下决心，"利郎必须走出一条差异化的道路"。当时利郎的定位是商务男装，王良星坦言，"进入服装市场不能硬碰硬，做西服利郎比不过杉杉、罗蒙等高端品牌，做休闲夹克衫比不过七匹狼、柒牌、劲霸"。

王良星发现，随着社会经济的不断发展，国内从商的人越来越多。"到国外旅游考察后我们发现，国外进行商务洽谈时不像中国这么严肃，怎么样既不失风度又能看起来轻松呢？"

2001年的时候，掌上电脑"商务通"在商务人士中很流行，利郎总裁王良星从中获得了灵感：何不把利郎的服装也叫作"商务男装"？

☞ 案例讨论

利郎总裁王良星"商务男装"的灵感是在什么样的宏观环境和微观环境影响下产生的？

第三章　纺织品服装流行元素及流行趋势

【本章学习目标】

1. 掌握纺织品服装用新型纤维材料及性能特点。
2. 了解新型纺纱方法。
3. 掌握纺织品服装流行趋势的预测机构。
4. 掌握流行的变化和传播。
5. 掌握服装设计师在企业中的作用。

【引导案例】

2018 巴黎春夏时装周

2018 巴黎春夏时装周于 2017 年 9 月 25 日至 10 月 3 日举办，9 天时间内全球著名时装品牌、时尚界知名设计师和新锐举办了 80 余场时装秀，展示各自新作，带来下一季春夏时尚气息。

凭借大胆创意，历届时装周上香奈儿的秀场都颇受期待。10 月 3 日，巴黎大皇宫博物馆内，香奈儿品牌设计师、时尚界标志性人物卡尔·拉格菲尔德，以法国南部普罗旺斯地区的韦尔东峡谷为创作灵感，将人工瀑布、峭壁、树丛、木栈桥搬进秀场，展示以透明塑料材质防雨装备为主题的下一季成衣系列。在瀑布流水间，模特们身着透明防水的斗篷、风帽、长靴在木栈桥上款款来去，时装的流苏感毛边与水流相呼应，打造出女性雨中的优雅造型。

同在 10 月 3 日晚间，路易威登压轴大秀在卢浮宫"钟馆"上演。法国设计师尼古拉·盖斯基耶尔巧妙地将运动休闲装与 18 世纪宫廷服饰相结合，长礼服大衣搭配运动短裤、运动鞋，颇显时尚街头风。

本届时装周也不乏中国元素。华人设计师品牌夏姿·陈于 10 月 2 日发布新一季成衣，结合东西方文化风格的主题"系纱"，将中国汉朝时期丝绸之路上的大漠与飞沙景致，结合白昼黑夜与光影、微风等自然元素，融合 20 世纪 30 年代新古典主义热潮，以蕾丝拼接、宫廷风华丽蓬袖、浪漫长版裙装等唯美细节设计，赋予春夏女装柔美典雅气质。

巴黎时装周始于 1910 年，与纽约、米兰和伦敦时装周并称为全球四大时装周。巴黎时装周每年举办两次，2~3 月间举办当年的秋冬时装周，9~10 月间举办次年的春夏时装周。

第一节 纺织品服装的流行元素

纺织品是指由纺织纤维制成的产品，纤维是构成纺织产品的基本单元。因此，纺织品服装的流行离不开纤维材料的更新。此外，新型的纺纱技术革新也为纺织品服装带来新的变化。未来，随着化纤科技的发展，会有更多的新型面料（如功能性和智能型高科技面料等）出现在未来的市场中。

一、新型纺织纤维

根据纤维的来源及用途，新型纤维可以分为新型天然纤维和新型化学纤维。其中天然纤维是自然界原有的或经人工培植的植物上、人工饲养的动物上直接取得的纺织纤维，是纺织工业的重要材料来源，包括植物纤维和动物纤维。

（一）新型天然植物纤维

1. 彩棉纤维 彩棉也称天然彩色棉，是自然生长、带有颜色的棉花。利用生物遗传工程方法，在棉花的植株上接入某种色素基因，让这种基因使棉株具有活性，从而使棉桃内的棉纤维变成相应的颜色，所需的颜色色素基因可采用生物技术来获得。目前天然彩色棉已培植出棕、绿、红、黄、蓝、紫、灰等多个色泽品系，我国种植的主要为棕色和绿色彩棉。

2. 木棉纤维 木棉属于果实纤维，有白、黄和黄棕色三种颜色，主要产地是印度尼西亚、尼日利亚、美国。木棉纤维表面有较多的蜡质，使纤维光滑、不吸水、不易缠结，并具有驱螨虫效果；在纺织品服装中使用木棉纤维存在的最大问题是与染料分子不能顺利结合，因此上染率低。

3. 罗布麻纤维 罗布麻属夹竹桃科罗布麻属，多年生宿生草本植物。罗布麻含有黄酮类化合物、强心苷、花色素、酚类、芳香油、三萜化合物等，具有降压强心、清热利水、平悸止晕、平肝安神的功效。罗布麻多生长在北半球温带和寒温带，广泛分布在伊朗、阿富汗、印度、俄罗斯、加拿大和中国。罗布麻单纤维平均断裂强度为 2.9cN/dtex，断裂伸长率为3.33%，其标准回潮率为 6.98%，染色性能与亚麻相似，染色均匀性较差，上染困难。

4. 其他新型天然植物纤维 目前正在研制开发的其他类型的新型天然植物纤维还有竹纤维、香蕉纤维、椰壳纤维、菠萝叶纤维和荷纤维等。这些植物的共同特点是都是天然保健纺织材料，适合制作贴身服用面料。

（二）新型天然动物纤维

1. 马海毛 马海毛，也称安哥拉山羊毛，是土耳其安哥拉山羊毛的音译商品名称。南非、土耳其和美国是马海毛的三大产地，我国很多地方的生态条件与安哥拉山羊原产地区相似，陕西、内蒙古、山西、新疆等地也引进了少量种羊试养，开始马海毛的生产。与传统的羊毛相比，马海毛纤维卷曲少，弹性回复率大，其织物具有较好的弹性和抗皱性。

2. 柞蚕丝 柞蚕丝是一种高贵的天然蛋白质纤维，用它织造的丝织品具有其他纤维所没有的天然淡黄色和珠宝光泽，而且具有平滑挺爽、坚牢耐用、吸湿性强、水分挥发迅速、湿牢度高、耐酸耐碱以及拒电绝缘等特性。

3. 蜘蛛丝 作为一种新的天然高分子纤维，蜘蛛丝具有很强的柔韧性及很好的弹性，蜘蛛丝还具有质轻、耐低温等特点。由于其组织是蛋白质，因此可生物降解，是一种"绿色纤维"。通过转基因获得的蜘蛛丝织物可制成服装、围巾、帽子及不易磨损的衣物，也可制成防弹衣，以及坦克、飞机、雷达、军事建筑物的防护罩，还可制成手术缝合线、人工关节、人工假肢等医疗保健用品。

小链接 3 - 1　蜘蛛丝也能做衣服了

蜘蛛丝非常坚韧，比钢铁还要坚固，并且比凯夫拉尔纤维还耐撕裂。虽然人类可以相对容易地穿过蜘蛛网，这是因为每条线的直径只有千分之三毫米。如果将其扩展到超过一毫米，估计一张蜘蛛网可以像捕捉苍蝇一样捕捉住一架直升机。蜘蛛丝同样还非常有弹性并且轻巧；一些蜘蛛丝在断裂前可以拉伸到原长度的五倍，并且长度足以绕地球一圈的蜘蛛丝的重量还不到 0.5kg。蜘蛛还是优秀的化学家，常常使蜘蛛丝变得防水且具有抑菌特性。

在 1709 年，法国蒙彼利埃法庭院长 Franc ois Xavier Bon de Saint Hilaire 先生向路易十四赠送了一双银色的蜘蛛丝长袜，它是由数百个精心收集的卵囊编织的。但对于研究者来说，由于蜘蛛对驯化有抵抗力，在房间里饲养的年幼的蜘蛛总是互相搏斗并吃掉对方。因此，研究者遇到的最大问题是很难规模化饲养。

2016 年，一家名为 Spiber 的日本公司用大肠杆菌为 The North Face 制作了一次性的大衣。与此同时，Adidas 与德国生物材料公司 AMSilk 合作，制造了蜘蛛丝运动鞋。

（资料来源：全球纺织网，2017.4.7）

---

4. 其他新型天然动物纤维 此外，还有一些新型天然动物纤维也在轰轰烈烈地开发着，如山羊绒、牦牛毛和牦牛绒、改性羊毛、天然彩色蚕丝、蓖麻蚕丝等，每种产品都各具特色，有很高的使用价值。但由于其力学性能或可纺性较差，产量较低，一般价格昂贵。

（三）新型化学纤维

化学纤维是用天然高分子化合物或人工合成的高分子化合物为原料，经过制备纺丝原液、纺丝和后处理等工序制得的具有纺织性能的纤维。由于化学纤维产业发展较快，市面上已经出现的或正在研制的新型化学纤维较多。

1. 高湿模量黏胶纤维 高湿模量黏胶纤维主要有两个品种，一类为波里诺西克纤维，也称为经典高湿模量纤维、富强纤维，日本称为虎木棉，在我国的商品名为丽赛纤维。这类纤维的特点是湿态断裂强度和湿态模量特别高，但这种纤维的生产工艺复杂、成本高、耐磨性能较差。另一类为变化型高湿模量黏胶纤维，简称为高湿模量纤维，与棉大致相同，基本克服了普通黏胶纤维的缺陷，而且克服了波里诺西克纤维钩接强度较差、脆性较大的缺点，其中的代表品种有美国研发的 HWM 纤维、奥地利兰精的莫代尔纤维、中国台湾化学纤维股份有限公司生产的 Formotex 纤维和山东海龙股份有限公司研发的纽代尔纤维。

2. 再生蛋白质纤维　再生蛋白质纤维是从天然牛乳或植物（如花生、玉米、大豆等）中提炼的蛋白质溶液，经纺丝而成的一种新型纤维。

牛奶蛋白纤维不仅具有合成纤维的强度高、收缩小、防霉、防蛀的品质，又具有天然纤维的柔软、亲肤、吸湿、透湿、染色性好、色牢度高等优点，其光泽和导湿性也是合成纤维无法比拟的，用牛奶蛋白纤维生产的纺织品尺寸稳定，同时还具备易洗、快干等特点。

大豆蛋白纤维是由中国自主研制开发的纤维，在国际上率先进行工业化实验，并成功实现工业化生产，其主要原料来自自然界的大豆粕，采用生物工程新技术，从大豆的豆粕中提炼出蛋白质，再以其他助剂和生物酶进行处理，以湿法纺丝而成。大豆蛋白纤维原色为淡黄色，很像柞蚕丝，纤维具有一定的卷曲。由大豆蛋白纤维织成的织物手感柔软、滑爽、质地轻薄，具有真丝般的光泽和良好的悬垂性。

小链接 3 - 2　大豆蛋白纤维之父——李官奇

李官奇，河南省滑县人，滑县华康实业有限责任公司董事长兼总工程师。

1980 年，李官奇创办粮油机械厂，1990 年开始大豆蛋白质纺丝技术的攻关。1990 ~ 2001年，他边学边干，历尽艰辛，耗资 3000 多万元，经过 800 多次试验，终于研究成功了大豆蛋白纤维。

2002 年他发明的大豆蛋白纤维工艺技术，通过中国纺织工业协会组织鉴定，他成为世界人造植物蛋白纤维第一人。大豆蛋白纤维被国内外专家誉为"21 世纪健康舒适型纤维""绿色纤维""世界第八大人造纤维"和"中国纤维"等荣誉，正式载入世界人造纤维史册。2004 年李官奇被世界称为"世界大豆纤维发明之父"，在世界范围内引起极大轰动。2006 年获中国发明协会"发明创业奖特等奖"，并获"当代发明家"荣誉称号。2007 年 2 月获国家科学技术进步奖。

（资料来源：大河网，2011.6.18）

---

3. 甲壳素和壳聚糖纤维　甲壳素又名甲壳质、几丁质、聚乙酰氨基葡萄糖等，是一种丰富的自然资源，每年生物合成近 10 亿吨之多，是继纤维素之后地球上最丰富的天然有机物。甲壳素纤维呈碱性和高化学活性，从而使其具有优良的黏结性、吸附性、透气性和杀菌性等性能，制成的服装不仅可防治皮肤病，且能抗菌、吸汗、防臭、保湿；甲壳素纤维的强度能满足手术操作的需要，手感柔软便于打结、无毒，可以加速伤口愈合，可制成在体内被吸收的外科手术缝合线，也可以制成纱布、绷带、止血棉、人工皮肤等。

4. 其他新型化学纤维　目前正在研制开发的新型化学纤维还有铜氨纤维、竹浆纤维、麻浆纤维、海藻纤维以及水溶性纤维。这些化学纤维一方面具备天然纤维的性能，另一方面加入的化学成分也可以克服天然纤维的不足。

（四）功能性纤维

功能性纤维是指具有某些特殊的不同于一般纤维所固有的性能，能满足特殊需求的纤维，如抗菌、除臭、抗紫外线、抗静电、防微波、远红外线、拒水拒油等纤维，在服装中使用可以起到保护人体的作用。

1. 抗紫外线纤维 抗紫外线纤维是指对紫外线有较强的吸收和反射性能的纤维，对小于300nm的紫外光有良好的吸收性。其中麻类纤维对声波和光波有很好的消除作用，因而具有较强的抗紫外线功能。另外，共混纺丝是生产抗紫外线纤维的主要加工方法，其优点是能够将紫外线屏蔽剂或紫外线吸收剂均匀分布在相应的纤维上，纤维抗紫外线功能稳定、持久。

2. 阻燃纤维 由于纺织品着火或因纺织品不阻燃而蔓延引起的火灾，占我国近年火灾事故的20%。芳纶1313属于可耐高温的阻燃纤维，主要用于防护类工作环境的需求。另外，可以通过在聚酯、聚丙烯、聚丙烯腈或聚酰胺等纤维制备中添加阻燃剂的形式来加工阻燃纤维，用于功能性纺织产品的开发。

3. 防辐射纤维 电磁辐射是指电磁场能量以频率30～30000MHz电磁波的形式向外发射，防辐射材料是指能够吸收或消散辐射能，对人体或仪器起保护作用的材料。基于反射机理的防电磁辐射纤维主要包括金属纤维、金属镀层纤维、涂覆金属盐纤维、结构型导电聚合物纤维和复合型电磁屏蔽纤维等。

4. 负离子纤维 负离子纤维是一种具有负离子释放功能的纤维，由该纤维所释放产生的负离子对改善空气质量具有明显的作用，特别是负离子对人体的保健作用，已越来越多地为人们所接受。

5. 变色纤维 变色纤维是指在光、热作用下颜色会发生变化的纤维。在不同波长、不同强度的光的作用下，颜色发生变化的纤维称为光敏变色纤维；在不同温度作用下呈不同颜色的纤维称为热敏变色纤维。变色纤维多用于登山、滑雪、游泳、滑冰等运动服以及救生、军用隐身着装。

二、新型纺纱方式

环锭纺纱是传统的纺纱方式，在纺纱过程中，锭子带着筒管高速回转，纱线通过钢丝圈后被卷绕到筒管上，锭子在旋转的同时既完成加捻作用又完成卷绕作用。传统环锭纺纱机构相对简单，纺制纱线线密度范围广，且成纱质量较好。但环锭纺纱的加捻与卷绕同时进行，其钢丝圈的线速度、纺纱张力等因素限制了产量的提高。为提高纺纱效率，逐渐出现了新型的纺纱方法，如转杯纺、喷气纺、摩擦纺、自捻纺等。各种新型纺纱方式的出现，也为纺织服装产品带来了大量新的元素。

1. 转杯纺 转杯纺属于自由端纺纱，其原理是利用离心力的作用，即纺杯高速旋转，纺杯内便产生离心力，离心力可使从分梳腔转移到纺杯内的纤维产生凝聚而成为纤维须条，须条被加捻以后便成为纱条。转杯纱和环锭纱相比，纤维伸直平行度较差，条干较均匀，毛羽少，但强度有所降低。转杯纱产品主要有牛仔布、绒类织物、线毯、床上用品、家具布、装饰布、针织品等。

2. 喷气纺　喷气纺是利用高速气流使纱条加捻成纱的一种新型纺纱方法。加捻器由固定的喷嘴构成，无须高回转机件，须条以相反的方向包缠到纤维条上，受捻的纱芯部分纤维经过喷嘴后退捻，而包缠纤维则在反向退捻过程中越包越紧，提供成纱强力及抱合力。喷气纺纱形态似转杯纺纱，手感硬，毛羽少，其织物耐磨性、拉伸性、透湿性、染色性等均比环锭纺纱织物好，多用于生产衬衫、床上用品、室内装饰品、针织 T 恤衫及内衣、高档运动服装等。

3. 摩擦纺　摩擦纺也称尘笼纺，由奥地利费勒尔博士在 1973 年发明并经逐步改进的一种新型纺纱方法，国际以发明人的姓名缩写 DREF 来命名这种纺纱方法。摩擦纺属于一种低速高产的纺纱方法，适纺原料范围广，可纺纱的线密度高，成纱品种多，工艺流程短，既可纺常规的天然纤维和化学纤维，还可纺碳纤维、芳纶等功能性纤维，更可利用下脚纤维或低档的原料纺纱；摩擦纺可以纺制多种包芯纱，还可纺制混色或多组分混纺纱，纱线可以用于所有类型用途的纺织制品。

4. 自捻纺　自捻纺是一种非自由端新型纺纱方法。20 世纪 70 年代初由澳大利亚应用于工业生产。自捻纺采用的原料范围较广，无论是天然纤维或化学纤维，纯纺或混纺，只要纤维长度较长、刚性不大都可在自捻纺纱机上加工，且自捻纺产品翻改方便，既适用于小批量生产，又适合大批量生产，适纺原料长度一般为 60~230mm，所以目前自捻纺主要用于中长纤维纺纱及精梳毛纺。

三、新型面料设计

新型面料的设计开发有广义和狭义之分，广义的设计开发是把研究阶段以及开发后的推广阶段也包括进去，狭义的设计开发则指技术的运用。例如，开发某种异形纤维新产品，研制出相应的喷丝板和纺出相应的异形丝，属于技术开发；利用异形纤维设计织制出某种异形纤维织物（新型面料），属于新技术的运用。面料的设计开发要考虑所用纤维原料的性能差异，纺织纱线和织物的方法及所使用的组织结构，面料所应用的颜色特征及面料所呈现的风格特征。

1. 纤维与面料设计　纤维材料的性能影响着面料的各种性能，如面料的外观、舒适性、耐用性、保养性等，不同纤维的面料适于制作不同用途的制品。如棉织物给人自然朴实的感觉，麻织物给人硬挺粗犷的感觉，丝织物给人高雅华丽的感觉，毛织物给人庄重含蓄的感觉，化纤织物则依其模仿对象的不同和纤维生产中采用的不同技术而具有多种外观和触感，或具有毛感、麻感、丝感、棉感以及优于各种天然纤维的高级优美的外观特征；而裘皮、皮革等又有其独特的外表感觉，纤维原料的多样化给面料设计带来了千变万化的可能。

2. 纱线与面料设计　虽然纤维原料的性能在面料设计中起着重要作用，但纱线的结构和性能也会对面料的最终性能产生一定的影响。除非织造织物外，散乱的纤维是不能直接制成面料的，而纱线就是纤维通往面料的桥梁。如设计冬季服用面料可以选择卷曲、蓬松性好的变形纱，夏季服用面料可以采用排列整齐、表面光洁的长丝纱。不同材质的纱线得到面料的物理性能及外观性能都存在较大的差异，除此之外，不同的纺纱方法制得的纱线本身的性能也有所不同，进行面料设计时要进行综合考虑。

3. 织物组织与面料设计 纤维的类型、纱线的结构和线密度可以影响面料的质感和风格，在编织织物的过程中选择不同的织物组织，也会使形成的面料外观风格特征产生变化。用于服用面料的设计中无论是机织还是针织，织物组织结构很多除了基本组织外，还可在其基础上变化出繁多的复杂组织，所以可以利用各种新型纤维、纱线和不同的组织结构配置来实现面料设计上的创新。

以平纹组织织物为例，机织物中的平纹组织交织点多，纱线屈曲大，使得布面平整，织物正反面相同。但选择平纹的变化组织与相应的原料组合，却会一改其平整外观从而形成新风格的面料。如丝麻交织产品——"云栖绸"，是利用方平、经纬重平、平纹等组织开发的一款丝麻交织格子织物，产品挺括、透气性好、外观文雅素净，适宜作夏秋季服装；利用经重平组织采用较大经密，较细经纱和较粗纬纱编织出表面呈现明显的横凸条纹织物；利用纬重平组织呈现纵凸条纹织物，并可借经纬纱的粗细搭配而使凸纹更为明显。

4. 染整技术与面料设计 面料呈现出来的斑斓色彩、各种各样保健卫生、特殊防护等功能都与后整理有密切关系。面料染整加工的目的就是为了丰富面料的花色品种，改善织物的外观风格和服用性能。染整加工中的染是指染色和印花，整是指后整理，主要包括预处理、染色、印花和后整理。

不同面料的预处理工艺不同，如棉麻织物的预处理有烧毛、退浆、煮练、精练、漂白、碱缩、丝光和预定型等工艺，蚕丝织物的预处理有精练和漂白等工艺，可以根据面料设计时使用的原料成分和后期处理有针对性地选择预处理工艺。

染色是通过染料溶解或分散在作为染色介质的水中，并在一定温度、pH条件下与纱线、织物或成衣中的纤维进行结合，使纱线、织物或成衣着色，并获得一定的坚牢度及鲜艳度。染色方法有手工染色和机械染色，不同的原材料选择不同的染料。

印花是用染料或颜料制成印花浆，局部施加在织物上，通过一系列后续处理，使之固着在织物上，从而使面料获得各色花纹图案的加工过程。这种方法在运用过程中可以方便地生产紧随流行的图案、花纹、各种徽标、吉祥物图案、明星头像、宣传标语等。

后整理是指通过物理、化学或者两者联合的方法以及生物方法改善织物的外观风格和内在质量，提高织物的服用性能或赋予织物某些特殊功能的加工过程。整理的内容非常广泛，在新型面料开发中，整理方法可改善织物外观风格、提高织物的服用性能和赋予织物特殊功能等作用。这些后整理加工不仅可以使面料的面目焕然一新，更重要的是能赋予织物多种功能和各种特殊功能，增加其附加价值。例如，日本利用化妆技术把香料装进直径0.001mm的胶囊内，通过染色将胶囊染到布料上，穿着用此织物制作的服装，身体在活动时产生摩擦，胶囊便可徐徐地散发出香味；还有将变色染料（一种对温度变化敏感或对光敏感的染料）装在直径达到微米甚至纳米级的胶囊中，通过树脂涂在化纤面料上，遇到温度变化时，粉红色或白色的衣服立即会变成蓝色或橘红色。

5. 装饰设计与面料设计 面料的装饰设计也称服装面料的再造，是指在已有面料上实施各种艺术处理手法，改变面料的外观形态。一般采用剪贴、折叠、镂空、纫缝、抽褶烫、流苏、割、撕、刮、抽纱、压印、线迹、缉线、绣花、绒线绣、绳带绣、扭曲、拼接、手工编织与面料结合等手法，实现将原来面料平坦的外观变为规则的几何形状、抽象的机理纹或变形花卉等，使面料成为一种具有律动感、立体感、浮雕感、肌理感的新颖别致的面料。用这种面料制作的服装能给人以高贵优雅的美感或表达出朦胧含蓄而又丰富的感情色彩，能充分表现设计师的各种设计意图及鲜明的个性特色，也能满足消费者对审美品质的追求。

第二节　纺织品服装流行趋势的预测

流行是指某一事物在某一时期、某一地区为广大群众所接受、喜爱，并带有倾向性的一种社会现象。服装流行是在特定的环境与背景条件下产生的、多数人钟爱某类服装的一种社会现象，它是物质文明发展的必然，是时代的象征。

流行趋势预测是指在特定的时间，根据过去的经验，对市场、经济以及整体社会环境因素所做出的专业评估，以推测可能的流行活动。通过预测，可以了解未来产品市场将要发生的变化。目前对纺织品服装流行趋势预测中比较成熟的为流行色的预测，而在其他方面（如纤维、纱线、织物和服装款式结构等）多体现在不同的原料生产商、展览会和时装发布会中。

一、流行趋势的预测

流行趋势起源于美国和法国，已经存在有一个多世纪的历史。1915 年一个美国专家 Margaret Rorker 创造了第一个色彩预测，当她发现美国市场的色彩流行是来源于法国的一家面料公司，于是她制作了色彩版提供给美国的厂商和零售商，后来出现了美国最早的流行趋势预测机构 tobe 来帮助品牌及零售商缩小颜色选择的范围。1998 年，WGSN 称为第一个线上趋势服务机构，通过提供季节性、多品种分类的趋势预测，从此改变了纺织服装产业的发展。目前流行趋势预测已成为纺织服装产业中必不可少的一部分，作为纺织服装的从业者，紧跟流行趋势才能制造出符合市场需求的产品。

（一）流行趋势主题预测

通常流行趋势的预测工作早于系列产品开发的 18~24 个月，流行趋势的主题预测将会影响整个纺织服装产业的发展，流行色趋势、流行廓形及款式的趋势、细节趋势都是通过季度的主题发展而来的。图 3-1 展示的 2019 春夏流行趋势主题预测，其中"哲思冥、合意境、进化论"就是趋势主题。服装公司也会根据流行趋势机构提供的主题来进行自己品牌的主题确定，趋势调研者通过当前的政治、文化、社会环境等做出主题分析、色彩分析，并分析各大时装周发布会、纺织纱线博览会等总结未来季度将会流行的服装的廓形、面料、色彩、装饰细节等。

图 3 – 1   2019 年春夏流行趋势主题预测

（二）流行色的预测

流行色是相对常用色而言，指在一定的社会范围内一段时间内广泛流传的带有倾向性的色彩。这种色彩往往是以若干个组群的形式呈现的，不同类型的消费者会在其中选择某一组色彩，流行色具有新颖、时髦、变化快等特点。由于流行色是一种社会心理产物，它是某个时期人们对某几种色彩产生共同美感的心理反映，因此，在一定程度上对市场消费具有积极的指导作用。

国际上流行色的预测研究已有几十年的历史，中国是从 20 世纪 80 年代起步的。1963 年由英国、奥地利、比利时、法国、匈牙利、西班牙、德国、日本等十多个国家联合成立的国际流行色委员会，是目前国际上最权威的流行色研究机构，中国于 1984 年加入该机构。此外，国际上还有多家民间的流行色预测机构。

1. 国际流行色委员会（IC）   国际流行色委员会（International Commission for Color in Fashion and Textiles）是非营利机构，是国际色彩趋势方面的领导机构，也是影响世界服装与纺织面料流行颜色的最权威机构。

国际流行色委员会各成员国专家每年召开两次会议，讨论未来春夏或秋冬流行色定案。参会人员即各国代表各自准备一份对未来 24 个月后流行趋势所做的提案，不仅有文字介绍，还附有实物展示，类似布料、线团、塑料、纸张、玻璃等，这些实物都要同各自所推出的颜色相匹配。在正式进入会议前，代表们在签到时会交换各自的提案，同时交给大会主席一份。准备阶段完毕后，便正式进入了主题，主席会将所有的实物展示在大桌上，然后开始正式的讨论。各国代表有 8min 的时间做各自所推出流行色的演讲。演讲完毕后，就会有人将自己认为的流行趋势提案摆到大桌上，然后各个代表提出建议，当有人要改变桌上的提案时，先陈述自己的理由，经过半数的允许后才能换上新的提案。如此进行下去，直到最后的提案通过大多数人的意见后就制订下来了。每次会议制订的流行色趋势的文字说明是非常简单的，以留给人们更多的空间去感受这些色彩。

中国流行色协会是中国科学技术协会直属的全国性协会，挂靠中国纺织工业联合会，1982 年成立，1984 年代表中国加入国际流行色委员会。协会定位是中国色彩事业建设的主要力量和时尚前沿指导机构，业务主旨为时尚、设计、色彩，服务领域涉及纺织、服装、家居、装饰、工业产品、汽车、建筑与环境色彩、涂料及化妆品等相关行业。

小链接 3 – 3　2019 春夏全球色彩流行趋势

在这个瞬息万变的时代，2019 春夏色彩主打两大方向：大胆、鲜明的个性色调映射出两极分化的世界；柔和而又富于活力的色彩则是应对这个世界的一剂解药。

原色彰显个性：在极尽张扬的时代，鲜明色调不断涌现，纯正原色挥洒个性并展现童真。

色彩与情绪和健康相关：在全球巨变的背景下，柔和舒缓或生机勃勃的色彩对我们情绪和健康的影响越来越显著。

中间色调更显温暖：中间色调在 2019 春夏向愈发浓郁的方向发展，受世纪中期设计的影响更显甜美和温暖。

粉蜡色与荧光色相结合：粉蜡色与荧光色的组合并不常见，但互相搭配时却产生出意想不到的惊艳效果。

（资料来源：wgsn 官方网站）

2. 美国潘通公司（Pantone）　潘通公司是 X – Rite Incorporated 公司的全资子公司，是一家专门开发和研究色彩而闻名全球的权威机构，也是色彩系统和领先技术的供应商，提供许多行业专业的色彩选择和精确的交流语言。

1953 年，潘通公司的创始人 Lawrence Herbert 开发了一种革新性的色彩系统，可以进行色彩的识别、配比和交流，从而解决有关在制图行业制造精确色彩配比的问题。至今潘通公司已经将其配色系统延伸到色彩占有重要地位的各行各业，如数码技术、纺织、塑胶、建筑、室内装饰及涂料等。

潘通流行色色彩展望（Pantone view color planner）每年会就时装色彩趋势进行预测，提前 24 个月提供季节性色彩导向和灵感，以期在男装、女装、运动装、休闲、化妆品以及行业设计等方面得到广泛应用。作为行业标准，潘通流行色对于平面设计、室内设计甚至整个时尚行业有着巨大的影响。

小链接 3 – 4　2017 年度潘通流行色——绿色

2017 年年初，潘通公司发布了 2017 年的年度色彩——草木绿（Greenery），色彩编号为 15 – 0343。全新的草木绿充满了自然的气息，明亮、清新、干净。对于这款全新的色彩，潘通公司是这样描述的："草木绿介于黄绿之间，它是唤醒春天的第一抹色彩，充满了自然的生机，带有重生、更始的意义。草木绿呈现出了植物蓬勃的生命力，将勃勃生机视觉化地呈现到用户眼前，让用户不由得想深吸一口，提振情绪，重获新生。"

自 2000 年以来，潘通公司在选取每年的年度流行色的时候，也是颇为青睐绿色，如 2013 年的年度流行色翡翠绿（17 – 5641）、2010 年的宝石绿（15 – 5519）以及 2005 年的土耳其玉色（15 – 5217）。

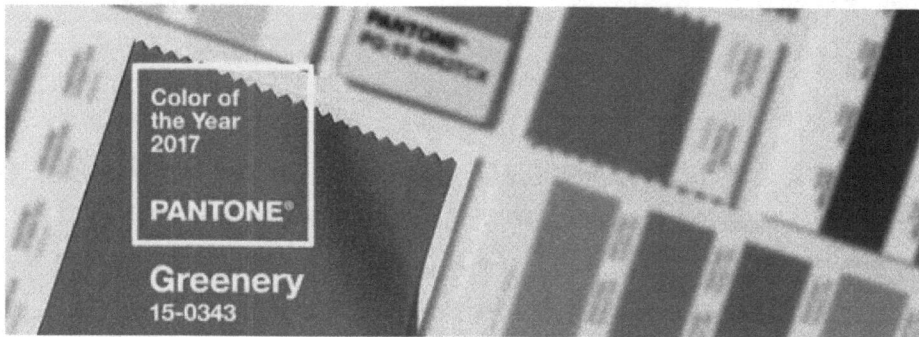

（资料来源：潘通公司官方网站）

3. 国际色彩权威　《国际色彩权威》杂志是由美国的《美国纺织》、英国的《英国纺织》和荷兰的《国际纺织》联合出版。经过专家们反复讨论，提前 21 个月发布春夏及秋冬色彩预报，分为男装色、女装色、便服色和家具色四组色彩预报。

4. 国际纺织品流行趋势　《国际纺织品流行趋势》是目前我国国内唯一系统提供从流行色、纱线、面料、辅料、图案到时装流行趋势等全方位流行资讯的专业杂志，旨在沟通纺织服装上中下游之间的交流与合作，帮助我国国内的纺织服装企业及相关人士了解国际产品流行趋势，指导企业进行产品设计和开发，适应纺织服装市场的全球化挑战和时尚变化越来越快的需要，获取竞争优势和市场份额的最大化。

5. 其他机构　除了上述关于流行色的预测机构外，还有一些很具针对性的预测机构。如国际棉业协会专门研究和发布适用于棉织物的流行色，国际羊毛局、美国棉花公司、澳大利亚羊毛局、Carlin international、Promostyl、Peclers、NellyRodi、Worth Global Style Network（WGSN）、Stylesight 等也都发布流行色的预测。

（三）纱线与面料的流行趋势预测

对于纱线、面料的流行预测主要是由专门的机构，结合新材料、流行色来进行概念发布。

色彩通过纺织材料会呈现出更加感性的风格特征，所以关于纱线与材料的流行预测往往是在国际流行色的指导下结合实际材料加以表达，使人们对于趋势有更为直观的感受。专业展会是进行纱线或面料发布的主要形式，在展览会上可以更为直观地感受到材质与色彩结合后的效果。各大展会名称与举办时间见表3-1。

　　在展览会上纱线与面料主要以平面画册及各种面料小样展示，并配合一些以展示纱线和面料特征的悬挂立体样式展示。为使观众产生更加贴切的感受，也会在布置成主题形式的展示台设有真人模特。而早于展览会的纱线与面料发布都是通过平面的形式，平面发布的形式一般包括主题名称、主题描述、主题画面、面料图片和色卡五个方面。

表3-1　各大展会名称与举办时间

展会名称	细分市场	举办时间
第一视觉色彩合作展（巴黎）	色彩	2月、9月
上海纱线展	纤维与纱线	3月、9月
法国 Expofil 纱线展（巴黎）	纤维与纱线	与第一视觉面料展同时举行
风行纱线展（上海）	针对毛纺织品的纤维与纱线	3月、9月
第一视觉面料展预展（纽约）	面料和图案设计	1月、7月
国际面料展览会（纽约）	布料	1月、7月
印花图案展会（纽约）	图案设计	1月、4月、8月
风行纱线展（纽约）	针对毛线针织品的纤维和纱线	7月
墨西哥国际时装面料展（Intermoda，墨西哥瓜达拉哈拉）	布料	1月、7月
第一面料展（Tissue Premier，法国里尔）	布料与纺织品技术	1月、9月
国际辅料展（巴黎）	内衣面料与辅料	1月、7月
哥伦比亚时尚内衣秀（凯浦林）	布料与采购	1月
佛罗伦萨国际流行纱线展	针对毛线制品的纱线	1月、7月
第一视觉联展（巴黎）	面料、辅料、印花工作室、皮革	2月、7月
国际面料展览会（巴黎）	布料	2月、9月
意大利米兰纺织展	布料	2月、9月
印度主题风格展（新德里）	布料、纤维、纱线	2月
LA 国际纺织品展览	布料	3月、9月
亚洲国际时装材料展（香港）	布料	3月、10月
国际纺织暨面料展（北京）	布料（春季）	3月
北京纱线展	纤维与纱线	与国际时装材料展同期举行
亚洲国际时装材料展（上海）	布料（秋季）	10月
时装周（纽约、巴黎、伦敦、米兰）	秋季服装	2月
时装周（纽约、巴黎、伦敦、米兰）	春季服装	9月

　　资料来源：凯特·斯卡利，戴布拉·约翰斯顿·科布. 色彩预测与流行趋势［M］. 中国青年出版社，2013.

小链接 3-5 2017/2018 中国纤维流行趋势报告

2017 年 3 月，由国家工业和信息化部消费品工业司、中国化学纤维工业协会、东华大学、国家纺织化纤产品开发中心联合主办，江苏盛虹科技股份有限公司协办的"盛虹·中国纤维流行趋势 2017/2018 发布会"中，以"本源与生机"为主题进行了纤维的流行发布，发布篇章为"纤恋·舒馨亲和"和"纤动·绿色先锋"，共推出 20 种纤维产品。

"纤恋·舒馨亲和"篇章包括消光高弹聚酯纤维、蓬松弹性 PBT 纤维、卫材用氨纶、石墨烯（生物质）复合聚酯纤维、石墨烯（天然）聚酰胺 6 纤维、铜系聚丙烯腈基导电纤维、光致变色再生纤维素纤维、低纤度聚酰胺 6 纤维、牛奶蛋白改性聚丙烯腈纤维、醋腈复合纤维；"纤动·绿色先锋"篇章包括生物基弹性复合聚酯纤维、生物基聚酰胺 56 纤维、新溶剂法再生纤维素纤维、幻彩纱聚酰胺 6 纤维、无染循环再生聚酯纤维、聚酰胺 6 单丝、多彩多异聚酯纤维、多色聚酰亚胺纤维、聚醚醚酮纤维、水处理用聚酯工业长丝。

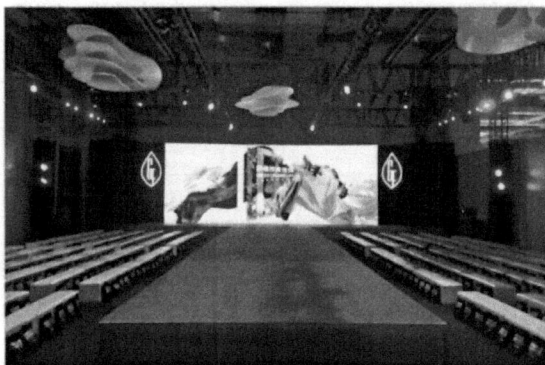

（资料来源：中国纤维流行趋势）

（四）服装流行款式预测

服装流行款式预测机构掌握上一季畅销产品的典型特点，在预知未来的色彩倾向，掌握纱线与面料发展倾向的基础上可以对未来服装的整体风格、轮廓、细节等加以预测，并最终制作成更为详细的预测报告，推出具体的服装流行主题，包括文字和服装实物。权威预测机构除了会对各大品牌新一季的 T 台秀做出归纳与编辑，同样会推出由专门设计师团队所做的各类款式手稿。在预测内容中，由于色彩是预测的基础，因此专门的国际预测组织对色彩的预测多而详细。对材料以及款式的预测主要是在国际流行色的框架下配合材料来具体表现，其预测与色彩相比内容少，主要是对各大机构和展览资讯的及时收集，同时对于新材料加以关注的基础上形成的。

在各大时装周上，款式发布主要以动态表演的形式进行，而更早的发布通常是采用平面的形式。款式的平面发布形式较为多样，通常包含主题、主题画面、主题描述、款式与款式细节、色卡五个部分。专门的趋势预测机构提供 12 个月以后甚至更长时间的款式设计，可以按照款式数量售卖。除了分别按照色彩、材料与款式进行发布预测外，有时也按照综合了色彩、材料、款式的形式进行平面形式的发布，其内容同样包括主题、主题画面、主题描述、款式与款式细节、色卡等。这里的文字描述包括对色彩、纤维与款式的描述，在主体画面上也包括面料实物的图片。

小链接 3 – 6　2017/2018 Chanel 秋冬高级定制节选

巴黎时间 2017 年 7 月 4 日上午 10 点，Chanel 2017/2018 秋冬高级定制系列于巴黎大皇宫发布。斜纹软呢、马海毛与羊毛面料，以赤褐、赭黄、枣红及棕色等色调，演绎 2017/2018 秋冬高级定制服系列。

晶莹璀璨的刺绣装饰，成为 2017/2018 秋冬高级定制服系列设计的亮点。

此外，还有收褶或垂褶黑色丝缎晚宴裙，采用裸肩设计或点缀成簇羽饰，搭配相对应的平顶帽；"展现出皮草般效果的羽毛"装饰于肩部、连衣裙领口以及套装的口袋处等系列产品。

（资料来源：http：//www. chanel. com/官网）

二、流行的变化与传播

（一）流行的变化

流行具有持续不断变化的特点，有时候比较快速，有时候比较缓慢。每一种流行从逐渐兴起到极盛，再到最后衰落的过程就是流行周期。在流行的起始阶段，它只为某些喜欢或是有能力尝试新款者，或者是那些渴望穿着有异于他人的消费者所接受，这一阶段的流行被称为"时髦"；当这种流行理念被广为传播，并为流行的追逐者所接受时，逐渐达到流行的鼎盛阶段，由于对这种流行产品的需求较大，以致可以进行大规模生产，并以消费者普遍可以接受的价位进行销售；随着消费者的厌倦，流行将趋于它的第三阶段，也就是衰退，与此同时，另一种新的流行又进入逐渐兴起的阶段。

影响流行变化的因素有客观和主观因素。其中客观因素有自然因素和社会因素，如生活在不同地域的大众受所处自然环境的影响，对流行有不同的行为或态度。主观因素是人们心理欲望的表现，对流行起着支配的作用，如人的爱美心理、求变心理、自我展现心理、从众心理、模仿心理等。

小知识 3-1　20 世纪服装的变迁

世纪之交：以正式服装为主。妇女身着合腰的礼服，同时还穿着紧身的内衣；裙子拖到地上。无论什么季节，都戴上羽毛蝴蝶结大帽子和手套。

20 世纪 10 年代：流行直线、简洁的轮廓；着装的简化应归功于保罗·普瓦雷，他取消了以前的充填物、假臀部和紧身胸衣。妇女们穿上前开衩露腿的蓬布裙，鞋袜变得格外重要。

20 世纪 20 年代：由于战争的影响，打破原有的男女分工，该时期宣告妇女解放。在这个所谓的"疯狂年代"，妇女服装变成完全的筒状，几何形的裁剪使身体曲线被掩盖。法国女设计师香奈儿对这种变化有过巨大影响，她设计出一种新风格短裙，腰部自然、不突出胸部，配以男孩式的短发，唯一的区别是发端向上弯曲。

20 世纪 30 年代：全球出现经济危机，妇女们只穿已有的服装，许多人还改旧衣服穿。礼服采用了斜裁、背部修饰并加以拖裙。日装流行厚垫肩、基本色和柔软面料制作的套装。

20 世纪 40 年代："二战"以后，法国设计师克里斯汀·迪奥设计的"新造型"重新塑造了女性柔美的线条，强调腰、胸、臀自然的女性特点，力求把女性的魅力发挥到极致，营造一种重温战前美好时光的氛围，这种风格影响了此后十年女装设计风格的主要走向。

20 世纪 50 年代：伊夫·圣洛朗以其设计的第一个梯形系列时装开始闻名于时装界。这位设计师接受所有的艺术流派，与当时的各种流派保持和谐一致，如抽象派绘画和国际式建筑学派。这使他对诸如女式上衣、男式吸烟服不断进行改革。

20 世纪 60 年代：法国时装设计师安德烈·库雷热以其"月中女"系列服装打破了有关月球人形象的神话。他设计的时装线条和结构都十分简洁，与过去的时装没有任何联系。他设计的服装以色调单纯、几何图形和采用新材料为标志。

20 世纪 70 年代：这一时期对世界时装产生巨大影响的是法国人戈蒂埃和蒙塔纳。戈蒂埃在 1976 年展示其第一个系列服装之后，开始被看成是当时最伟大的设计师之一。在所有价值观念都受到怀疑的时刻，他使所有不相关的规则在一种不脱离当时承认的审美法则的美学范围内协调起来。他设计的时装将不同风格结合在一起，在运动服装和礼服设计中突出内衣特点。蒙塔纳的设计思想则完全不同，他以其设计的大胆和活泼给 20 世纪 70 年代时装打上了自己的烙印。他的时装标志是皮质宽肩式服装。即使是妇女时装，他也着意保持厚重男式服装特色，突出细部和色彩强烈。

20 世纪 80 年代：以日本对西方世界时装的影响为标志。完造和川久保改变了预先确定的模式和时装表演的惯例，让模特穿平跟鞋表演；他们设计的时装宽大重叠和不对称，具有中世纪的特点。这些与西方传统标准的不同对新时装产生巨大影响。

20世纪90年代：这一时期兴起个性化着装。时装流行趋势朝着与80年代相反的方向发展。卡尔文·克莱因推出90年代的女装获得了极大的成功。90年代的妇女与80年代相比，外貌发生了变化，她们对80年代的消费热感到厌倦，希望按照自己喜欢的方式着装，因此又恢复了70年代的风格。突出的设计师有马蒂娜·斯蒂博和卡尔·拉格菲尔德。但90年代的妇女并不是完全回到了70年代，思想方法、生活习惯和体质都不一样，但按自己喜欢的方式着装的愿望是相同的。

（二）流行的周期

流行的传播具有空间和时间的特点。由于地域差异，人们的生活方式和观念不尽相同，这会导致流行仅在某一地区扩散，而在其他地区则无法拓展。

像产品的生命周期一样，流行的周期也包括引入期、增长期、成熟期、衰退期，而流行的传播时间则决定了这种周期的长短。

1. 引入期　一般地说，一个款式进入市场的时候，总是处于最高的价位。也许具有法国时装设计师的造型风格，也许是著名生产厂商的系列服装之一，但无法知道该款式是否被店主和顾客所接受。由于引入期中生产厂商在面料裁剪、缝制和创作设计上花费很大，致使最新款式价位一般都会很高。当这种服装或服饰品出售成功时，仿制品就会以低价位开始出现在市场上。

2. 增长期　如果服装款式被接受后，大量的仿制品就会以不同的价位在市场中出现。克里斯汀·拉克鲁瓦将打褶撑开裙进入巴黎市场的时候，着实风靡一时，而仿制品也在很短时间内到处可见。有些追求时尚的人花费数千美元购买设计师的原创，但也有许多消费者却在争相购买100美元以下的仿制品。

3. 成熟期　处于成熟期的服装销售量达到高峰。成熟期有可能持续一个季节，也可能是几个季节。20世纪70年代初的牛仔裤，由于消费者的热衷，导致了全国上下的穿着都以牛仔裤为主流。对于生产商和零售商来说，困难的是判断成熟期能持续多长时间。

4. 衰退期　当服装款式不被人们喜欢的时候，设计师或生产厂商就放弃它们并开始新款式，这个时期尚存的服装会大幅度降价，以求尽快卖出，以防最后面临无人问津的可怕局面。生产商通过削价处理，用比原批发价低得多的价格卖给零售商。

三、流行的传播模式

流行可以通过展示、名人效应、名牌和媒介等进行传播。关于流行的传播理论有三种：上传理论、下传理论和水平传播理论。

（一）上传理论

上传理论是指产品由年轻人向老年人传递，或者从较低的经济阶层传到较高的经济阶层。

在流行领域，由于年轻人比其他社会阶层更易于接受新的、不同的流行，因此导致流行的传播。在服装领域，由于较低的经济阶层往往需要进行艰辛的劳作，他们的服装款式变化微乎其微，所以上传的例子并不多见。

众所周知的上传理论的例子是牛仔裤。1850 年美国的巴伐利亚移民李维·施特劳斯在淘金热中用帐篷布制成工装裤，卖给西部淘金工人。后几经改进，牛仔裤很快成为受广大劳动者喜爱的服装。1957 年，美国牛仔裤最大的制造商李维·施特劳斯公司做了一个不完全的统计，发现全美牛仔裤销量达到 1.5 亿条，几乎一人一条。目前牛仔裤更是家喻户晓，不论是正式场合还是日常休闲场合，都能见到牛仔裤的身影。

（二）下传理论

下传理论认为一种流行总是最先出现在上层阶级，然后逐渐传播到较低阶层。这是从古至今服装风格流行中最为普遍的一种流向。因为上层社会的皇室、贵族有足够的时间和金钱去为服装的新颖而绞尽脑汁。并且在中外服装史中，流行服饰都是从宫廷率先发起，然后被民间逐渐效仿并成为一种流行现象。

作为英国查尔斯王子的妻子戴安娜王妃的一言一行都颇受媒体关注，尤其是其出众的着装品位更是在时尚界引发热议。1983 年 5 月，在一次马球比赛中，戴安娜王妃亮红色的针织衫和脚上的红色单鞋相衬，针织衫随意披在肩上的做法，一直流行到现在。

（三）水平传播理论

由查尔斯·金于 1963 年提出的水平传播理论认为，流行更多的是在群体内或是同类的群体之间传播，如校园里的某一风云人物如果喜欢白色毛衣，就有可能在其他同学中激起另一种流行。这种传播如水波一样，突破人们习惯性着装的界限。按照流行的传播方向不同，水平传播可分为正向流行传播、反向流行传播及循环流行传播。这三种传播方式又各有特点。

正向流行也称为稳定性的流行，是指流行的高峰期已过，但仍然在一定程度上作为生活习惯或消费对象遗留下来的流行现象。演变过程大致为：发生——流行——稳定。如 COCO CHANEL 的小黑裙 Little Black Dress（缩写为 LBD）享有百搭易穿、永不失手的声誉，因而顺理成章地成为女士们衣橱里的必备品，也是服饰史上影响最深远的设计之一。尽管小黑裙也曾遭恶评，但越来越多的人还是把它纳入了自己的衣橱。

反向流行也称为瞬间性的流行，也称流行快潮，是指短时间的时髦现象。这类流行的诱发因素大多为偶发的社会事件，演变过程大致为：发生——流行——消失。

纵观服装风格的流行史，不难发现，所有的风格都是在遵循一个循环往复的过程，呈现循环流行的形式。这种形式没有起点和终点，不论高低与远近，都不是单向进行的，总是在进入到一定的区域、程度或是等级的时候又会回转过来，又重新进入下一个新的流行轨道。

第三节　流行趋势与设计师

　　流行趋势和顾客消费愿望是服装系列创意的第一步，大量前端的时装资讯是设计师灵感的源泉。设计师通常从色彩趋势和面料研究入手，开始新产品设计工作。服装款式由设计师本人的品位、整个系列的定价、季节、公司的时尚程度及过去的流行风格决定。面料也是重要的灵感来源，它能刺激人的思维，开始创作过程。

一、设计师与流行

　　设计师在流行的传播和变革中承担着重要的角色，关于流行与设计师存在两种观点：一是流行是由设计师创造的，许多时尚由著名设计师推向市场，如香奈儿 1920 年推出的 boy 装等；二是设计师是流行的确认者，而不是创造者，因为每一种流行虽然可以在发生之前通过相关模式进行预测，但正是设计师在消费者意识到之前就预感到他们需要什么，继而转换为具体的色彩、面料与款式，并将这种流行推向市场。

　　有些特定产品的开发，其灵感来源则完全不同。有能力引导潮流或创造独特产品的设计师，往往受到服装零售商和顾客的追捧。从真正被称为服装设计师的高级时装之父查尔斯·弗莱德·沃斯算起，在 160 余年的历史发展过程中，涌现出了无数的优秀服装设计师，正是他们的努力和奉献，不断推动服装流行的前进。那些对服装的流行有着深刻影响的设计师们不光对品牌起着积极的作用，还能展现其对服饰背后所承载的文化理解。

　　1. 查尔斯·弗莱德·沃斯　　高级服装诞生于 19 世纪中叶，是法国优秀的传统服饰文化。在 19 世纪之前，宫廷贵妇们穿用的服饰都是裁缝在家里为其缝制，当时缝制礼服只能按照雇主的理念和要求行事。1846 年，一位年轻的英国裁缝查尔斯·弗莱德·沃斯（Charles Frederick Worth）来到巴黎，并于 1858 年在巴黎的和平街 7 号开设了第一家专为顾客量身定制的服装店。他把自己设计的一系列礼服介绍给巴黎的上流社会人士，让他们按照个人的喜好任意挑选，选定之后，先制造一个与客户身形尺寸相同的人体模特，然后派一组裁缝根据这个模型的尺寸仔细地裁剪，并以手工缝制出客人所选的礼服。人们称沃斯的服装店为"HAUTE COUTURE"高级时装屋，设计师沃斯理所当然地被服装界誉为高级流行之父。

　　2. 加布里埃·香奈儿　　"时尚来去匆匆，唯有风格永恒"，这是 20 世纪著名服装设计师香奈儿的名言。第一次世界大战后，经济的繁荣使法国高级时装业出现了第一次兴盛。加布里埃·香奈儿，1908 年来到巴黎，出售自制的小帽。1914 年，香奈儿用男士的套头衫和水手装设计出女性套头上衣，使她一举成名。1922 年，推出独特的香奈儿 5 号香水，又一次引起震撼。香奈儿不单在设计时装，同时也在创造一种风格、一种生活方式、一种不随波逐流而能不断创新的人生哲学。

　　3. 克里斯汀·迪奥　　第二次世界大战后，饱受战争摧残的人们渴望和平，克里斯汀·迪奥以敏锐的感觉抓住时代变革的契机，推出了崭新的服装造型来满足人们的需求。1947 年，迪奥推出作品"新样式"（NEW LOOK）并一举成名，迎来了 20 世纪 50 年代巴黎支配世界流行的第二次鼎盛时期。

其他的服装设计师还有皮尔·卡丹（Pierre Cardin）、伊夫·圣·洛朗（Yves Saint Laurent）、三宅一生（Issey Miyake）、卡尔·拉格菲尔德等，这些著名的设计师对流行的领悟都走在了流行的前面。当然，设计师随时了解流行趋势，并将其运用于自己的设计中，进而可以寻求新的设计理念和表现的题材，二者也可以称得上是相辅相成。

二、设计师在企业中的作用

服装设计师大体可分为两类：一类是独立设计师，如皮尔·卡丹、瓦伦蒂诺（Valentino）、伊夫·圣·洛朗、三宅一生、高田贤三（Kenzo Takada）、君岛一郎等，他们拥有自己的独立公司，设计师兼总经理，往往以设计师的姓氏为品牌名，多见于高档品牌服装，这类品牌通常被称为设计师品牌；第二类是职业设计师，这一类设计师隶属服装品牌企业，作为公司职能部门一员，他们设计的服装，供所属企业品牌采用，如雅戈尔、Levi's、贝纳通（Benetton）等旗下都拥有一支十分强大的设计师队伍，这类设计师无论在国际还是在国内最为普遍，以设计成衣化服装商品为主旋律。

服装设计师在企业中有不同的地位和作用。随着全球化和市场经济体制的逐步形成，服装企业管理者已经认识到：设计对企业发展、品牌形象和服装成功销售至关重要，设计师的风格和个性是一种无形资产。在不同类型服装企业中，设计师的地位及作用也是有很大区别的。

三、快速时尚

快速时尚（Fast fashion）是一种当代时尚零售商将 T 台上最时尚的设计以最快的速度制造并铺货到卖场的一种销售模式。这是基于 20 世纪 80 年代在美国产生的销售中的服饰，就是对于秀场设计的快速回馈以及模仿的观念，而将秀场服饰快速地变成卖场服装。快速时尚通常会将每年春秋时装周展示的流行趋势在最短的时间制造出来并被集中在卖场，这些流行趋势下产生的服饰被迅速且便宜地制造出来，并能够让主流消费群体在紧追流行的同时以一个十分低廉的价格购买流行服装。快速时尚的品牌有许多，代表性的有 ZARA、C&A、H&M 等。

☞ **思考题**

1. 简述新型天然纤维的性能特点。
2. 新型化学纤维有哪些？未来的纤维发展方向如何？
3. 解释流行周期的四个阶段及其对流行传播的作用。
4. 常见的流行色的预测机构有哪些？
5. 流行的传播方式有哪些？

☞ 案例分析

1556 年的米兰主教会议上，圣查理·博洛梅主教规定，他教区内的所有教士只能穿黑色服装，此措施随即在整个意大利生效，并于 1583 年后开始波及法国。如今提到教士，我们便想到一袭黑袍，印象就是自此开始的。20 世纪初期，还有相当数量的保守派认为在日常服装中，黑色是一种不道德的禁忌颜色，尤其对年轻女孩来说，身穿黑色通常暗示着她们"纯真已逝"。

1861 年，英国维多利亚女王的丈夫阿尔伯特亲王去世，女王穿起了寡妇装，一穿就是半辈子。往后，时尚界上行下效。众多时尚人士重新认识了黑色的魅力。经历了维多利亚时代之后，黑色终于跃居近代时尚第一线。

"一战"给欧洲社会带来暴风雨般的改变，一批新型的、更加职业化的女性涌现，促使职业装应运而生，小黑裙的设计正好顺势而生。1926 年，香奈儿第一次发布了她的小黑裙。香奈儿创造的款式、廓型是前所未有。卸去了战前的大帽、窄裙摆和极致的装饰，小黑裙长至膝盖，带着几分帅气的纤细，而且，它所需要的配饰也是越少越好。女士们很快就发现小黑裙谁都能穿得好看，尤其对那些想要有新妩媚造型的人来说，小黑裙能使她们更婀娜。以小黑裙为代表的一系列新造型女装，逐渐被女士们接受，它象征着女性可以自由支配和展示自己的身体。

小黑裙诞生后不久，适逢经济大萧条。这种当时最节省面料，并且价格不贵的女装保住了自己在大众中的好名声，安全度过了经济最低迷的时刻，爱漂亮的美国妇女亲切地称它为"巴黎新时尚"。

20 世纪 50 年代，当美国制造商用一种人造丝面料制作出大量廉价的小黑裙时，它又开始成为大众谈论的焦点，而且这次势头比 30 年前有过之无不及。如果有十位女士参加聚会，就能在九个人身上看到小黑裙。之后，时装历史彻底和小黑裙交织在一起。当西方遭遇性解放潮流时，小黑裙被去掉袖子、开低领口、下摆越做越短，成为显示性感的工具。

小黑裙一面市，就受到不少堪称"前卫"女性的追捧，不过，舆论也不是一边倒。和香奈儿齐名的服装设计师保罗·波烈，就公开批评对手的作品是"高贵的穷相"。在时装史的众多转折点上，小黑裙不断被重新演绎，并且已成为知识分子、摇滚一族和庞克一族共同的喜好。

☞ 案例讨论

1. 简述小黑裙的传播过程。
2. 小黑裙的历史带给你哪些思考？

第四章　纺织品服装消费者市场和
购买行为

【本章学习目标】

1. 掌握纺织品服装消费者市场的含义和特点。

2. 了解纺织品服装消费者行为。

3. 掌握消费者购买纺织品服装的决策过程。

【引导案例】

耐克——紧跟消费者的脚步

20 世纪 70 年代初的美国，慢跑热正逐渐兴起，数百万人开始穿运动鞋。但当时美国运动鞋市场上占统治地位的是阿迪达斯、彪马和 Tiger（虎牌）组成的铁三角，他们并没有意识到运动鞋市场的这一趋势，而是把精力放在以往的目标消费者——运动员身上。但耐克异军突起，紧盯这一市场，并以此为目标市场，专门生产适应大众化运动趋势的运动鞋。耐克为打进"铁三角"，迅速开发新式跑鞋，并为此花费巨资，开发出风格各异、价格不同和多用途的产品。到 1979 年，耐克通过策划新产品和强劲推销，使其市场占有率达到 33%，终于打进"铁三角"。

然而，到了后来，过去推动耐克成功的青少年消费者纷纷放弃了运动鞋，他们在寻找新颖的、少一点商业气息的产品，此时耐克似乎陷入困境，销售额在下降，利润在下降。耐克意识到大刀阔斧地进行改革的时候已经到了，于是针对消费者的这一特征，耐克更新了"外观"技术，推出了一系列新款跑鞋、运动鞋和多种训练用鞋，其户外运动部门则把销售的重点对准了雅皮士一代顾客。

再后来，美国市场已经达到饱和，只有不断推陈出新、发现需求并满足需求的公司才能得到发展。耐克利用其敏锐的眼光去观察、选择市场，放手去干，终于成为全球化运动品牌。

第一节　纺织品服装消费者市场

消费者市场是消费品生产经营企业市场营销活动的出发点和归宿点，也最终决定工业品生产经营企业的市场需求水平。各类企业特别是消费品的生产经营企业要提高市场营销效益，实现企业发展的愿景，就必须深入研究消费者市场和购买行为的规律性，有的放矢地制订市场营销策略。

一、纺织品服装消费者市场的含义

消费者市场是由具有购买欲望与购买能力的人或家庭构成的。纺织品服装消费者市场是指个人或家庭为了生活而购买纺织服装产品或服务的市场。消费者市场是相对于组织市场而言的，组织市场是由工商企业、政府机构或团体组成的市场。

由于消费者市场中每一个消费者在购买动机、购买行为、购买习惯、购买方式等方面都有其各自的特点，这就要求企业认真研究、分析各类顾客群体的不同需求，以便企业以不同方式提供不同的产品，满足目标顾客的需求。

消费者市场与组织市场的主要区别如下。

1. 购买目地不同　前者是为了生活消费，不谋求盈利；后者为了维持经营活动，有明确的盈利目标。

2. 从社会再生产来看　前者位于再生产一次循环的终点，是最终消费者；后者位于再生产的中间环节，是一种生产性消费。

3. 购买者不同　前者是个人或家庭购买；后者是有专业人员参与的有组织的购买。

由于以上的差异性，消费者市场和组织市场在需求和购买行为方面有很大的不同。尤其是纺织服装产品的终端消费者众多，需求量很大，所以消费者市场是纺织服装营销学研究的重点。

二、纺织品服装消费者市场的特点

纺织品服装是人们生产、生活当中的基本消费品，位于"衣食住行"的首位。纺织品服装的购买和消费一般是个人行为，具备以下特点。

（1）广泛性。生活当中每个人都是纺织服装产品消费者市场中的一员，哪里有人居住哪里就需要服装。因此，服装消费者市场范围广泛，人数众多。

（2）复杂性、易变性、替代性。消费者在购买纺织服装产品时，会受到消费水平、审美、年龄、性别等因素的影响，使消费者具有不同的消费行为和消费习惯，所需要的产品千差万别，使得消费市场复杂、多变且丰富多彩。消费者的需求也有求新求异的特点，这就要求商品的品种、款式不断翻新、有新奇感，增加消费品的花色品种。此外不同纤维、不同面料、不同款式或不同品牌之间的纺织服装产品有很强的替代性，消费品种类繁多。例如，现在人们为了放松心情，回归自然，缓解生活、工作压力，使得休闲服装畅销；天然纤维面料的床品销量增加，导致化学纤维产品销量减少。

（3）地区性、季节性、伸缩性。同一地区的消费者在生活习惯、收入水平、购买特点和商品需求等方面有较大的相似性，不同地区的消费者的消费行为表现为差异性。服装季节性强，如保暖内衣、羽绒服、皮衣、毛衫等在冬季为畅销产品，裙装、T恤衫、衬衫、短裤等产品在夏季为销售旺季。由于纺织品服装选择性强，消费需求受收入、生活方式、商品价格的影响较大，在购买数量和购买品种选择上表现为有较大的需求弹性或伸缩性。

（4）情感性和信息不对称性。消费者的购买常受到广告宣传的影响，有时会根据个人好恶和感觉做出购买决策，表现为感情型购买和冲动型购买。在纺织品服装购买中，冲动型购买较多，尤其在经济发达、人们收入较高的社会比较容易产生冲动型购买。如我国出现过的"的确良""喇叭裤""唐装热""低腰裤"等，当消费者觉察到某种服装的款式或是面料已经流行时，就会在心理的驱动下产生冲动型购买行为。

此外，不同类型的消费者进行服装冲动购买的频率不同。一般来说，女性冲动购买的频率高于男性，青年人高于中老年人，收入高者要比贫困者更高等。

第二节 消费者购买行为及决策过程

一、消费者购买行为

消费者购买行为学自20世纪50年代产生以来，在吸收经济学、心理学、社会学、人类学、数学等有关学科研究成果的基础上加以拓宽和深化，形成了自身完整的研究体系，大幅提高了企业市场营销决策的科学性和正确性。

消费者购买行为是指消费者在内在和外在因素影响下挑选、购买、使用和处置产品或服务以满足自身需要的过程。消费者购买行为直接决定了营销企业的产品研发、销售、利润及至企业的兴衰。消费者几乎每天都在做出购买决策，因此营销者就要研究下面的问题：谁购买产品（Who），购买什么产品（What），谁参与购买（Who），什么时间购买（When），什么地点购买（Where），为何购买（Why），怎样购买（How）。营销人员关心的核心问题是：对企业采取的各种营销策略，消费者会做出何种反应。如果企业真正了解消费者怎样看待产品的性能、特点、价格及广告的吸引力，那么该企业就会有比竞争者更大的优势。

对消费者行为进行分析可采用图4-1所示的模式。一方面，消费者接受各种外部刺激；另一方面，消费者做出各种反应。营销刺激由产品、价格、销售渠道（分销）和促销组成，其他外部刺激包括购买环境中的主要因素如经济、技术、政治和文化。它们都要进入消费者的"黑箱"，在那里转换成一组可以观察的消费者反应，包括对产品选择、品牌选择、经销

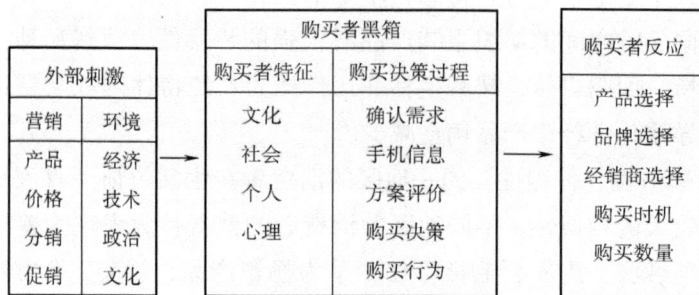

外部刺激		购买者黑箱		购买者反应
营销	环境	购买者特征	购买决策过程	产品选择
产品	经济	文化	确认需求	品牌选择
价格	技术	社会	手机信息	经销商选择
分销	政治	个人	方案评价	购买时机
促销	文化	心理	购买决策	购买数量
			购买行为	

图4-1 消费者购买行为模式

商选择、购买时机和购买数量选择等。外部刺激和购买者反应往往是有形的，看得见、摸得着的；而消费者如何消化各种外部刺激，从而形成自具特色的某种反应，则常常是难以揣摸的，因此称为消费者黑箱。

该黑箱模式表明：同样的外界刺激，作用于不同特征的消费者，加上购买决策过程中所遇到不同环境的影响，消费者会做出不同的选择。对服装企业的经营者来说，需要了解的就是外部刺激与购买者决策之间的购买者黑箱所发生的事情。

二、消费者购买决策过程

消费者购买决策由一系列的相关活动构成，远在其实际购买之前即已开始。从心理学的角度讲，购买决策过程也是一个认知过程。因此，研究消费者的购买，不能只注意其购买决定或实际的购买，而应研究从需求形成到购买后反应的全过程。市场营销学将购买者决策过程分为五个阶段。

（一）确认需求

确认需求是消费者购买决策过程的起点，或叫动机形成，是决策过程的开始。只有消费者有了需求，才可能产生购买行为。如某人准备穿套装去参加面试时，他发现需要一套能够给人留下好印象的服装，并意识到现有的、过时的、磨损的套装已不能满足这种需求时，他就会产生再购买一套新的理想服装的需求，从而购买过程开始。这种需求的确认可能由内在的生理、心理活动引起，也可能由外部刺激物引起，或是内外两方面因素相互作用的结果。

消费者的需求可以分为功能性需求和心理性需求。功能性需求直接同产品的性能有关，如消费者喜爱户外运动，选择服装时会注重速干、防风、防水等适合户外运动的服装。心理性需求更多偏向于人的精神层面的满足。如消费者购买一套高档窗帘，也许并不比普通的窗帘具有更多的功能性，但却满足了消费者对时尚、自我实现的需求。

大部分的纺织服装产品既能满足功能性需求，也能满足心理性需求。如购买一套昂贵的西服的主要原因是为了提高自我形象，但这套西服同样满足了穿衣的功能性需求。纺织服装企业在设计开发产品时，除了针对其功能性，更多的是要满足人们的心理需求。

（二）收集信息

消费者一旦确定了某种需求，就会寻求那些能够满足这种需求的信息。如果消费者不了解什么商品能满足自己的需要，或仅知道商品名称，但不熟悉该类商品各方面的情况，就得收集有关信息，如开始注意有关这类商品的广告，朋友对它的评价，或直接去商店询问、索取产品说明书等。

消费者获得信息的来源有四方面。

（1）商业来源，包括广告、商品陈列、商品包装和说明材料、销售人员介绍。

（2）个人来源，主要是从亲朋好友、邻居、同事等处得到信息。

（3）大众来源，指公众舆论媒体广播、电视、购买网站、报刊的评论等。

（4）经验来源，即消费者自身通过触摸、试验或使用获得信息。此外，每个消费者都有自己过去的购买经验，这些经验会逐步形成一个自己独有的信息库，当需要收集信息，就会从信息库内提取内容，来形成自己的独特风格。

为了使消费者将所寻求的信息限定在自己的产品上，纺织服装企业可以通过电视、报纸、网站、杂志等方式进行宣传，也可以通过面料展会、时装表演、橱窗陈列等方式进行展示。

（三）评估备选商品

消费者通过收集信息，了解市场上同类产品的竞争品牌后，一般可利用这些信息来评价、确定最后可选择的品牌，其过程一般是：

第一，消费者经过收集信息，逐渐在头脑中形成一个备选品牌的"单子"。本阶段的任务，就是对这些备选品牌进行选择评比，为下一步的决策奠定基础。

第二，确定自己关心的每种属性在心目中的重要程度，如果用定量化的语言，就是给每种自己所关心的属性一个权数。然后将每种品牌在每一个属性上的形象给以评价，这评价既基于该品牌的真实情况，也取决于评价者有选择性的主观感觉。

最后，对每种商品进行综合评价。

因此，在对纺织服装产品进行评估时，确定属性是首要任务。消费者在选择纺织品服装时考虑的属性主要有款式、材质、颜色、做工、品牌名称等。消费者对服装各种属性的关心程度也因人而异，消费者最关心的是那些最能满足其当前需要的属性。根据所重视的主要属性的不同，通常可以把消费者群体划分为重视流行的消费者、重视品牌的消费者、重视价格的消费者、重视质量的消费者等。

评估备选商品实际就是消费者在购买前整理信息和决定购买的比较、鉴别过程。服装企业应该及时向潜在顾客提供必要的信息，加强其购买意向。

（四）确定购买

消费者经过产品评估后会形成一种购买意向，但是从购买意向到实际购买还有一些因素介入其间。根据一项调查结果显示，在对1000名声称年内要购买某知名品牌服装的消费者进行追踪调查以后发现，只有近200名消费者实际购买了该品牌服装。因此，只让消费者对某一品牌产生好感和购买意向是不够的，真正将购买意向转为行动，还必须考虑身边人态度和意外情况两方面因素的影响。

1. 身边人态度 消费者的购买意图，会因身边人的态度而增强或减弱。身边人的态度对消费意图影响力的强度，取决于其态度的强弱及其与消费者的关系。一般来说，身边人的态度越强、与消费者的关系越密切，其影响越大。如妻子想买某品牌的款式服装，但丈夫极力反对，妻子有可能降低甚至放弃购买意向。

2. 意外情况 消费者购买意向的形成，总是与预期收入、预期价格和期望从产品得到的好处等因素密切相关。如果这些预期因素发生一些意外的情况，如因失业而减少收入，因产品涨价而无力购买，或有其他更需要购买的东西等，这些都可能使消费者改变或是放弃原有的购买意图。

顾客一旦决定实现购买意向，还必须做出以下决策。

（1）产品种类决策。在资金有限的情况下优先购买哪一类产品。

（2）产品属性决策。该产品应该具有的属性。

（3）产品品牌决策。在诸多同类产品中购买哪一个品牌。

（4）时间决策。在什么时候购买。

（5）经销商决策。在哪一个商家购买。

（6）数量决策。购买多少。

（7）付款方式决策。是一次性付款还是分期付款，现金还是刷卡等。

（五）购后反馈

消费者购买和使用商品后，往往会检验自己的购买决策、重新衡量购买决策是否正确、确认消费满意程度等，以作为再次购买的参考依据。

决定消费者满意程度的是消费者的期望与产品所表现的性能两者之间的关系。如果产品的实际性能远超过预期性能（如服装穿着舒服、款式新颖、功能性强大等），消费者就会感到很满意；如果实际性能未能达到预期的效果（如面料起球、抽丝，款式不吸引人等），消费者就会不满意此次购物；介于两者中间的就是基本满意。

不过，消费者并非在购买任何商品时都必须经过上述复杂的过程，如购买外套和购买手套的决策过程就存在很大的不同。

随着人们生活水平的提高，纺织品服装流行周期越来越短，因款式陈旧、不合时宜而购买纺织服装产品的消费者越来越多。因此，企业迅速了解、掌握消费购买后的反馈意见是非常重要的，同时企业也应该对消费者的反馈意见积极反应，以便迅速做出改进措施。

如果消费者对某品牌的家纺产品或服装不满意，产生了抱怨情绪，甚至失望，该消费者以后就会避开此品牌的全线产品，并可能向周围的亲戚、朋友等提供不利于该企业的宣传；如果消费者对某品牌家纺和服装产品满意，有可能再次购买，并把这种品牌的产品介绍给朋友、同事等。根据营销专家的调查表明：一个满意的顾客不但会自己再次光顾，而且要向 3 个人介绍自己的满意之处；而一个不满意的顾客却要把不愉快经历传播给 11 个人。因此，满意的顾客是企业最好的广告。

第三节　影响消费者购买行为的因素

消费者生活在复杂的社会环境之中，购买行为受到文化、社会、个人和心理因素的影响，这些因素一般都是营销者所不能控制，但又必须加以考虑的。图 4-2 为影响消费者购买行为的因素。

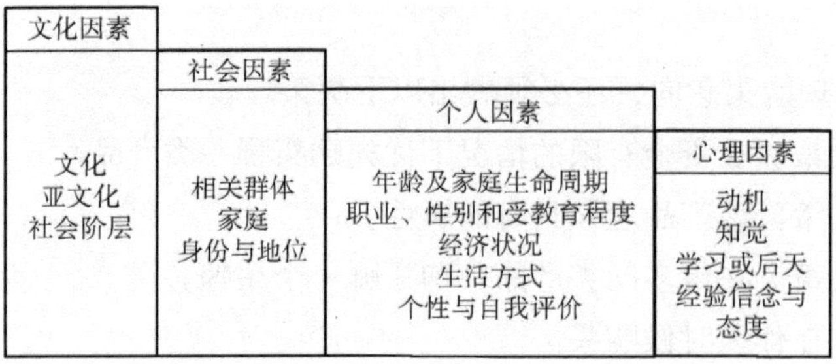

图4-2 消费者购买行为的影响因素

一、文化因素

文化因素对消费者行为有着深远而广泛的影响。文化因素包括文化、亚文化和社会阶层等。

（一）文化

文化是人类欲望和行为最基本的决定因素，是人类在社会发展过程中所创造的物质财富和精神财富的总和，也包含人类从生活实践中建立起来的价值观念、道德、理想和其他有意义的象征的综合体。文化作为一种观念是看不见、摸不着的，但人们能感觉到它的存在。绝大多数人尊重他们的文化，用文化中的道德感、价值观来约束个人的行为。

文化对消费者的购买行为具有深刻而广泛的影响。文化差异引起消费行为的差异，表现在风俗习惯、饮食起居、节日礼仪、审美观等物质和文化生活等各个方面。消费者对纺织品服装的需求和购买行为深受其审美观及价值观的影响。企业制订市场营销策略时，应当注意分析、研究和了解文化与纺织服装产品设计之间的关系，根据不同文化背景下消费者的风俗习惯、审美观念、价值观念及其变化趋势来制订营销策略。

（二）亚文化

任何文化都包含一些具有特定认同感和价值取向的亚文化群体。亚文化包括民族亚文化、宗教亚文化、种族亚文化和地理亚文化等，因此，亚文化的区分可以是一个国家或地区、一个民族、一个地理区域，也可以是具有共同宗教信仰的群体，或者是由相同年龄、职业的人组成的群体。

同一亚文化群体的成员，具有比较相近的生活习惯、行为方式和某些共同的特征。如回族服饰的主要标志在头部，男子们都喜爱戴白色的圆帽，而妇女常戴头巾；再如哈达是蒙古族人民和藏族人民作为礼仪用的丝织品，是社交活动中的必备品。

（三）社会阶层

社会阶层是社会学家根据一定的社会标准，如职业类型、收入来源、财产数量、受教育程度、居住区域、住房类型等因素，对人们进行的一种社会分类，将社会成员划分为具有相似的社会经济地位、利益、价值观倾向和兴趣的若干社会阶层。消费者阶层可大致分为四种。

（1）高收入阶层。这类人往往具有巨额财富，崇尚名牌和进口服装，喜欢穿引人注目的华贵服装，更有部分人购买高级豪华时装来炫耀自己的经济实力和身份，显示与众不同。他们是高档百货店、高档专卖店、高级精品店的光顾者，这个群体占整个人口的比例较小。

（2）较高收入阶层。也就是所谓的中产阶级。这个群体往往受过良好的教育，追求高尚有品位的生活方式，有获得更高地位的欲望，追求潮流，购买时尚产品，既注重流行又讲究实惠。

（3）中等收入阶层。这类人经济收入稳定和生活安定，对流行潮流关心不大，不注重修饰，但追求价廉物美，对服装服饰质量要求比较高。他们是传统百货公司、服装大卖场、超市和批发市场的常客。

（4）低收入阶层。这类人群基本没有存款，收入只能维持最基本的生活。他们购买衣服首先要求便宜，对品牌、款式、流行色不太注意，对流行没有兴趣。购买地点是大卖场、超市、批发市场等。

由于不同社会阶层的人在服装和其他产品的选择上有不同的偏好，所以企业可以选择特定的社会阶层作为自己的目标市场，并制订相应的产品、广告等营销策略，以满足目标市场的偏好，由此而获得预期的收益。

二、社会因素

消费者购买行为也受到相关群体、家庭、身份与地位等社会因素的影响。

（一）相关群体

相关群体是指直接或间接影响一个人的态度和行为的所有群体。只要某一群人在消费行为上存在相互影响，就构成一个相关群体，不论他们是否相识或有无组织。

相关群体可以划分为认同群体和参照群体。认同群体是对人直接产生影响，并且归属和相互影响的群体。认同群体中包括家庭成员、亲朋好友、邻居、同事、同学、社会团体和专业协会等。参照群体是对人间接产生影响，非所属但崇拜或渴望归属的群体。参照群体一般包括体育明星、影视明星、歌星、政府要员、服装领袖等。参照群体的影响并不一定比认同群体弱，对青少年意义较大，如追星族。相关群体对人们购买行为的影响主要表现在以下三个方面。

1. 示范性　相关群体向人们提供和展示了可供选择的行为模式和生活方式。

2. 仿效性　相关群体的消费行为引起人们仿效的欲望，可能影响一个人的态度和自我概念，影响人们对产品和品牌的实际选择。

3. 一致性　相关群体能产生某种令人遵从的压力，促使人们的消费行为趋于一致，因为人们通常希望能顺应潮流。由于纺织品服装具有流行和自我表现的特点，在式样、颜色、品牌的选择上都会深受相关群体的影响。

（二）家庭

家庭是社会生活消费的基本单位，是影响消费行为的最重要的社会因素之一，也是消费者实施购买行为时最具影响力的群体。根据年龄、婚姻状况、子女状况的不同，消费者的家庭状况可以划分为不同的生命周期阶段。家庭生命周期不仅影响消费者购买产品的品种，而且影响着整个消费决策过程。

家庭生命周期指的是一个家庭从诞生、发展直至死亡的运动过程，它反映了家庭从形成到解体呈循环运动的变化规律。在家庭生命周期的不同阶段，消费者的行为呈现出不同的主流特性。

1. 青年单身期　处于单身阶段的消费者一般比较年轻，几乎没有经济负担，消费观念紧跟潮流，注重娱乐产品和基本的生活必需品的消费。他们对于流行非常关注，对品牌也极为敏感，他们相信名牌服饰可以提升个人形象，不惜花费重金成为时尚的追求者。

2. 家庭形成期　经济状况较好，具有比较大的需求量和比较强的购买力。在这个时期耐用消费品的购买量高于其他生命周期阶段的消费者，他们对家用纺织品，如室内装饰用纺织品、汽车装饰用纺织品以及床上用品都会精挑细选，由于没有购买经验，因而会崇尚名牌。

3. 家庭成长期（Ⅰ）　指最小的孩子在 6 岁以下的家庭。处于这一阶段的消费者往往需要购买住房和大量的生活必需品，常常感到购买力不足，对新产品感兴趣并且倾向于购买有广告的产品。

4. 家庭成长期（Ⅱ）　指最小的孩子在 6 岁以上的家庭。处于这一阶段的消费者一般经济状况较好但负担较重，已经形成比较稳定的购买习惯，极少受广告的影响，倾向于购买经济型的产品。此时的购买决策者多为妻子，她可以自行为丈夫、孩子和自己做出购买决策，是营销人员应着重研究的人群。

5. 子女教育期　指夫妇已经上了年纪但是有未成年的子女需要抚养的家庭。处于这一阶段的消费者经济状况尚可，消费习惯稳定，可能购买富余的耐用消费品。

6. 家庭成熟期（Ⅰ）　指子女已经成年并且独立生活，但是家长还在工作的家庭。处于这一阶段的消费者经济状况最好，可能购买奢侈品，对新产品不感兴趣，也很少受到广告的影响。

7. 家庭成熟期（Ⅱ）　指子女独立生活、家长退休的家庭。处于这一阶段的消费者收入大幅度减少，消费更趋谨慎，倾向于购买有益健康的产品。

8. 退休养老期（Ⅰ）　尚有收入，但是经济状况不好，消费量减少，集中于生活必需品的消费。

9. 退休养老期（Ⅱ）　收入很少，消费量很小，主要需要医疗产品。

（三）身份与地位

每个人一生中可能参与许多群体，如家庭、社会、组织机构等。每个人在群体中的身份、地位是不同的。

身份是一个人在不同场合应起的作用，指一个人与其社会地位相适应的社会期待的行为模式。身份是动态的，随时间、地点和状况而经常变换。如果企业把自己的产品或品牌变成某种身份地位的标志或象征，将会吸引目标市场的消费者。

三、个人因素

购买者的购买决策也受个人因素的影响，尤其是受购买者的年龄、职业、性别、经济状况、生活方式、个性与自我评价的影响。

（一）年龄

消费者的需求与年龄关系密切，年龄不同的人购买行为差异较大，对纺织品服装的式样、颜色、面料、价位等都有不同的偏好和需要。年轻人喜欢追赶潮流，穿着流行的服装来表现个性。中年人选择服装则比较慎重，注重得体和实用。老年人则注重传统、实用和舒适。

（二）职业、性别和受教育程度

所谓"白领阶层"和"蓝领阶层"，说明脑力劳动者和体力劳动者在着装上的差别。一般而言，从事公关、外交和其他经常与人直接交往职业的人，对着装有较高的要求。一般产业工人喜欢豪爽大方的服装，农民喜欢朴实自然的服装，教师的着装不能太花哨，以免分散学生注意力，但也不能太陈旧，否则调动不起学生情绪，应得体大方并具有时代感。影星、歌星、模特等文艺工作者则会较多地购买时尚华丽的时装，并常常成为时尚潮流的早期采用者。

女性一般比男性更关心衣着打扮，喜欢逛商店和选购各种时装，而男性则较注重品牌、质量和功能。女性消费者不仅数量大，而且在购买活动中起着特殊重要的作用，女性不仅对自己所需的消费品进行购买决策，还承担了母亲、女儿、妻子等多种角色，是绝大多数儿童用品、老人用品、男性用品、家庭用品的购买者。同时，女性和男性在社会和家庭生活中扮演的角色略有不同，女性更加看重家庭，而男性更加看重事业，更加注重自己身份的显示。女性在选择商品特别是家纺产品上，常常更加注重款式、色泽、质量，对于品牌并不敏感。

此外，受教育程度的不同，会影响一个人各方面的素质。受教育程度高的人，更注重衣着服饰的协调和典雅，一般知识女性的着装特点是文雅大方、色彩柔和、款式简洁，讲究面料质地和做工，品位较高，且不易受时尚潮流的影响，以体现知识女性特有的素养。受教育程度较低的人，较易受他人或广告宣传的影响，常会随波逐流。

（三）经济状况

经济因素是决定购买行为的首要因素。经济因素指消费者可支配收入（个人收入水平、稳定性等）、储蓄和资产、借贷能力以及对花钱与储蓄的态度等。经济因素决定着是否购买及购买产品的种类和档次。一般情况下，家庭收入水平越高，纺织服装需求的档次越高，需求的数量越多。纺织服装消费的这一趋势还具有边际递减的特征，即在较低的收入范围内，消费量随收入水平提高而增加的幅度较大，当收入水平提高到一定程度后，消费量仍随收入水平的提高而增加，但增加的幅度却越来越小。

（四）生活方式

生活方式是指人们的生活形态，集中表现在活动、兴趣和思想观念上，包括人们在物质消费、精神文化、家庭及日常生活领域中的活动方式。人们可能处于同一社会阶层，有着相同或类似的职业，但却有很不相同的生活方式。有的人崇尚时尚，追逐新潮流行的时装；有的人生活简朴，喜欢素雅的服装。

生活方式的概念可以帮助营销人员了解消费者价值观的变化，并清楚它们如何影响购买行为。因为纺织品设计和生产的决策要在实际销售前进行，所以对消费者生活方式的调查分析，有助于预测纺织品服装消费趋势、开发适销对路的产品，以满足特定生活方式群体的需求。

（五）个性与自我评价（自我形象）

个性指一个人带有倾向性的比较稳定的心理特征。个性导致对自身所处环境做出相对一致和连续不断的反应。通常用内向、外向、细腻、粗犷、乐观、悲观、谨慎、急躁、独立、依赖、自信、好交际等来描述一个人的个性。

性格外向的人往往好表现自己，喜欢购买流行性强、色彩鲜艳、对比强烈、款式新颖的服装服饰产品，而性格内向的人一般比较喜欢购买较朴素、保守型、色调深沉的服装。由于个性与对服装的偏好的关系比较复杂，迄今尚缺乏有说服力的研究结果。

自我评价（自我形象）指一个人对自己比较稳定的看法和评价。一个人如何看待和评价自己，会影响其对产品类型和品牌的选择。服装是一种高度自我表现的产品，与人们的自我概念有密切关系。例如，小王是一个名牌大学的毕业生，在一个知名公司工作不到一年就当上了总经理助理，她虽然工资不高，但经常出入专卖店购买名牌服装，使用高档化妆品。她认为这是其身份使然。

四、心理因素

影响消费者纺织服装选择和购买行为的心理因素主要有动机、知觉、学习和后天经验、信念与态度等。

（一）动机

动机是一种升华到足够强度的需要，它能够及时引导人们去探求满足需要的目标。当需求被激发到一定的强度时，会驱使人们趋向能够满足需求的目标去采取行动，即成为动机。

1943年，美国心理学家马斯洛发表的《人类动机理论》首次提出了"需求层次"的重要概念。

如图4-3所示，马斯洛认为人的需求可分为五个层次，由低级向高级逐级形成和实现。这五个层次依次为生理需求、安全需求、社交需求、尊重需求、自我实现需求。当较低层次的需求得到满足时，较高层次的需求才会出现。

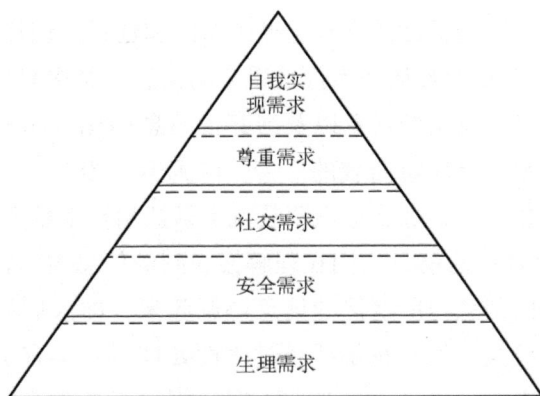

图 4 - 3　马斯洛需求金字塔

1. 生理需求　维持个体生存和发展的一种基本需求，即对食品、水、空气、衣服、睡眠等的需求。

2. 安全需求　希望有安全的环境、稳定的职业、生活的保障等人身、财产、就业的需求。若得不到满足就会产生恐惧感、威胁感。

3. 社交需求　希望与同事、朋友之间保持友爱与忠诚，希望归属于一个群体、社交圈。若得不到满足，便会产生孤独无助感。

4. 尊重需求　当低层次需求得到满足后，产生的尊重别人、尊重自己、受他人尊重的需求。希望个人能力和成就得到他人和社会的认可，若得不到满足就会产生自卑感。

5. 自我实现的需求　包括独立性、独创性、鉴赏力，发挥自己的能力和潜能的愿望，希望成为自己所期望的人，完成与自己能力相称的事。

马斯洛的需求论在一定程度上也概括了纺织品服装的消费心理。随着消费需求由低层次向高层次延伸，纺织服装消费行为有向高层次消费者靠拢的倾向，而高层次消费者为了与低层次消费者的服装有所区别，便会寻求新的服装。这样，在不断的认同、求新、再认同、再求新的过程中，形成了服装的流行。

动机不仅与某种需求有关，还会受到能满足这一需求的外部条件或刺激物的影响，如商店橱窗陈列的时装可能诱发一位过路女性的购买欲。

（二）知觉

心理学理论认为，感觉是人脑对直接作用于感觉器官的客观事物个别属性的反映，而知觉是对事物特征的整体把握，是在感觉的基础上形成的。

人们在选择和购买纺织服装产品时，首先通过视觉和触觉形成对产品各种属性的感觉，如式样、色彩、花纹、图案、线条、材料的表面效果（如面料的纹理、悬垂性、丰满度等）、手感等，并在此基础上形成对服装的知觉，如设计是否协调、面料是否高档、色彩是否柔和、式样是否流行等。实际上，对同一事物或情况的知觉因人而异，也就是知觉受个人状况和经验的影响。

知觉会经历三种过程，即选择性注意、选择性扭曲和选择性记忆。

1. 选择性注意　一个人每天要从外界接受很多的信息，其中只有少数信息会引起人们的注意。人们易于接受对自己有意义的信息以及与其他信息相比有明显差异的信息。当一个人想购买一套西装时，他比平时更注意西装的广告、陈列等，当有一款西装的价位、款式、颜色、面料等与消费者的期望接近，那么这款西装就容易被消费者察觉到。

2. 选择性扭曲　选择性扭曲就是人们在理解接收到的信息时，常常按自己主观的想象去解释。人们习惯将接收到的信息与所期待的信息协调起来，即人们将信息加以扭曲，使之符合自己原有的认识，然后接受。如一些化纤经过改性处理后，具有了天然纤维的性能，但人们还是习惯认为化纤起静电、吸尘、不透气、不舒适等，不易改变原有的传统观念。这就要求企业多做宣传，引导消费者对新型化纤产品有一个新的认识。

3. 选择性记忆　人们注意到的信息，在经过一段时间后，大部分会被遗忘，人们往往容易记住那些与自己态度和信念一致的信息，忘记与自己的信念和态度不一致的信息。

（三）学习或后天经验

大多数行为都是通过后天学习获得的，学习是指由于经验而引起的个人行为的改变。一个人的学习是通过驱力、刺激物、提示物、反应和强化的相互作用影响而产生的。

比如一位姑娘想使自己更有魅力（驱力），而产生了对时装、美容等的需求，她看到了时装店陈列的各式时装（刺激物），又接触了某种品牌时装的广告宣传（提示物），然后做出购买行为（反应）。穿着新买的时装，受到朋友、同事的称赞，自我感觉满意（正向强化），或者周围人反应平淡，自己也不满意（反向强化），这将影响这位消费者今后是否再次购买这种品牌或类似式样的时装。

（四）信念与态度

人们通过学习和后天经验而形成对事物的信念与态度。反过来，人们的信念与态度又影响其购买行为。

信念是人们对事物所持有的一种描述性的印象。信念可能来自于亲身体验，如一个人认为化纤面料闷热、不吸汗、起静电、吸尘，纯棉面料舒适、透气、吸汗等；也可能来自间接的途径，如他人的介绍或广告宣传。这些信念便构成了顾客心目中的品牌形象。

态度是一个人对他人或事物的一种看法，即一个人对事物或观念长期持有的认识上的评价、情感上的感受和行动倾向。一个人的态度呈现为稳定一致的模式，改变一种态度就需要在其他态度方面做出重大调整。因此，企业最好使自己的产品、服务和营销策略符合人们既有的态度，而不是尝试改变人们的态度。

人们对衣着打扮、服装服饰、流行时尚都有自己的态度。一般来说，对服装的需求和动机促使一个人产生购买行动，而具体购买什么式样、哪种颜色和面料的服装，或是选择流行的还是保守的、华丽的还是朴素的服装，在很大程度上取决于其对服装的态度。具有时尚态度的人会追求流行的式样，而保守态度的人喜欢传统的服饰。企业如能了解人们对服装式样、色彩和面料的偏好、对衣着服饰的态度，而设计生产迎合人们偏好和态度的服装，将会收到很好的效果。

☞ 思考题

1. 简述消费者市场的含义及特点。
2. 分析影响消费者购买行为的主要因素。
3. 请举例说明不同家庭生命周期阶段消费者购买床品的决策过程。
4. 在消费者购买纺织品服装的过程中，你认为哪个环节最重要，为什么？

☞ 案例分析

宝洁公司和一次性尿布

宝洁（P&G）公司被誉为在面向市场方面做得最好的美国公司之一，其婴儿尿布的开发就是一个很好的例子。1956年，该公司开发部主任米尔斯在照看其出生不久的孙子时，深切感受到一篮篮脏尿布对家庭主妇的烦恼。几番折腾之后，他萌生了一个大胆的念头："与其忙得满头大汗，不如发明一种东西，让大家彻底摆脱换洗尿片之苦。"

他立即回到宝洁公司的实验室并成立了一个专门的研究小组。在经过了无数次的尝试和改进之后，他的梦想成真了——一种吸水性能良好、穿戴舒适的一次性纸尿裤诞生了。宝洁公司将它命名为"帮宝适"，并于1961年正式推向市场，迎接它的是无数欣喜若狂的妈妈和她们的宝宝。

宝洁公司选择地处美国最中部的城市皮奥里亚试销这个产品。结果发现皮奥里亚的妈妈们喜欢用"帮宝适"，但不喜欢10美分一片的价格。因此，价格必须降下来，降多少呢？后来经过在六个地方进行的试销表明，定价为6美分一片，就能使其销售量达到零售商的要求。宝洁公司的几位制造工程师经过研究，找到了降低成本的解决办法，并把生产能力提高到使公司能以该价格在全美销售"帮宝适"的水平。

后来，经由宝洁公司的多次改进，"帮宝适"成为行销全球一百多个国家的世界第一婴儿纸尿裤品牌。在美国，"帮宝适"已成为真正改变美国人生活的产品，其市场占有率达到了40%。在欧洲，"帮宝适"也是家喻户晓，成为各国父母首选的婴儿护理用品之一。1997年，自"帮宝适"在中国上市以来，在目标消费者中的知名度已达到99%，成为市场上首屈一指的领导品牌。

☞ 案例讨论

1. 宝洁公司开发一次性尿布的决策是在什么基础上进行的？
2. 宝洁公司的决策体现了市场营销的哪些精神？

第五章 纺织品服装组织市场和购买行为

【本章学习目标】

1. 掌握组织市场的类型和特点。
2. 理解生产者、中间商、非营利组织市场、政府市场的购买类型和购买过程。
3. 掌握影响各类组织市场购买的因素。

【引导案例】

解读莱卡品牌的市场推广之路

莱卡（LYCRA®）是杜邦氨纶的品牌名称，它具有非凡的伸展与回复性能，可以添加到多种面料中，带来优质、舒适、自如的感受。杜邦将莱卡带到这个世界上，从内衣、泳装、锦纶丝袜、运动衣、时装、跑鞋、男士衣物，到现在几乎各种时尚面料，莱卡无处不在。

长期以来，莱卡始终坚持有远见的，有的放矢的，并且是有连续性的整合品牌推广战略，同时凭借着完美的执行，使品牌推广建设取得持续成功。从"莱卡风尚大典""莱卡我型我秀"到"莱卡加油好男儿"，莱卡借助品牌内涵和活动性质的完美契合，不断扩大自己在目标人群中的影响。

莱卡的营销策略是"上游带动下游"，而它的品牌目标则是要将自己从一个工业品牌，延伸到一个时尚领域品牌，在消费者心目中成为时尚先锋的象征。

莱卡通过具有可持续发展的整合营销计划，直接和最终用户建立品牌联系，得到他们的喜爱和拥护，让他们希望自己的服装中能够拥有莱卡。莱卡锁定中高收入人群，赋予品牌强烈的时尚印记，建立清晰的品牌联想，也就是"舒适，服贴，时尚，潮流"。

在中国，莱卡已经和约120个知名品牌建立最佳伙伴关系，零售商户达到近80000户。此外，莱卡在中国的市场开拓推出了"莱卡最佳伙伴计划"，以求在最短的时间内整合上下游供应链，获取市场先机。"莱卡最佳伙伴计划"是一份产业结盟计划，即以莱卡为中心的一个新颖的行业供应链管理计划。通过设立莱卡推荐认证工厂的方式，展开莱卡全球网络与布料制造商直接共享新概念技术与营销合作。对于纤维销售与纺纱制造商，提供特许经销的权力；对面料生产商采取认证工厂的策略；原料生产、上游和下游企业结合构成整体的供应链合作网络，共享莱卡的品牌优势。

于是，在 Only、VeroModa、Nike 等知名品牌上，出现了莱卡®的吊牌。在各大百货公司，在时尚人群中，越来越多出现莱卡品牌。

（资料来源：中华纺织网，http://www.texindex.com.cn/Articles/2006-6-6/61718.html)

第一节 纺织品服装组织市场

购买企业产品和服务的既有消费者又有各种各样的组织，如工商企业、政府部门、社会团体等。这些组织都会产生大量的购买行为，是企业产品销售市场的重要组成部分。尤其是当企业的产品是某种半成品、生产设备时，购买者大多为相关企业或部门。如棉纺厂生产的纱线是生产织物的原材料，其购买者是织物加工企业；而织物加工企业生产的各种各样的织物面料，是生产服装的原材料，其购买者是服装加工企业。也有一些企业虽然生产的是最终消费品，但并不直接卖给消费者，而是经由中间商卖给消费者，其直接购买者是商业部门。还有一些社会团体、政府部门等为了维持运作而购买纺织服装产品等。

组织市场是指工商企业为了进一步生产、维持机构运作或再销售给其他消费者而购买产品和服务的各种组织消费者。简言之，组织市场是以某种组织为购买单位的购买者所构成的市场。就卖主而言，消费者市场是个人市场，组织市场是法人市场。

对纺织品服装企业来说，生产纺织品服装之前需要通过供应商购买面料、辅料，然后把成衣卖给批发商或零售商，最后由零售商把产品卖给消费者。在最终个人消费者购买之前，已经发生了几次组织购买行为。有时，纺织服装企业还会把成品直接卖给某一组织购买者，如军队、医院或其他社会团体等。

一、纺织品服装组织市场的类型

纺织品服装组织市场的类型包括生产者市场、中间商市场、非营利组织市场和政府市场（图5-1）。这些组织购买产品或服务，并把它们用于纺织品服装的生产、再生产或流通环节。

（一）生产者市场

生产者市场指购买产品或服务用于制造其他产品或服务，然后销售给他人以获取利润的企业和单位。纺织品服装的生产者市场包括产业链上各种类型的生产企业，如纱线生产企业是纤维原料的生产者市场，织造企业是纱线企业的生产者市场，服装生产企业是服装面料供应商的生产者市场。

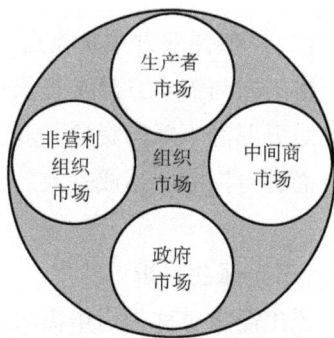

图5-1 组织市场的主要构成

（二）中间商市场

中间商市场指购买产品用于转售以获取利润为目标的企业和单位，所以亦称为转卖者市场。它是由以营利为目的而从事转卖或租赁业务的个体和组织构成，包括批发商和零售商两大部分。大多数家纺和服装产品并不是从生产企业直接转移到消费者手中，而是要经过流通环节，即通过批发商或零售商才能进入最终的消费者手中。这些批发商或零售商就是纺织服装企业的中间商市场。

（三）非营利组织市场

非营利组织市场指为了维持正常运作和履行职责而购买产品和服务的各类非营利性组织构成的市场，也称机构市场。主要是指由学校、医院、疗养院、监狱和其他为公众提供商品和服务的部门所组成的市场，它们往往是以低预算和受到一定的控制为特征的。

（四）政府市场

政府市场指为了执行政府职能而购买产品和服务的各类政府部门，如公、检、法部门需要特殊的制服等，航天研究需要特殊的航天服等。由于政府的采购决策要受到公众的监督，因此它们经常会要求供应商准备大量的书面材料。此外，政府市场还有一些以竞价投标为主，喜欢向国内供应商采购等特点。

组织市场与消费者市场的购买行为既有相似性，又有较大差异性，在购买类型、购买决策参与者、购买决策影响因素、交易导向与购买决策过程等方面表现出较大的差异。

二、纺织品服装组织市场的特点

（一）购买者数量比较少

组织市场的购买者主要是企业、团体组织，其数量比消费者市场的购买主体——个人或家庭要少得多。组织市场购买者虽少，但单个购买者的购买批量大，总体购买量大。

（二）供需双方关系稳定

供应方与需求方经常是伙伴关系，是利益的共同体。供应方需要长期稳定的销路，需求方也需要源源不断的货源。双方之间经常在产品的花色品种、技术质量、交货期、服务项目等方面进行沟通，达成一致的看法。

（三）派生需求

派生需求也称为引申需求或衍生需求。因为组织市场的用户并非最终消费者，他们对商品和服务的需求是从消费者对消费品的需求派生出来的。因此，组织市场的需求随消费品需求变化而变化。以棉纺产品为例，首先需要农民将生产的棉花卖给纺织厂，纺织厂将生产的坯布卖给印染厂，印染厂加工过的面料再卖给服装生产商，而生产的服装又需依次经过批发商、零售商，最终才到达消费者。生产和销售链条上的每一环节都是由下游企业的需求而派生出来的。

（四）地理位置相对集中

组织市场的购买者并不是均匀地分布于整个国家，而往往集中在某些区域。例如，我国的北京、上海、广州、天津、福建等城市和江苏、浙江等地区的纺织服装中间品购买量就比较集中。

（五）需求弹性小

组织市场对产品和服务的需求总量受价格变化的影响较小，在短期内缺乏或无弹性。一般规律是：在需求链条上距离消费者越远的产品，价格波动越大，需求弹性越小。例如，在纺织服装类产品需求总量不变的情况下，棉花的价格下降，纺织厂未必会大量购买；棉花价格上升，纺织厂也未必减少购买，除非纺织厂找到了其他替代品或是发现了节约原料的方法。总的特点是，原材料的价格越低或是原材料成本在制成品成本中所占的比重越小，其需求弹性就越小。组织市场的需求在短期内特别无弹性，因为企业不可能临时改变产品的原材料和生产方式。

（六）需求波动较大

若消费者对某种消费品的需求增加某一定百分比，生产厂家的投资数量会以更大的百分比增加来满足这一增加的需求，西方经济学者称为加速原理。当消费需求不变时，企业用原有设备就可生产出所需的产量，仅需支出更新折旧费，原材料购买量也不增加；消费需求增加时，许多企业要增加机器设备，这笔费用远大于单纯的更新折旧费，同时原材料购买也会大幅度增加，有时消费品需求仅上升10%，下一阶段工业需求就会上升200%；但是消费品需求下跌10%，就可能导致工业需求全面暴跌。组织市场需求的这种波动使许多企业向经营多元化发展，以规避风险。

（七）专家购买

组织市场采购的设备等用品技术性强、价格昂贵，各组织一般要雇佣经过专门训练的行家里手负责采购工作。例如，采购面料时，组织市场的采购人员必须有丰富的专业知识，清楚地了解产品的性能、质量、材质等技术指标。这时供应商应当向他们提供详细的技术资料和特殊的服务，从技术的角度说明本企业产品和服务的优势。

此外，组织市场还有互惠购买、影响购买的人数较多等特征。这就要求企业在与组织市场进行谈判时要充分准备、认真对待，不可掉以轻心。

第二节　生产者市场购买行为

纺织品服装生产者市场购买产品和服务用于制造其他有附加利益的产品，主要包括纺织服装生产链上各个环节的企业，如面料企业为组织生产需要购进坯布，服装公司为进行生产需要购买面料、辅料、配饰产品等。这里的面料企业和服装公司就构成了生产者市场，或称产业市场。

一、纺织品服装生产者市场的购买类型

纺织品服装生产者市场在进行购买时，根据是否为第一次购买或对以往的购买有无修正，购买类型可分为新购、直接重购和修正重购三种。

（一）新购

新购指的是组织用户初次购买某种产品或服务。这是最复杂的购买类型，新购产品大多是不常购买的项目。例如，某纺织厂要购进新型生产设备、更换办公软件时，采购者要在一系列问题上做出决策，如产品的规格、购买的数量、交货条件及时间、服务条件、付款方式、可接受的供应商和可选择的供应商等。购买的成本和风险越大，购买决策的参与者就越多，需要收集的信息就越多，购买过程就越复杂。由于采购者还没有一个现成的"供应商名单"，因而对所有的供应商都是机会，也是挑战。

（二）直接重购

直接重购是最简单的购买行为类型，指组织用户的采购部门按照过去的订货目录和基本要求继续向原先的供应商购买产品。当库存量低于规定水平时，采购部门就会对以往的所有供应商加以评估，选择满意的作为直接重购的供应商。被列入直接重购名单的供应商应尽力保持产品质量和服务质量，提高采购者的满意度。未列入名单的供应商则会提供新产品和满意的服务，以便促使采购者转移或部分转移购买，以少量订单入门。

（三）修正重购

修正重购指组织用户改变原先所购产品的规格、价格或其他交易条件后再行购买。例如，某服装企业再次订购面料时，希望面料图案比上一次有所更新和改进，就会向面料生产企业提出要求，在原来的基础上做一定的调整。当然修正重购也可能更换供应商，所以原先被选中的供应商会感到一定的压力，会全力以赴地继续保持交易，而新的供应商则会认为这是获得交易的最好机会。因此，这种决策过程较为复杂，买卖双方都有较多的人参与。

二、纺织品服装生产者市场的购买角色

在纺织品服装组织市场进行购买时，到底谁起决定性的作用一直是营销人员最为关心的问题。一般来说，在重购时，起决定作用的是采购部门的负责人；而在新购时，企业的高层领导和技术专家起决定作用。一般把组织购买的决策单位叫作"采购中心"，并定义为：所有参与购买决策过程的个人和集体。采购中心的各个成员在购买决策过程中可能会形成五种不同的角色（图5-2）。

使用者，指生产者组织中直接使用所购产品的人员。这些人员一般会提出购买建议，协助确定产品规格、性能等。

影响者，指组织内部或外部对采购决策产生直接或间接影响的人员。他们会影响供应商的选择及对产品规格、性能、购买条件等的确定。

决策者，指有权对买与不买、数量、规格、质量及供应商做出决策的人员。他们可以是企业内处在不同管理层次的人，供应商应该了解对决策起关键作用的人。

购买者，指按采购方案实行具体采购行动的人。购买者在采购行动中有时具有较大的灵活性，供应商应该把握好机会，处理好与购买者的关系。

信息控制者，指组织内部或外部能够控制信息流向采购中心成员的人员。例如，技术人员或采购代理人可以拒绝或终止某些供应商或产品的信息；接待员、秘书、门卫可能阻止推销人员与决策者及使用者接触等。

不同的购买类型下，购买决策的参与者也不同。作为供应方企业的营销人员应注意提供不同内容的促销信息，以满足采购中心不同角色的要求。同时还必须要了解谁在购买决策中最有影响力，谁是关键的决策人。只有做好关键角色的工作，摸清客户的这些情况，然后才能有针对性地采取促销措施。

决策者
影响者
组织
购买
信息
控制者
使用者
购买者

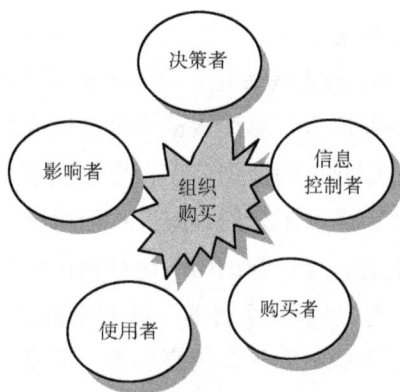

图 5－2 生产者组织购买决策的主要参与者

三、纺织品服装生产者的市场购买决策

（一）生产者市场购买的决策过程

生产者组织购买者作出采购决策的过程与消费者有相似之处，但又有其特殊性。一般认为，组织购买者采购决策过程可分为图 5－3 所示的八个阶段。

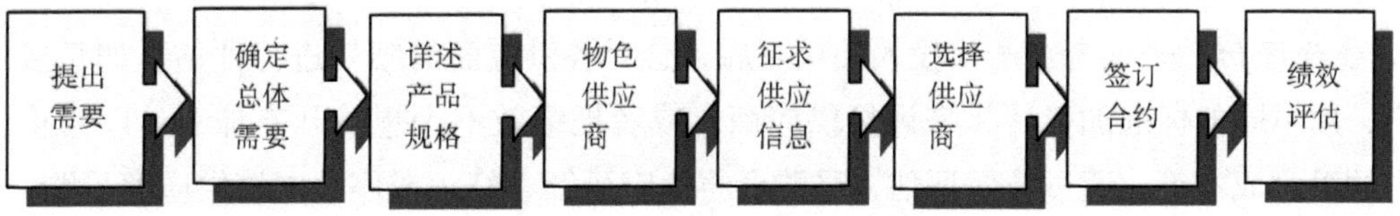

提出
需要
确定
总体
需要
详述
产品
规格
物色
供应
商
征求
供应
信息
选择
供应
商
签订
合约
绩效
评估

图 5－3 组织购买者采购决策过程

1. 提出需要 指企业认识到需要购买某种产品来满足自己新的需要，它是组织市场购买决策过程的起点。认识需求是由内在刺激和外在刺激引起的。

（1）内部刺激。如企业决定推出一种新产品，于是需要购置新设备来生产这种新产品；企业原有的设备发生故障，需要更新或购买新的零部件；已采购的原材料不能令人满意，企业正在物色新的供应商。

（2）外部刺激。主要指采购人员在某个商品展销会上发现了新产品，或者受到了广告宣传中的推荐，或者接受了某些推销员提出的新产品建议等而产生的需求。可见，组织市场的供应商应主动出击，经常开展广告宣传、派人访问用户，以发掘潜在需求。

2. 确定总体需要　提出需要之后，采购者便着手确定所需项目的总特征和需要的数量。如果是简单的采购任务，可由采购人员直接决定；而对复杂的任务，采购者就要会同其他部门人员，按照产品的流行性、耐用性、价格及其他属性的重要程度来加以排列，共同决定所需项目的总特征和数量。

3. 详述产品规格　要确定产品的技术规格，采购中心可能要专门组建一个产品价值分析技术组来完成这一工作。价值分析的目的在于降低成本。它主要是通过仔细研究一个部件，看是否需要重新设计，是否可以实行标准化，是否存在更廉价的生产方法，或是否有可替代的面料等。

4. 物色供应商　采购者会从多处着手物色供应商，如咨询商业机构、查询网络信息、观看商业广告、参加展览会等。供应商此时应大力做广告，并到各种商业指导或指南宣传机构中登记自己的公司名字，争取在市场上树立起良好的信誉。组织购买者通常会拒绝生产能力不足、声誉不好的供应商；而对合格的供应商，则会登门拜访，察看其生产设备，了解其人员配置，最后归纳出一份合格供应商的名单。

5. 征求供应信息　此时采购者会邀请合格的供应商提交申请书。有些供应商只寄送一份价目表或只派一名销售代表。但是，当所需产品复杂而昂贵时，采购者就会要求待选供应商提交内容详尽的申请书。因此，营销人员必须善于调研、写作，精于申请书的展示内容。

6. 选择供应商　采购中心在作出最后选择之前，还可能与选中的供应商就价格或其他条款进行谈判，以选出综合条件最优的供应商。此外，采购中心还必须确定供应商的数目，一方面可以避免过分依赖一个供应商，另一方面也可以对各供应商的价格和业绩进行比较。现在精明的采购者一般都选择几位供应商，第一位的供应量占企业所需原料的60%，第二位占30%，其他占10%，形成一个供应商自动竞争的环境。

7. 签订合约　采购者选定供应商之后，就会发出正式订货单，写明所需产品的型号规格、数目、预期交货时间、退货政策、付款方式等内容。

8. 绩效评估　采购者在产品投入使用之后，会对各供应商的绩效进行评估。如直接接触最终用户，用不同的标准加权计算来评价供应商；或者把绩效不理想的开支加总，以修正包括价格在内的采购成本等。通过绩效评估，采购者将决定延续、修正或停止向该供应商采购。

当然，并非每次采购都要经过这八个阶段，具体的购买过程还要依据采购业务的不同而决定。表 5 - 1 说明了各阶段对各类采购业务是否有必要。

表 5 - 1　不同采购任务采购决策过程的比较

购买阶段 ＼ 购买类型	新购	修正重购	直接重购
提出需要	是	可能	否
确定总体需要	是	可能	否
详述产品规格	是	是	是
物色供应商	是	可能	否

续表

购买类型 / 购买阶段	新购	修正重购	直接重购
征求供应信息	是	可能	否
选择供应商	是	可能	否
签订合约	是	可能	否
绩效评估	是	是	是

从表5-1中可以看出，新购最为复杂，需要经过所有八个阶段；直接重购最简单，只需经过两个阶段；而在修正重购的情况下，其中有些阶段可能被简化、合并或省略。

（二）影响生产者市场购买行为的因素

采购人员在作出购买决策时会受到许多因素的影响，可以把影响生产者组织购买的因素归为四类：环境因素、组织因素、人际因素和个人因素（图5-4）。

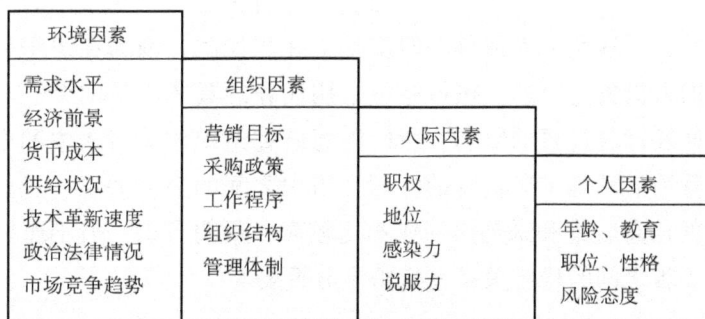

图5-4 影响生产者市场购买行为的主要因素

1. 环境因素 生产者的购买决策在很大程度上受到当前和预期的经济环境的影响。例如，在经济衰退时期组织购买者会减少对厂房设备的投资，并设法减少存货，购买量会相对减少；如果经济前景看好，生产者就会增加投资，增加投入品的采购和库存，以备扩大生产的需要。

原材料的供给状况也是影响组织用户采购的一个重要环境因素。一般企业都愿购买并储存紧缺物资以保证供应不中断。同样，采购者也会受到技术因素、法律、文化、政治因素以及经济环境中各种因素的影响。如国内良好的政治氛围会使企业采购需求持续增加；国家环境保护法规的建立和完善使得企业对无污染的环保材料的需求增加。这就提醒营销人员必须密切注视所有环境的作用力，测定其将如何影响采购的有效性和经济性，并设法使问题转化为机遇。

2. 组织因素 每一采购组织都有其具体目标、政策、程序、结构及体制，营销人员必须尽量了解这些重要因素。例如，有的地方规定只许采购本地区的原材料；有的国家规定只许买本国货，不许买进口货；有的国家规定购买金额超过一定限度就需要上级主管部门审批。

组织内部采购政策的变化会对采购决策带来很大影响。一些组织会用长期合同的方式来确定供应渠道，另一些组织则会采用临时招标的方式来选择其供应商。又如，在西方发达国家近年来兴起一种"正点生产系统"（Just - in - time production systems），即适量及时进货，零库存、供量 100% 合格的生产系统，它的兴起大大地影响了组织采购决策。

3. 人际因素 人际因素是指企业内部的人事关系。由于产业用品采购活动比较复杂，为了购买物美价廉的原材料，一些大中型企业设立了采购中心。采购中心通常包括一些具有不同职权、地位、感染力和说服力的参与者。一些决策行为会在这些参与者中产生不同的反应，意见是否容易取得一致，参与者之间的关系是否融洽，在某些决策中是否会形成对抗等会对组织市场的营销活动产生很大影响。

4. 个人因素 所有生产者的购买行为最终都是在有组织的相互影响下产生的个人行为。生产者购买行为，归根结底，要由个人做决定和采取行动。购买决策过程中每一个参与者都带有个人动机、直觉和偏好，这些因素取决于参与者的年龄、收入、教育、专业、个性以及对风险意识的态度的影响。如工程技术人员会考虑产品的实际性能；生产人员会关心产品使用的方便性与供应的可靠性；财务人员会重视产品的经济性；采购人员会注重操作和替代的成本；领导层会关心产品或服务的相关案例。

组织市场购买行为的重要特点往往表现为组织与组织之间（B2B）的交易关系，比消费者购买行为更为理性，不涉及个人情感。但实际上并非如此，因为在组织采购过程中的每一个过程都是由具体的人员去完成的。执行组织采购任务的具体人员的个性与情感对于其作出相应的采购决策同样发挥着重要的影响。所以注意研究组织购买行为中的个人因素，并有的放矢地开展相关的营销活动是十分重要的。而且组织之间的交易关系一旦建立，就会比较稳定（因为组织购买的信息收集和采购洽谈成本比较高，采购组织一般不愿轻易改变供应商），所以长期维护同购买者之间的稳定关系就变得十分重要。

第三节　中间商市场购买行为

中间商是介于生产者与最终消费者之间参与商品流通过程的组织或个人。中间商购买产品的目的是为了转卖或租赁给他人而从中盈利。绝大部分家纺和服装产品在从制造商转移到消费者的过程中，都要经过批发、零售等环节。由于中间商是制造商与消费者之间的桥梁，因此，企业应把其视为顾客采购代理人，全心全意帮助他们为顾客提供优质服务。因此，研究了解中间商市场及其购买行为，对纺织服装企业制订营销策略，具有重要的意义。

小案例　沃尔玛眼中的最佳供应商

沃尔玛以低价闻名，无论是零售价还是采购价。低价之所以能让自己、让供应商赚钱，是因为数量可以影响成本。如果供应商给沃尔玛的供货价格是一元钱，给其他零售商也是一元钱，但在沃尔玛可卖一万件，这是其他零售商所不可想象的。

一般而言，促销和其他短期手段容易误导供应商生产太多或者太少的产品，而沃尔玛通过每日的低价策略，使销售结果不再受此影响。这样，供应商就能更加高效和准确地安排计划、预测、购买原材料等，从而使利润更高。

沃尔玛一般乐意与具备以下特征的供应商进行合作：第一，有强烈的决心致力于提高效率和降低成本的供应商；第二，愿意公开自己财务状况的供应商；第三，愿意在与沃尔玛业务相关领域投资的供应商；第四，提供的产品、服务具有创造性和排他性的供应商；第五，能给沃尔玛带来增值服务的供应商。

沃尔玛始终坚持平价策略，强大的执行力让平价策略变成了深入人心的形象。现在消费者到沃尔玛来消费很放心，可能沃尔玛不是100%的产品都是最便宜的，但至少低价产品占了七成。沃尔玛的低价还附有先决条件。在沃尔玛到处可以看到一个标语："当你尝到劣质苦果的时候，当时低价的甜头都不存在了。"针对不同的零售商，你的价值可能会偏向成本，可能会偏向效率，可能会偏向创新，但是质量是永远不能妥协的。现在沃尔玛尤其强调供应商的社会责任感。沃尔玛的"工厂评价"重点不是看工厂的生产设备，而是看工厂的是否遵守国家法律，是否注意环保，员工的利益是否得到了保障。

一、中间商市场特点和分类

（一）中间商市场特点

中间商市场除了具备生产者市场的一些特征之外，又有自己独有的特征。

（1）从事商品买卖的目的是获取买进与卖出的差价。

（2）在地理分布上比生产市场购买者分散，比消费者集中。

（3）时间性强，对时间要求苛刻。由于产品在消费者市场具有很强的时间性和时尚性，因此中间商购买、出售商品的时间必须赶在时尚的前沿，否则就会造成大量产品积压。

（4）具有集中、平衡和扩散产品的特点。

（5）信息沟通及时。

（二）中间商市场分类

按中间商是否拥有产品所有权，可分为经销商和代理商。经销商是指在商品流通过程中，拥有商品所有权的中间商，代理商是指受制造商委托，从事商品交易活动，获取佣金但不拥有商品所有权的中间商，它包括企业代理商、销售代理商、采购代理商、经纪人等。

按中间商在流通过程中的地位和作用，中间商可分为批发商和零售商。批发商是指将产品或服务出售给为转卖或租赁而购买产品和服务的组织或个人的中间商；零售商是指向最终消费者直接销售产品和服务的中间商。

二、中间商市场的购买行为

（一）中间商的购买行为类型

按照不同的标准，中间商的购买类型有不同的分类。

1. 根据商品购买的形式 分为市场选购和合同订购。市场选购是中间商直接通过市场，充分自主地向生产者或其他供应商购买商品。一般适用于市场需求变化快、易于更新的商品采购。如中间商在各个家纺品牌中经过比较鉴别，考虑未来是否好销而最终选择适合自己的家纺品牌。

合同订购是中间商为了保证某些商品的货源，通过与生产企业协商签订合同，预先向生产企业订购一定数量的商品。这种方式一般适合于市场前景好、生产周期长的商品。功能性纺织面料如罗布麻，因其生长周期较长，一般采用合同订购形式。

2. 根据商品的交换方式 分为买断购买和代销购买。买断购买是指中间商对所购商品一次性付清货款的方式。由于付款迅速，生产商或供应商一般可以以较低的价格卖出商品，中间商因此获得商品价格优势。

代销购买是中间商从生产者或供应商那里得到商品，但并不立即付款，而是待商品售出后再结算，这种方式降低了中间商的经营风险，但代销购买时的商品价格较高。在我国，许多服装中间商采取代销形式，以降低库存风险和减少占压资金。

3. 根据商品购买的管理层次 分为集中购买和分散购买。集中购买是由中间商设置的专职机构或人员负责购买各类商品。这种购买方式的不足之处是由于一次性商品购买种类多，市场变化快，商品适销率低。

分散购买是由中间商所设置的不同采购部直接购买，这种方式能充分发挥各采购部的积极性，商品的适销率较高。由于购买业务分散，中间商常要对各部门进行协调和控制，保证所有的商品符合中间商的总体经营目标。

在服装业中，很多中间商采取分散购买的方式，即每个采购部都设有专门的购买人员。如家纺部、童装、男装、女装等，每个部门自行负责采购任务。因为各部门对市场潮流掌握准，对市场敏感性很强，购买商品更贴近市场需求。另外，每个部门一般采取独立核算，所以购买的准确性将直接影响每个商品部的利益。

（二）中间商购买过程的参与者

1. 商品经理 商品经理是连锁超市公司总部的专职采购员，负责某类商品的采购工作，通过对商品的审查和甄别向公司采购委员会提出采购或拒购某种商品的建议。商品经理的偏好对决定新供应商的产品是否被购买起到直接的作用。

2. 采购委员会 采购委员会是由公司总部的部门经理和商品经理组成，负责审查商品经理提出的新产品采购建议，做出是否购买的决定。

3. 分店经理 分店经理是连锁店下属的各零售店的负责人，决定分店实际购买产品种类，是掌握最终采购权的人。他掌握分店近70%的产品采购权，是供应商、推销员的主要公关对象。

三、中间商市场购买决策过程

生产者市场中，生产企业采购设备、原料等中间投入品用于生产产品，其购买决策经历八个阶段；中间商市场中，中间商采购产品用于转售，其与生产企业一样，采购后并不用于个人消费，而是最终要满足消费者的需要。因而，中间商的购买决策过程与生产者市场的购买决策过程相似，也经历八大步骤，但在具体环节上存在一些差异。

四、影响中间商市场购买行为因素

1. 消费者需求　为顾客购买是中间商的一个显著特点，因此，中间商购买什么、购买多少、以什么价格购买，都必须考虑其购买者——消费者个人及家庭的需求和愿望，按照他们的需求和愿望制订采购决策。

2. 存货管理　储存是中间商的基本职能之一，储存什么、存量多少直接影响到中间商的经营业绩。

3. 供应商的策略　中间商购买商品是为了转售给他人，因此，供应商的供货条件、价格折让、运费折让、促销津贴等对其商品转售有直接关系，影响着中间商的购买决策。

第四节　非营利组织和政府市场购买行为

非营利组织市场是指国家机关、事业单位和团体组织，使用财政性资金依法采购制订的集中采购目录以内的或者采购限额标准以内的货物、工程和服务的行为。政府市场是指那些为执行政府的主要职能而采购或租用商品的各级政府单位。

一、非营利组织和政府市场的购买特点

（1）限定总额。非营利组织的采购经费总额是既定的，不能随意突破。如政府采购经费的来源主要是财政拨款，拨款不增加，采购经费就不可能增加。

（2）价格低廉。非营利组织大多数不具有宽裕的经费，在采购中要求商品价格低廉。政府采购用的是纳税人的钱，更要精打细算，用较少的钱办较多的事。

（3）保证质量。非营利组织购买商品不是为了转售，也不是使成本最小化，而是维持组织运行和履行组织职能，所购商品的质量和性能必须保证实现这一目的。

（4）受到控制。为了使有限的资金发挥更大的作用，采购人员受到较多的因素影响，只能按照规定的条件购买，缺乏自主性。

（5）程序复杂。政府和非营利组织购买过程的参与者多，程序也较为复杂。如政府采购要经过许多部门签字盖章，受许多规章制度约束，还要准备大量的文件，填写大量的表格等。

二、非营利组织和政府市场的购买方式

1. 日常性的购买　指非营利组织和政府为了维持日常办公和组织运行的需要而进行的购买，如购买办公桌椅、纸张、文具等。这类购买金额少，一般是即期付款、即期交货。

2. 议价合同选购　指非营利组织与若干供应商就某一购买项目的价格、质量要求等进行

谈判，最后与符合要求的供应商签订合同。供应商应在合同规定的期限内按要求交货。

3. 公开招标购买 通过广告或信函，说明拟购商品及品种、规格、数量等，邀请供应商投标。有意争取业务的企业，在规定期限内填写标书（格式通常由招标人规定），密封送交。有关部门在规定日期开标，选择报价低且符合要求的供应商成交。参与公开招标必须注意：产品能否达到招标要求，合约条件对己是否有利；报价高低——既要有利可图，又要保证夺标；能否符合买方的一些特殊需求。

三、非营利组织和政府市场采购的参与者

非营利组织和政府采购一般主要涉及五个方面的机构和人员。

1. 采购人 即货物、工程或服务的需要机构，由他们使用财政性资金进行采购并使用。

2. 采购代理机构 即专门设立的政府采购机构，在集中采购的情况下，由他们负责代理采购人履行采购业务。

3. 供应商 即参与政府采购的投标、谈判并在中标后向采购方提供货物、工程或服务的企业。

4. 采购相关人员 即在政府采购过程中进行中介、参与评标或谈判的有关人员，也包括提供有关信息的机构和人员。

5. 政府采购监督管理部门 属于政府的职能部门，负责对政府采购活动依法实施监督和管理。

这五方面机构和人员的关系如图5-5所示。即由采购人提出采购申请；由专门的政府采购代理机构向有关供应商进行采购；采购相关人员参

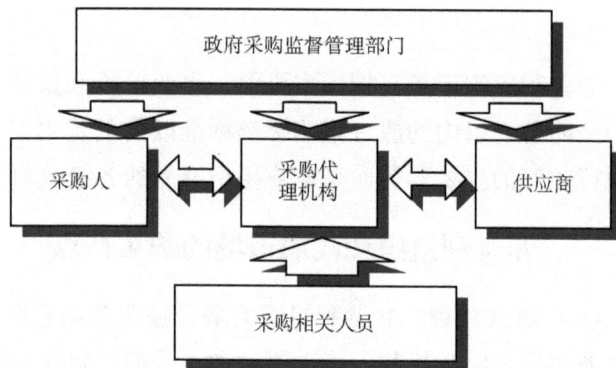

图 5 - 5 政府采购的参与者及相互关系

与采购的有关活动；政府采购监督管理部门对采购全过程实施监督。

四、影响非营利组织和政府购买行为的因素

非营利组织和政府市场与生产者市场和中间商市场一样，也要受到环境、组织、人际因素和个人因素的影响，但是在以下方面有所不同。

1. 受到社会公众的监督 虽然各国的政治经济制度不同，但是政府采购工作都受到了各方面的监督。

2. 受到国际国内政治形势的影响 比如，在国家安全受到威胁或出于某种原因发动对外战争时，军备开支和军需品需求就大；和平时期用于建设和社会福利的支出就大。

3. 受到国际国内经济形势的影响 经济疲软时期，政府会缩减支出，经济高涨时期则增加支出。国家经济形势不同，政府用于调控经济的支出也会随之增减。

4. 受到自然因素的影响　各类自然灾害会使政府用于救灾的资金和物资大量增加。

☞ **思考题**

1. 简述组织市场的类型及特点。
2. 分析影响生产者购买行为的因素有哪些？
3. 影响中间商市场购买行为的因素有哪些？
4. 非营利组织和政府市场的购买参与者有哪些？

☞ **案例分析**

对中间商的营销全过程

赵明军是知名服装 A 品牌在广州市的代理商，他想将 A 品牌服装打入广州市宏盛服装商场销售。

第一步：了解经销商的需要。宏盛服装商场是销售量最大的专业市场之一，服装品牌均为国内外知名品牌，A 品牌符合档次要求和市场定位；柜组负责人向商场经理和采购负责人提出用其他品牌替代销售不理想的品牌。

第二步：了解该商场采购中心的构成。采购中心由商场总经理、分管采购的副总经理、采购经理、营销经理和品牌经理等人组成。A 品牌属于知名品牌，宏盛服装商场一直没有经销过，属于新购品牌，要进入宏盛服装商场，必须首先经采购经理首肯，然后再经过采购中心的其他几位经理同意即可。

第三步：了解采购组织中的人际关系和个人特征。采购经理：李英强，40 岁，服装学院服装设计专业本科毕业，原先在一家服装公司担任服装设计工作，五年前应聘到宏盛服装商场采购部，两年前升任采购部经理。李英强专业知识丰富、工作认真负责、做事有主见、性格开朗、关心同事、上下级关系良好，在采购部有威信，受到分管采购的各位经理信任，他提出的采购方案，各位经理大多没有异议。所以，A 品牌能否进入宏盛服装商场，决策权在采购经理手中。

第四步：设计接近方案。赵明军通过了解发现李英强的业余爱好是网球，通过间接关系，赵明军进入李英强的"球友"圈子，两人一起打网球、谈论网球比赛、网球名人，但从不涉及服装采购的事情。

第五步：促成交易。李英强主动问起赵明军的工作和业务，赵明军介绍了 A 品牌服装的质量、服务和品牌声誉；李英强提出试销一下，赵明军如约送货，并不断提高销售服务和业绩，最终 A 品牌成功进入宏盛服装商场。

☞ **案例讨论**

1. 利用本章内容分析 A 品牌服装进入宏盛商场的过程。
2. 结合本案例分析组织市场的购买行为特征。

第六章　纺织品服装企业的 STP 战略

【本章学习目标】

1. 了解 STP 战略的主要内容。
2. 掌握市场细分的基本概念与含义。
3. 掌握市场细分的主要标准。
4. 了解目标市场战略的选择与类型。
5. 掌握市场定位的主要策略和方法。

【引导案例】

小小尿垫成就尼西奇

尼西奇股份公司是日本福冈市的一家中小企业，有职工 1000 多人，资本 3 亿日元，但是它的年销售额却高达 120 亿日元。这家公司专门生产婴儿尿垫，它创业至今已有 90 年历史，日本市场上的婴儿尿垫 70% 以上是尼西奇公司生产的。这个资金、人员都有限的企业，不仅是日本的 "尿布大王"，而且是世界上最大的尿布专业公司。现在，西欧、美洲、大洋洲、非洲以及东欧市场上都出现了大量尼西奇公司生产的尿垫，而且每年销售额仍以 20% 的速度递增。

尼西奇公司规模不大，经营的又是大厂家不想生产的小商品，却取得如此出色的成就，其奥妙何在？

尼西奇公司 1921 年创业以来，一直以生产和销售婴儿尿垫为主。第二次世界大战结束时，这家公司仅有职工 30 多人，生产雨衣、游泳帽、卫生带、尿垫等橡胶制品，由于订货经常不足，企业经营很不稳定。战后的日本，经过经济复兴时期，国民经济开始好转，人民生活水平日益提高，生活方式也逐渐发生变化。有一次，尼西奇公司看到一份日本人口普查的报告，得知日本每年大约出生 250 万个婴儿。他们想：现在人们生活方式都在变化，如果每个婴儿用两条尿垫，一年就需要 500 万条，这是一个相当广阔的市场。如果把眼光放到国外，市场就更大了。而生产尿垫，正是尼西奇公司的专长。于是尼西奇公司变成了尿垫专业公司，集中力量，创立品牌。

尼西奇公司为了满足日本战后生育高峰而带来的对婴儿尿垫的需求，集中力量大力发展婴儿尿垫和尿布的生产，不断研制新材料，开发新品种，在激烈的竞争中站住了脚跟。其他服装公司虽然也生产尿垫，但毕竟不是专业公司，因此，在尿垫的竞争中纷纷败北，尼西奇成为日本占垄断地位的尿垫公司。市场上每三条尿垫，就有两条是尼西奇生产的。

尼西奇的经营者认为，作为一个中小企业，财力、人力、技术都有限，如果什么都想搞，到头势必样样搞不成，只有扬长避短、另辟蹊径，搞专业化才有出路。婴儿尿垫虽然是小商品，但它却是人们生活中不可缺少的东西。只要根据消费者的需要生产，任何小商品都可以有销路、有市场。尼西奇沿着专业化方向办企业，经过十几年努力，尼西奇牌的婴儿尿垫现在已经和丰田汽车一样有名。几乎所有的大百货公司、超级市场、儿童用品商店里都陈列着尼西奇的产品。

尿垫本是个不起眼的产品，可尼西奇公司却做出了大名堂，成为名牌，成为"大王"，甚至日本天皇都对其业绩予以了表彰。

现代企业营销战略的核心被称为 STP 战略，即市场细分（Segmenting）、目标市场选择（Targeting）和市场定位（Positioning）。由于企业面对的市场，尤其是消费者市场，顾客所处的区域环境、文化背景、心理特征等都存在差异；与年龄、收入、职业等人口统计特征相关的要素也存在差异，这些都会在一定程度上使顾客需求产生差异性。因此，企业需要通过市场细分、目标市场选择和市场定位三个重要的战略步骤，为制订和实施针对目标市场需求的营销组合策略提供基础和依据。

第一节　市场细分

市场细分就是企业根据自身条件和营销目标，以顾客需求的某些特征或变量为依据，区分具有不同需求的顾客群体的过程。经过市场细分，同一细分市场的顾客具有较多的相似性，不同细分市场之间的需求具有较多的差异性。企业应当明确有多少细分市场以及各细分市场的主要特征。

一、市场细分的作用

（一）有利于发现市场机会，开拓新的目标市场

市场机会是指市场上客观存在的未被满足或未被充分满足的消费者需求。企业营销决策的起点在于发现有吸引力的市场环境机会。企业可以对每个细分市场进行分析，掌握不同细分市场上消费者的需求，从中发现哪些需求未被满足，分析比较不同细分市场中的竞争状况，着眼于未被满足需求而竞争对手又很弱的细分市场，寻找有利的市场营销机会。特别是对小公司，市场细分更具实际意义。与实力雄厚的大公司相比，中小企业资源、能力有限，技术水平相对较低，缺乏竞争能力。通过市场细分，可根据自身经营优势，选择一些大企业不愿顾及、相对市场需求量较小的细分市场，集中力量满足该特定市场需求，求得生存和发展。

例如，在近年来的服装市场上，一方面中老年服装紧缺的现状没有得到缓解，使这部分消费者在市场上很难找到合适的服装；而另一方面青年人的时尚流行服装竞争激烈的状况仍有加剧的趋势。面对这样的市场，企业应该抓住市场机会，开发消费者满意的中老年服装，争取盈利。

小案例6-1　晚礼服市场租赁业务

英国伦敦的时装设计师乔安娜·多尼格，是一位很能发现经营目标的有心人。有一次她的朋友因为要出席皇家宴会而没有合适的晚装，紧张得如热锅上的蚂蚁。这事令她醒悟到，女士们遇到这一困境是很有普遍性的，这是英国社会现象的一种规律。英国是个很注重表面礼仪的国家，各种社交活动很多，人们参加社交活动，对穿着非常讲究。但大多数人收入并不十分多，买不起华贵的服装，如果付较少的钱，就能在一夜中穿上名贵的时装出席高贵的活动，这确实是既光彩又省钱的事，这成为许多人的共同心愿。

乔安娜有了这一想法后，作了大量的调查，找了不少妇女征询，证实了上述分析和预测是准确的。于是，她确定了开展晚装租赁业务的经营目标。她筹集了一笔资金，买回各种款式的欧美名师设计的晚礼服，价值每套由数百美元到数千美元。她租出一夜的租金每套由75美元至300美元，另加收200美元的保证金。

果然不出所料，她的租赁生意十分兴旺，不少客人是由朋友介绍来的。也就是说，那些女士太太们毫不介意地告诉别人，自己的晚装是租回来的。人们并不认为不光彩，反而觉得合算且明智呢！

乔安娜的这项业务越做越大，在伦敦开了两间店后，还越洋到美国纽约去开分店。现在，她除了经营晚装，还扩展到包括配饰、手袋、首饰以及肥胖者、孕妇用的晚装，乃至男士用的服装等一应俱全。

欧美社会，人们经常举行大大小小的舞会、宴会、庆祝会、生日会。宾客讲究仪表雍容，女士们穿的晚礼服更是款式时髦，艳丽高贵。但是，不管多么华丽名贵，若连续在这类场合穿上三次出现，人们就会窃窃私语，穿者自然会感到失体丢脸。因此，无论多好的晚礼服，也只能显赫一两次。这样，不但使普通收入的人们忧愁，连有钱的人们亦操心。这些市场消费现象被乔安娜看准了，她"见微知著"确定了一个经营目标，也准确无误地实现了她的决策目标。

（二）有利于提高企业的竞争能力，增加企业经济效益

企业的竞争能力受客观因素影响，在有效地细分市场的基础上，可以发现每一细分市场上竞争者的优势和劣势。企业只要抓住市场机会，利用竞争者的弱点，同时有效地利用本企业的优势力量，用较少的资源把竞争者的顾客和潜在顾客变为企业的顾客，提高市场占有率，增强竞争能力。这点对竞争力弱小的企业尤为重要，企业可以把人力、物力、财力等全部力量投入到目标市场，充分发挥企业在局部市场的相对优势，从而提高企业竞争能力，取得较好的经济效益。

（三）有利于企业制订市场营销组合策略

市场营销组合是企业综合考虑产品、价格、销售渠道和促销的前提下制订的营销方案。市场细分后，每个市场变得具体和清晰，企业比较容易迅速、准确地掌握市场信息，了解消费者的需求，制订最佳的营销组合策略。

前些年我国曾向欧美市场出口真丝花绸，消费者是上流社会的女性。由于企业没有认真进行市场细分和掌握目标市场的特点，营销组合策略发生较大失误：产品配色不协调、不柔和，未能赢得消费者的喜爱；低价策略与目标顾客的社会地位不相适应；销售渠道又选择了街边商店、杂货店，甚至跳蚤市场，大大降低了真丝花绸产品的华贵品味；广告宣传也流于一般。这个失败的案例，从反面说明了市场细分对于制订营销组合策略具有极其重要的作用。

（四）有利于满足消费者的需求

企业取得一定市场占有率后，要想继续扩大经营，需要付出很大努力。消费者的需求总在变化中，并且总是得不到满足。通过市场细分，有利于了解和掌握细分目标市场的需求特点，针对性地进行市场开发，更好地满足消费者的需求。

小案例 6 - 2　哥弟成功的秘诀：专属于中年白领女性的精致服饰

哥弟是近年来应用市场细分化策略比较成功的品牌之一，30 岁以上这一年龄段的女性消费者生活讲究，需要得体而漂亮的衣着，但传统着衣观念和身材的限制，将她们阻隔在流行与品牌之外，而她们恰恰就是扎扎实实的实力消费群。哥弟女装成功的秘密就在于解决了中年白领女性的穿衣问题。

在中国的服装市场上，哥弟女装以"儒文化"为品牌内涵，以其准确的目标市场定位而在国内女装界占据一席之地。哥弟女装品牌绝不二价，颜色花而不哨，价格高而不贵，剪裁贴而不紧，完完全全对准了中年白领女性消费中坚的"胃口"。执着的坚持获得了执着的支持，哥弟女装将一大批忠实的顾客招揽在其周围，固定的客源消费支撑起其市场位置，不管市场环境多恶劣，有顾客不变的支持为其遮风挡雨。

哥弟品牌成功的一个重要原因就是市场细分化策略的选择得当，在其他品牌把产品大都定位在年轻人身上大做文章、激烈竞争时，哥弟瞄准中年这一中坚市场，从服装设计、营销网络到形象设计都做足文章，从而也获得了这一年龄段消费者的青睐，并在国内女装的销售额上一直名列前茅。

（资料来源：中国女装网，http://www.nz86.com/brandnews，2014.05.10）

二、市场细分的方法

（一）单一变量法

根据市场营销调研结果，把影响消费者或用户需求最主要的因素作为细分变量，从而达到市场细分的目的的方法称为单一变量法。这种细分法以公司的经营实践、行业经验和对组织客户的了解为基础，找到一种能够有效区分顾客并使公司的营销组合产生有效对应的变量而进行的细分。例如，性别常常作为服装市场细分变量而被企业所使用，妇女用品商店、女人街等的出现正反映出性别标准为大家所重视。

（二）主导因素排列法

主导因素排列法即用一个因素对市场进行细分，如按性别细分化妆品市场，按年龄细分服装市场等。这种方法简便易行，但难以反映复杂多变的顾客需求。

（三）综合因素细分法

用影响消费需求的两种或两种以上的因素进行综合细分，这种方法称为综合因素细分法。例如，用生活方式、收入水平、年龄三个因素将妇女服装市场划分为不同的细分市场，如图 6 - 1 所示。

（四）系列因素细分法

当细分市场所涉及的因素是多项的，并且各因素是按一定的顺序逐步进行，可由粗到细、由浅入深，逐步进行细分，这种方法称为系列因素细分法。目标市场将会变得越来越具体，如某地的服装市场就可以用系列因素细分法做如下细分（表 6 - 1）。

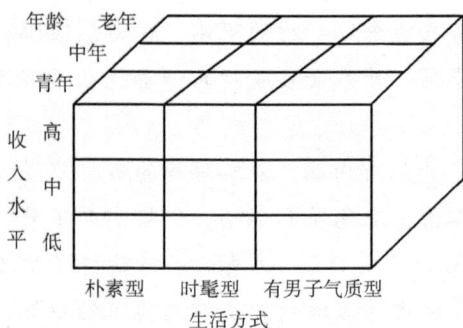

图 6 - 1 综合因素细分法

表 6 - 1 系列因素细分法

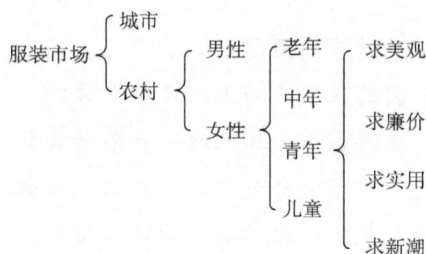

三、市场细分的原则

（一）可衡量性

可衡量性是指细分后的市场在经营范围、市场容量、市场潜力等方面是可以衡量的，即细分市场的规模和购买力可根据相关资料推算量化和衡量。对于那些消费者需求差异不大的产品，就不必费力去进行市场细分了。

（二）可盈利性

可盈利性是指细分市场要具备适当的规模和发展潜力，即细分市场具有足够的需求量和一定的发展潜力。对于市场规模小、市场容量有限、没有长期发展潜力的市场，企业就要考虑放弃。

（三）可实现性

可实现性是指企业能够顺利地进入细分市场，并达到为顾客服务的目的。一方面指在企业选定的细分市场上，消费者能够有效地了解和购买企业产品，另一方面指企业能够根据目前的人力、物力、财力和技术等资源条件制订适当的营销组合策略，有能力进入所选定的细分目标市场。

（四）可区分性

可区分性指细分市场在观念上能够被区别并对不同的市场营销组合因素和方案有不同的反应。如服装市场能够根据年龄层次和性别等变量加以区分。

第二节　市场细分的标准

一、消费者市场细分的标准

消费者市场是一个庞大而又多变的市场，要将它细分为若干个子市场需要一定的依据或标准。消费者市场细分的标准是依据消费者特征和消费者反应来制订的，如地理因素、人口因素、消费心理和消费行为等因素。

（一）地理细分

企业按照消费者所在的地理位置、自然环境来细分市场，然后选择其中一个或几个市场为目标市场。地理细分的具体变量主要包括国家、地区、气候、人口密度、城市规模等。

地理细分是一个比较传统的市场细分方法，也是相对稳定的细分标准。处于同一地区的消费者，由于地理环境、气候条件相同，文化传统、风俗习惯相似，消费者的需求也具有相似性。处于不同地理位置的消费者，由于各自的气候、传统文化、经济发展水平等因素的影响，对纺织服装的需求以及接受能力是不同的，如生活在寒冷地带的北方人对羽绒服等保暖服装需求量大，而夏季服装的选择就不仅仅是考虑南北地理环境的差异了，还应同时考虑其他因素进行市场细分，因而企业所采取的市场营销措施也有所不同。

（二）人口细分

人口是构成消费者市场的主要因素，人口统计变量包括性别、年龄与家庭生命周期、收入、职业、受教育程度、宗教信仰、民族等。例如，不同年龄、受教育程度不同的消费者在价值观念、生活情趣、审美观念和消费方式等方面对服装的需求会具有较大的差异性。

1. 性别　性别不同，需求不同，造成购买习惯、购买行为、购买种类的不同。根据性别，服装市场可分为男装市场、女装市场。男装趋向同中求异；女装变化较大，更体现个性、时尚性。

2. 年龄与家庭生命周期 不同年龄阶段，人们在生理、心理、社交、举止、爱好、经济状况等方面会有明显差异，对服装需求的差异更大。由于年龄差异，自然形成了婴幼儿服装市场、童装市场、青年服装市场、中老年服装市场等。幼儿装需要环保、舒适，以保护幼儿稚嫩的躯体。童装设计要体现儿童活泼好动的特点，色彩鲜艳，图案夸张。青年人活跃，富有朝气，独立性强，体现个性、时尚、自我的装束会受到年轻人的喜爱，此年龄段的消费者更注重服装消费。中年服装要色彩明快，品质优良，庄重典雅。而老年人的服饰要做到健康、舒适、稳重。

3. 收入 服装消费者的收入水平是其购买力的决定性因素，收入不仅涉及购买能力，也影响市场潜力和服饰产品的市场结构。收入的差异形成了多层次消费现象，使得服装市场高、中、低档产品同时并存。企业要了解不同消费者的工资收入水平、家庭收入总额及人均收入状况，并具体分析服装消费支出占个人和家庭收入的比重以及收入变化对消费者服装需求方面的影响。

4. 职业 消费者从事的职业不同，着装要求也不同。不同职业的服装很大程度上受职业环境和职业团体的影响。如教师的着装要端庄大方，款式简洁，色彩柔和，不要过于花哨或沉闷，要具有时代感；知识女性或白领阶层的女性，要体现公司形象和个人的自信及成就感，着装一般选择款式新颖、面料考究、做工精良、比较时尚的套装，以体现职业女性特有的素质和修养，满足各种社交场合的需要；艺术家和文艺工作者崇尚华丽、自我、富有个性的着装。

5. 受教育程度 消费者受教育程度不同，文化素养亦不同，造成对服装的品位、爱好及审美观念不同。企业也可按消费者的受教育程度划分市场。

6. 宗教信仰 不同宗教信仰的人有独有的特征，对服装的颜色、款式、纹样有特殊的要求，要尊重他们的风俗习惯。特别是出口到有宗教禁忌的国家和地区的服饰产品，企业要考虑周全。

7. 民族 各民族的生活环境、生活习惯、风土人情等各方面都有很大差异，他们对服饰的要求也不同，许多民族都有自己传统的服饰产品。

（三）心理细分

根据顾客不同的社会阶层、生活方式及个性特征等细分市场。

1. 社会阶层 服装具有表现个人社会地位的作用。社会阶层取决于消费者的职业、受教育程度、经济收入、社会地位的高低。处于上层社会的人士，一般选择名牌服装，这些服装做工精良、面料考究、价格较高，经营此类服装的商店也选择在繁华地段，店面装潢考究，服务周全，以吸引社会名流、商界新贵等成功人士；而普通消费者的服装是一般的大众化服装。

2. 生活方式 消费者追求的生活方式不同，选择的服饰也有差异。服装企业把消费者划分成传统型、时髦型、朴素型、享乐型、社交型、事业型、追求社会地位型等类型，有针对性地开发时尚新潮、朴素大方、清淡典雅等风格的服装，以满足不同追求的消费者。现代都市人工作压力大，业余时间用于运动、休闲、旅游的人群较多，他们追求休闲、放松的生活方式，相应的休闲装、运动服装的热销证明了这一点。

3. 个性特征 个性是个人带有倾向的、本质的、比较稳定的心理性的总和，包括人的兴趣、爱好、能力、气质等方面。消费者的个性不同，直接影响其对服装的态度、购买行为和接受新产品的能力。性格内向的人对服装的色彩、款式倾向于冷静、保守；性格外向的人则较喜欢流行性强、造型独特、色彩明快、新潮时髦的服装。根据这一特点，企业就可以把具有类同的个性、爱好、兴趣和价值取向的消费者集合成群，有针对性地制订营销策略，并通过独特的设计和广告宣传、价格制订、包装、经销商店等差异化策略，赋予产品与某些消费者的个性相似的"品牌个性"，树立"品牌形象"。

小链接 6 – 1 亚洲女士穿紧身服装的原因

一项针对亚洲女士服装市场的调查表明，亚洲女士喜爱紧身服装主要有以下原因：视觉上更娇柔、形体更美丽、更加自信等，但不同国家和地区的女士的追求在心理上仍有差异（表 6 – 2）。

表 6 – 2 亚洲女士穿紧身服装的原因

城市	穿上后显得娇柔（%）	能体现形体美（%）	穿着它就是好（%）	对体型很自信（%）	显得性感（%）	关心男士看法（%）
北京	53.7	68.3	48.8	31.7	17.1	22.0
汉城	33.3	20.0	46.7	13.3	13.3	0.0
东京	52.2	47.8	17.4	4.3	13.0	4.3
台北	30.0	25.0	40.0	45.0	20.0	5.0
中国香港	43.8	68.8	31.3	12.5	6.3	12.5
曼谷	28.6	14.3	50.0	50.0	35.7	0.0
新加坡	62.5	43.8	56.3	37.5	25.0	12.5
雅加达	66.7	33.3	33.3	44.4	22.2	0.0

由上表可以看出，在不同国家也可能存在同处一个社会阶层或具备共同价值观、共同生活方式的消费群。

（资料来源：菲利普·科特勒. 市场营销原理（亚洲版·上）[M]. 北京：中国人民大学出版社，1997）

（四）行为细分

行为细分就是服装企业按照消费者的购买习惯细分市场，如购买时机、购买动机、使用频率、品牌忠诚程度、待购阶段和对产品的态度等。

1. 购买时机 按照消费者购买和使用产品的时机来细分市场。如传统的春节，男女老少都换新衣，并且喜欢喜庆的颜色；奥运会、亚运会召开时，运动服装热销；夏季的泳装、冬季的保暖内衣、羽绒服畅销等。企业就是要抓住市场机会，扩大消费者使用本企业产品的范围，促进销售。

2. 购买动机　消费者购买产品时强调利益和效用。有些消费者购买西服是为了在正式场合时穿着，购买休闲装、运动服装是为了运动和休闲时穿着。一些人选择服装把结实、耐穿作为首选，一些人购买服装是为了显示身份地位。根据这些情况，企业可以考虑选择某种购买动机的消费者为目标市场，生产适应目标市场需要的产品。

3. 使用频率　消费者购买穿着服装的频率受季节、气候、收入水平等多方面因素的制约。有的人习惯过季时购买许多服装，经济实惠；有的人在减价、打折处理时购买；而另一些人选择应季购买少量服装，追随时尚潮流。同样，穿着频率也相似，一些日常服装经常穿用，购买和穿着频率较高。有些服装特定场合穿着，如礼服类，购买和穿着频率都不高；一些服装品种老少皆宜，如牛仔服装，但年轻人穿着频率较高；而另一些服装则是特定人群穿着，如适合少女的淑女装。

二、市场细分的依据

很多用来细分消费者市场的标准同样也可用于细分组织市场，如根据地理、追求的利益和使用率等变量加以细分。但由于生产者与消费者在购买动机与行为上存在差别，所以，除了运用前述消费者市场细分标准外，还可用一些新的标准来细分产业市场，主要包括行业、规模、购买状况等。

（一）行业细分

产业市场的用户购买产品通常是为了生产用于出售的产品和服务，用户所处的行业不同，其生产需求会有很大的差异。例如，军用品服装与普通服装对服装面料的产品需求特征就具有很大的区别。

（二）规模细分

在组织市场中，有的用户购买量很大，而另外一些用户的购买量则很小。企业应当根据用户规模大小来细分市场，并根据用户或客户的规模不同，制订不同的营销组合方案。例如，对于大客户，宜于直接联系、直接供应，在价格、信用等方面给予更多优惠；而对众多的小客户，则宜于让产品进入商业渠道，由批发商或零售商去组织供应。

（三）购买状况

根据企业的购买方式来细分市场。工业产品的购买方式主要包括直接重购、修正重购及新任务购买。不同的购买方式的采购程度、决策过程等不相同，因而可将整体市场细分为不同的小市场群。

（四）地理细分

每个国家或地区大都在一定程度上受自然资源、气候条件和历史传统等因素影响，形成若干工业区，如江浙两省的丝绸工业区，郑州、西安的棉纺工业区等。这就决定了组织市场往往比消费品市场在区域上更为集中，地理位置因此成为细分产业市场的重要标准。企业按用户的地理位置细分市场，有助于企业设计恰当的营销组合，充分利用销售资源和网络，降低销售成本。

第三节　目标市场选择

目标市场是企业打算进入的细分市场，或打算满足的、具有某种需求的顾客群体。企业在进行市场细分之后，首先要对各细分市场进行评估，在综合比较、分析的基础上，选择最优的目标市场，并制订适宜的目标市场营销战略。

一、评估细分市场

（一）细分市场的规模和发展

企业进入某一市场是期望能够有利可图，如果市场规模狭小或者趋于萎缩状态，企业进入后难以获得发展。此时，应审慎考虑，不宜轻易进入。当然，企业也不宜以市场吸引力作为唯一取舍，特别是应力求避免"多数谬误"，即与竞争企业遵循同一思维逻辑，将规模最大、吸引力最大的市场作为目标市场。大家共同争夺同一个顾客群的结果是，造成过度竞争和社会资源的无端浪费，同时使消费者的一些本应得到满足的需求遭受冷落和忽视。

（二）细分市场的结构吸引力

细分市场可能具备适度的规模和理想的发展特征，然而从盈利的观点来看，它未必有吸引力。如果在某个细分市场中存在很多颇具实力的竞争企业时，尤其是该细分市场已经趋于饱和，则该细分市场的吸引力就会下降；如果该细分市场进入障碍比较低，潜在进入者容易加入竞争行列，该细分市场的吸引力也会下降。替代品从某种意义上限制了该细分市场的潜在收益，替代品的价格越有吸引力，该细分市场增加盈利的可能性就被限制得越紧，从而使该细分市场吸引力下降。购买者和供应商对细分市场的影响，表现在他们的讨价还价能力上。购买者的压价能力越强，或者供应商有能力提高价格或降低所供应产品的质量、服务，那么该细分市场的吸引力就会下降。

（三）企业的目标和资源

即使某个细分市场具有适度规模和一定的发展潜力，并且组织结构也有吸引力，企业仍需将自身的目标和资源与其所在的细分市场状况结合起来一并考虑。如果某细分市场虽然有较大的吸引力，但不符合企业长远发展目标，不能推动企业完成自己的任务目标，甚至会分散企业精力，使之无法完成主要目标，就应该放弃。假使这个细分市场符合企业目标，也必须考虑本企业是否具备在该细分市场获胜所必备的技术和资源。

二、目标市场选择

通过对不同的细分市场进行评估，企业会发现一个或几个值得进入的细分市场，此时可以决定要进入哪几个细分市场。下面介绍五种市场覆盖模式供选择（图6-2），图6-2中 M 代表市场、P 代表产品。

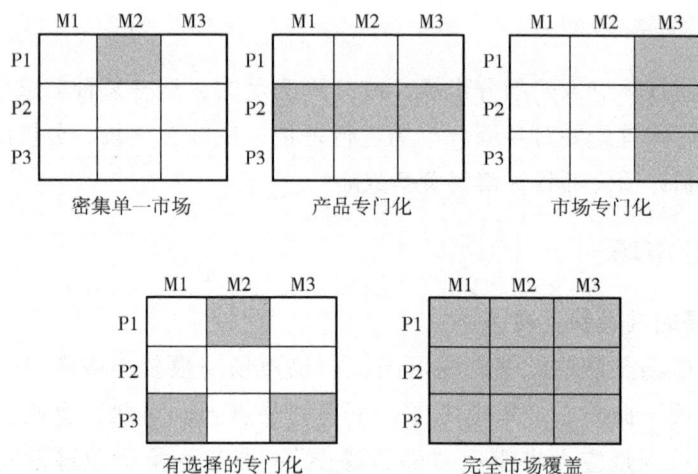

图6-2　目标市场选择的5种模式

（一）密集单一市场

企业选择一个细分市场集中营销，即企业只生产某一种产品，且只供应某一顾客群，如某服装企业只生产针织 T 恤衫，为青年女性服务。选择密集单一市场模式一般基于以下考虑：企业具备在该细分市场从事专业化经营或取得目标利益的优势条件；限于资金、能力，只能经营一个细分市场；该细分市场中没有竞争对手；准备以此为出发点，取得成功后向更多的细分市场扩展。

（二）产品专门化

企业集中生产一种产品，并向各类顾客销售这种产品，如服装企业为女性生产职业装。其特点是企业经营对象比较宽，产品专一化生产，有利于形成生产和技术上的优势，在某个产品市场上树立声誉。其局限性是一旦消费者的兴趣发生转移，或者该领域被一种全新的技术与产品所代替时，产品销量会大幅度下滑。

（三）市场专门化

针对某一市场特点，企业生产经营各种产品向某一顾客群提供，满足其各种不同的需求。其特点是企业经营对象面较窄，但可以根据其目标顾客的需要，提供各种不同的产品。如专门为年轻人生产各类服装的企业，更了解年轻人的心理特点，有针对性地开发年轻人喜欢的产品。一些专卖店，如真维斯、佐丹奴、以纯等专门经营青年人喜欢的 T 恤衫、牛仔装、休闲装、毛衫、棉衣、背包等产品。市场专门化经营的产品类型众多，能够有效地分散经营风险。但由于集中于某一类顾客，当这类顾客的需求下降时，企业也会遇到收益下降的风险。

（四）有选择的专门化

企业选取若干具有潜力和吸引力的细分市场同时进入，针对不同消费者的需求特点，有选择地生产和提供各种不同的产品。如企业为青年女性提供针织 T 恤衫，为中年女性提供职业套装，为老年女性提供休闲装。此模式最大优点是风险可以分散，一旦一个市场不景气，不会影响其他市场。这类目标市场分散，但对不同的消费者有选择地提供产品，有利于企业提高市场占有率。采取该模式的企业应具有较强资源和营销实力。

（五）完全市场覆盖

企业生产品种齐全的产品来满足各类顾客群体的需要。其特点是企业的资源分散，目的在于垄断市场。一般来说，实力雄厚的大型企业在一定阶段会采取这种模式，以求收到良好效果。

三、目标市场战略

（一）无差异性市场营销战略

无差异性市场是指企业忽略消费者需求的差异性，把整体市场看作一个大目标市场，用一种产品、统一的市场营销组合对待整体市场。无差异性市场营销强调购买者需求的共性，漠视其个性需求差异。

采用这种方式，企业进行大规模生产、储运和销售，平均成本低。不进行市场细分，相应减少了市场调研、产品研制和开发费用，减少广告宣传的促销费用。但企业的产品和销售战略的针对性不强，不易发挥竞争优势，特别是当同类企业都采用这一战略时，市场竞争必然激烈。同时，采用这一战略，势必满足不了消费者的不同需求，使企业失去部分市场机会。

从适用范围上看，这一战略只适用于消费者具有共同需求特征的同质性产品市场，而对大多数消费者需求具有差异性的异质产品市场就不适用。因此，无差异市场营销战略对市场上大多数产品是不适宜的，特别是服装企业不应采取这种战略。

（二）差异性市场营销战略

考虑消费者需求的差异，把整体市场划分为若干需求与愿望大致相同的细分市场，企业针对不同的细分市场，开发生产不同产品，采用不同的市场营销组合来满足不同的细分市场。

差异性市场营销战略是市场竞争日益激烈的必然产物。近年来，越来越多的企业采用这一战略，企业针对各个细分市场的特点，设计不同的产品，制订不同的价格，采用不同的分销渠道，应用多种广告设计和广告媒体，去满足不同消费者的需要。如有的服装企业针对市场和顾客需要，确立多个目标市场，对每一目标市场设立一个品牌，这样既扩大了经营领域和销售量，又不会造成目标市场混乱和市场定位的错位。若协调得当，企业将获得全方位、平衡的发展，避免单一目标市场竞争的风险，比较适合大型纺织服装企业。

如美国有的服装企业，按生活方式把妇女分成三种类型：时髦型、男子气型、朴素型。时髦型妇女喜欢把自己打扮得华贵艳丽，引人注目；男子气型妇女喜欢打扮得超凡脱俗，卓尔不群；朴素型妇女购买服装讲求经济实惠，价格适中。服装企业根据不同类妇女的不同偏好，有针对性地设计出不同风格的服装，使产品对相应类型消费者更具有吸引力。

这种营销方式的优点是小批量、多品种生产，机动灵活，可以更好地满足各种不同的消费者的需要，因而可以不断提高销售额。企业经营针对性强，风险分散，有利于提高市场占有率，增强竞争能力。但差异性市场营销最大的不足是增加了营销费用，并且要求企业有强大的资金、人力、技术和管理方面的实力。

（三）集中性目标市场战略

企业只选择一个或少数几个细分市场作为目标市场，实行专业化生产和销售，集中全力服务于该市场，以便争取优势地位。当一个企业的资源有限，或是刚涉足商界的新手，最好的选择是在一个子市场中占有较大市场占有率，取得立足之地，而不是把企业力量分散使用在整个市场上。具体做法是集中企业的优势力量，集中生产某种独特产品或拳头产品，全力以赴地占领该市场。

采用集中性目标市场策略时，由于企业集中所有力量为某一个或少数几个细分市场服务，企业能较深入地了解这个细分市场消费者需求情况，因而能在这个市场中充分发挥和保持自己的优势和特色，始终处于一种强有力的地位。

这种策略的缺点是应变能力较差，风险性大。由于目标市场狭小，一旦市场上突然发生变化，如消费者的兴趣发生变化，强大的竞争者进入市场或市场价格猛跌，企业就会陷入困境。

小案例6-3 大码美衣：只做细分的大码服装市场

传统时尚潮流圈从来只对那些身材高挑的女人友好，需要大尺寸服装的用户长期被冷落。比如，美国有75%的女性群体需要10号以上尺码的衣服；市场调查显示女性常在不同的服装尺码间浮动，比如你平常穿10号的，很可能下一阶段就会变成16号。即使是细微的尺码差别，试衣体验也会让人充满挫败感。当一个非常细分的市场长期没有被好好服务，同时存在真实需求和有待改进的体验，并且拥有大体量的用户群体，这个市场无疑具有很大潜力。

"目前，大码人群在穿着、瘦身等方面的需求都没有被充分满足。就服装来说，我们做过一次调查，在天猫服饰类200多万的SKU（库存量单位）中，只有3~5款是女式大码服饰。"大码美衣的创始人孔敏这样说。

而线下的情况比线上还要严重一些。大码服饰零售店本身基数不大，出于地域限制只能覆盖3~5km的用户群；同时，连锁品牌较少，服饰设计也偏向中老年款。孔敏说："在这种情况下，年轻的胖女孩还是喜欢从网上买衣服，一是图方便，二是款式更多一些。"

"大码美衣"给"大码"下了一个更加具体的定义。他们所谓的"大码女孩",主要是指 BMI（身体质量指数）大于 25、胸围超过 96 的姑娘。微胖或者只是自己认为自己胖的,都不被包括在内。

针对这部分女性群体,要提供相应合适的服务,也没有想象中那么容易。孔敏谈道,"胖"其实只是一种体表特征,以这种体表特征为基础覆盖的群体,内部还是有很大的差异化存在。"体表特征看起来胖的人,从一线城市到三线城市都有。虽然都习惯线上购买,但他们对消费习惯、品牌认知、品位定位各方面的理解都不太一样。因此,需要用更个性化的方式去满足。"

（资料来源：中国电子商务研究中心, www.100ec.cn, 2015.12.11）

四、选择目标市场营销战略的条件

上面阐明了三种目标市场营销战略的含义、适用范围及各自的优缺点。在实践中,不同企业可能采取不同战略,同一企业在不同层次上也可能分别采用不同战略。企业选择哪一种战略,必须从本企业的特点和条件出发,并充分考虑产品、市场竞争等方面情况。

（一）企业实力

企业实力包括资源能力、生产能力、销售能力、资金以及对营销活动的管理能力。如果企业力量雄厚、资金充足、技术力量强大、设备先进、供应条件较好,且市场营销管理能力较强,则可选择差异性营销战略或无差异营销战略;如果企业能力有限,则应选择集中性营销战略。

（二）产品的同质性

根据企业经营的是同质性产品还是异质性产品而选择不同的目标市场战略。同质性产品如电力、石油等,虽然产品在品质上或多或少存在差异,但消费者一般不加区分或难以区分。因此,同质性产品竞争主要表现在价格和提供的服务上,适于采用无差异营销战略。而对服装、化妆品、食品等消费者的需求差异和选择性大的产品,可根据企业资源力量,采用差异性营销战略或集中性营销战略。

（三）市场类似性

根据市场的同质性和异质性的差别,选择不同的目标市场战略。如果顾客的需求、偏好较为接近,市场类似程度较高,对市场营销激励的反应差异不大,可采用无差异营销战略;否则,应采用差异性或集中性营销战略。

（四）产品生命周期

根据产品在其生命周期中所处阶段的变化而变换其目标市场战略。新产品上市往往以较单一的产品探测市场需求，产品价格和销售渠道基本单一化。因此，新产品在引入阶段可采用无差异营销战略，而待产品进入成长或成熟阶段，市场竞争加剧，同类产品增加，再用无差异经营就难以奏效，所以成长阶段改为差异性营销战略，开拓新市场。产品进入衰退期，可考虑采用集中营销战略，集中企业优势力量专攻一点，以便维持和延长产品生命周期。

（五）市场竞争状况

根据市场竞争程度和竞争者的市场战略选择目标市场战略。如果竞争对手采用无差异性营销战略，竞争对手实力较强，企业可选择差异性或集中性营销战略，有利于开拓市场，提高产品竞争能力。如果竞争者已采用差异性战略，则不应以无差异战略与其竞争，可以选择对等的或更深层次的细分或集中性营销战略。

第四节　市场定位

一、市场定位的概念

市场定位（Marketing position）也被称为产品定位或竞争性定位，即根据竞争者现有产品在细分市场上所处的地位和顾客对产品某些属性的重视程度，塑造本产品与众不同的鲜明个性或形象，并传递给目标顾客，使产品在细分市场上占有强有力的竞争地位。企业需要在每个细分市场内制订产品定位策略，向顾客说明本企业与现有的竞争者和潜在的竞争者之间的区别。定位是勾画公司形象和所提供价值的行为，使该细分市场的顾客理解和正确认识本企业有别于竞争者的象征。市场定位的实质是取得目标市场的竞争优势，确定产品在顾客心目中的适当位置并留下深刻印象，以便吸引更多的顾客。它对于树立企业及产品的鲜明特色，满足消费者的需求偏好，提高企业竞争力具有重要意义。

二、市场定位步骤

（一）确认竞争优势

明确企业潜在的竞争优势，一家企业可通过集中若干竞争优势将自己与其他竞争者区别开来。通常企业的竞争优势表现在两个方面：成本优势和产品差异化优势。成本优势是企业比竞争者的价格低廉而销售相同质量的产品，或者以相同的价格销售高质量的产品。产品差异化优势是指产品独特的功能和利益与顾客需求相适应的优势，即企业向市场提供的在质量、价格、品种、功能、款式、规格、特色等方面与竞争者不同或更好的产品。

（二）选择相对竞争优势

相对竞争优势表明企业能够战胜竞争对手的能力，这种能力可以是现有的，也可以是潜在的。准确地选择相对竞争优势是企业各方面实力与竞争对手的实力相比较的过程。企业可以从技术开发、运营成本、产品质量、售后服务的名次等几方面与竞争对手进行比较，分析企业的强项与弱项。

（三） 显示独特的竞争优势

企业首先使目标顾客认知、了解、熟悉、认同、喜欢和偏爱本企业的市场定位，在顾客心目中建立与该定位相一致的形象。其次，企业通过保持对目标顾客的了解，稳定目标顾客的态度和加深目标顾客的感情等努力来巩固与市场地位相一致的形象。最后，企业应注意目标顾客对其市场定位理解出现的偏差或由于企业市场定位宣传上失误而造成的目标顾客模糊、混乱和误会，及时纠正与市场定位不一致的形象。

三、市场定位策略

企业对产品进行市场定位，从各方面赋予产品一定的特色，树立一定的市场形象，以求在顾客心目中形成一种特殊的偏爱，使自己的产品与竞争对手的产品区别开来，在选定的目标市场中更具优势。因此，差异化是市场定位的根本策略，主要表现在以下四个方面。

（一） 产品差异化策略

产品差异化策略是从产品质量、产品款式等方面实现差别。产品质量是指产品的有效性、耐用性和可靠程度等，一般质量优异的产品价位较高，利润相对就高些。产品款式是产品差异化的一个有效工具，尤其对于纺织服装产品而言尤为重要。

（二） 服务差异化策略

服务差异化策略是向目标市场提供与竞争对手不同的优质服务。如果企业把服务要素融入产品的支撑体系，就可以在许多领域建立针对其他企业的"进入障碍"。因为服务差异化战略能够提高顾客购买总价值，保持牢固的顾客关系，从而击败竞争对手。服务差异化在各种市场状况下都有用武之地，尤其在饱和的市场上更为有效。

小案例 6 - 4 ONLY——定位与服务先行

ONLY 是丹麦著名的国际时装公司 BESTSELLER 拥有的众多著名品牌之一，于 1995 年在丹麦创立，至今销售网点已拓展到了全球 46 个国家。

ONLY 是一个定位精准的市场化品牌。其消费者对象是在生活中独立、自由、领导流行，对时尚和品质敏感的年轻都市女性。因此，其选料大多来自欧洲和日本。同时设计师采用了丰富多变、节奏感很强的颜色，结合最新流行趋势，设计出许多穿着舒适并代表世界流行的服装。

同时，ONLY 能做到新款快速上市，以此来抓住消费者，每周都能看到意想不到的新款上市，无论是在款式、风格以及色彩上总会带给消费者很多收获。这既顺应了爱美女性逛街的习惯，又能满足购物的欲望。而对于现在追求个性的年轻人来说，ONLY 的款式新颖，不会担心有"撞衫"的危险。ONLY 的设计理念、服装品牌定位符合了消费的需求，真正做到了随着时尚变化而变化，达到了快速更新款式。ONLY 的导购向顾客介绍的不仅仅是适合的服装款式，而且对每件款式的面料、设计风格和服装搭配方法等会详尽介绍，导购也要有设计师一样的感觉。ONLY 的设计师不仅仅是设计服装，同时也要与各个环节配合、沟通，最后还要对店长和店员进行培训，让终端的导购理解最新款式的设计理念、适合的消费人群、新款式服装搭配技巧等。销售人员的销售技巧和销售热情从很大程度上决定了产品的市场占有率。

（三）人员差异化策略

人员差异化策略是通过聘用和培训比竞争者更为优秀的人员以获取差别优势。市场竞争归根结底是人才的竞争。麦当劳以员工的彬彬有礼、IBM 公司以员工的专业知识丰富、迪士尼乐园以员工的精神饱满而著称。对于服装企业而言，拥有优秀的设计师团队是实现人员差异化的主要手段。

（四）形象差异化策略

形象差异化策略是在产品的核心部分与竞争者类同的情况下塑造不同的产品形象以获取差别优势。企业或产品要想成功塑造形象，需要重点考虑三个方面：一是企业必须通过一种与众不同的途径传递这一特点，从而使其与竞争者区分；二是企业必须产生某种感染力，从而触动顾客的内心；三是企业必须利用可以利用的每一种传播手段和品牌接触。具有创意的标志融入某一文化的气氛，也是实现形象差异化的重要途径。

四、市场定位方法

市场定位作为一种竞争策略，显示了一种产品或一家企业同类似的产品或企业之间的竞争关系。定位方法不同，竞争态势也不同。

（一）避强定位

避强定位是企业避免与强有力的竞争对手发生直接竞争，而将自己的产品定位于另一市场的区域内，使自己的产品在某些特征或属性方面与强势对手有明显的区别。这种方法可使企业迅速在市场上站稳脚跟，并在消费者心中树立起一定形象。由于这种做法风险较小，成功率较高，常为多数企业所采用。

（二）迎头定位

迎头定位是企业根据自身的实力，为占据较佳的市场位置，不惜与市场上占支配地位、实力最强或较强的竞争对手发生正面竞争，从而使自己的产品进入与对手相同的市场位置。由于竞争对手强大，这一竞争过程往往相当引人注目，企业及其产品能较快地为消费者了解，达到树立市场形象的目的。这种方法可能引发激烈的市场竞争，具有较大的风险。因此，企业必须知己知彼，了解市场容量，正确判定凭自己的资源和能力是否能比竞争者做得更好，或者能否平分秋色。

（三）比附定位

比附定位就是通过与竞争对手的比较来确定自身市场地位的一种定位策略。其实质是一种借势定位或反应式定位。借竞争者之势，衬托自身的品牌形象。在比附定位中，参照对象的选择是一个重要问题。一般来说，只有与知名度、美誉度高的品牌作比较，才能借势抬高自己的身价。国内一家服装公司把自己设计生产的西服同"皮尔·卡丹"联系在一起向市场推广，声称"××西服——中国的皮尔·卡丹"，采取的就是比附定位方法。

（四）重新定位

重新定位是指企业变动产品特色，改变目标顾客对原有产品的印象，使消费者对产品新形象有一个重新认识的过程。造成重新定位的原因，一是竞争者的产品定位在本企业的附近，侵占了本企业的部分市场，使得本企业产品的市场占有率有所下降；二是消费者的偏好发生变化，从喜欢本企业的产品转为喜欢竞争者的产品。当然也有其他的重新定位情况，并不是因为企业陷入困境，而是因为产品扩大销售，进入新的销售领域，为了适应新的市场环境而重新定位。

☞ 思考题

1. 市场细分对企业有什么作用？
2. 对于消费者市场而言，市场细分的标准主要有哪些？
3. 企业怎样选择目标市场？
4. 企业在制订目标市场营销战略时需要考虑哪些因素？
5. 如何理解市场定位对于企业的重要性？
6. 企业应怎样进行市场定位？

☞ 案例分析

利郎男装：品牌代言谋定而后动

伴随着陈道明"西服也休闲，简约而不简单"的广告语轰炸，消费者领略到了利郎商务男装独特的品牌魅力。

陈道明给利郎带来了丰厚的市场回报。在短短的3年里，利郎男装的销售增长10倍。然而，当初决定选谁做形象代言人时，利郎正面临着严峻的市场形势。

由于服装市场的同质化竞争日益惨烈，利郎在1995～2000年，从最初的成功开始走向停顿，再走向衰退，甚至走到破产的边缘。

2001年，利郎痛下决心，"利郎必须走出一条差异化的道路"。当时利郎的定位是商务男装，利郎认识到，进入服装市场不能硬碰硬，做西服利郎比不过杉杉、罗蒙等高端品牌，做休闲夹克衫比不过七匹狼、柒牌、劲霸。

随着社会经济的不断发展，国内从商的人越来越多。利郎通过到国外考察后发现，国外进行商务洽谈时不像中国这么严肃，怎么样既不失风度又能看起来轻松呢？于是，利郎想出了一个商务休闲概念。

确立了利郎商务男装的品牌定位之后，选谁做形象代言人呢？在很多人选中，利郎一个个研究、排除。提到陈道明时，马上有一种非常吻合的感觉，因为他的知名度和他本身的内涵修养刚好可以传达利郎的品牌内涵：简单、大气、有品位。

利郎在与陈道明洽谈时发现，他是一位很有涵养而且对服装有很深理解的演员。陈道明在服装穿着方面非常时尚，但是从来不张扬，这和利郎的品牌文化定位非常吻合。

广告播出后，很多人都评价说这是利郎和陈道明的完美结合。现在只要一提陈道明，很容易就会想到利郎。

2004 年奥运会期间，利郎果断斥巨资，在半个月的时间内对以奥运直播为主的央视体育频道进行密集投放。伴随着陈道明"西服也休闲，简约而不简单""内外兼修、有风度也有温度"的广告语轰炸，消费者领略到了"利郎商务男装"独特的品牌魅力。

利郎自己承认，如果在 1997 年前请明星代言，当时自己的市场在哪里、自己产品的消费人群在哪里都不知道，让明星代言只能是赔本赚吆喝。根本问题没有解决之前，强行走明星代言路线，市场的拉动固然会有一些效果，但因为这是强行拉动，效益不会持久，企业最终肯定是得不偿失。

在这一方面，很多企业在品牌代言人的选择上是比较盲目的，只是看明星"火"不"火"，也不管自己的企业处于什么阶段，更不管这个明星是否与自己的产品风格吻合。在请了明星做代言人后，关键的问题还在于企业在各个方面是否已经准备就绪，企业要是光靠明星，肯定是不行的；即使可以，那也是短期的。

问题的关键不在于是否请明星代言。做品牌是一种资源整合，广告明星也是一种资源，与企业产品形象不匹配，请谁做广告也没有用。利郎明星代言的成功被认为是"代言人、广告语和产品风格"三位一体的完美融合。

☞ 案例讨论

1. 利郎男装的市场定位是什么？
2. 利郎采取的是哪种目标市场营销战略？为什么利郎要这样做？

第七章 纺织品服装企业的发展战略

【本章学习目标】

1. 掌握企业总体发展战略的内容。
2. 了解密集式成长战略的相关内容。
3. 了解一体化成长战略的相关内容。
4. 了解多元化成长战略的相关内容。
5. 掌握企业竞争战略的三种主要形式。

【引导案例】

纺织服装公司争相接入"互联网＋"成长逻辑生变

一场互联网革命正深刻地影响着传统服装行业，产业效率提升进入加速通道，龙头公司借互联网加速奔跑，成长价值正被重构。

服装已经是中国网购市场第一品类，占比达 21.5%。据统计，2014 年服装类商品线上交易规模达 6153 亿元，同比增长 40%，行业线上渗透率达到 23.6%。有专业人士指出，服装产品具有非标准化和体验消费等特征，线上、线下的融合将是服装行业的发展方向。相对而言，凭借品牌优势和线下渠道结合，品牌服装企业有望率先受益，成长速度将加快。

服装企业接入"互联网＋"的模式较为多样，以互联网金融、并购电商平台、收购电商服装品牌、体育产业、智能家居、线上定制、移动互联社交等七大方向为主。

互联网金融目前无疑是最时髦的"互联网＋"主题。服装上市公司中目前已经有报喜鸟、嘉欣丝绸、七匹狼等公告通过入股等方式参与到互联网金融与供应链金融业务中。

电商平台方面，原百圆裤业、森马股份等参与跨境电商平台建设。2014 年 7 月，百圆裤业以 10 亿元收购海淘电商环球易购 100% 的股份。百圆裤业已改为跨境通宝电子商务股份有限公司。

搜于特则直接选择收购成熟服装电商品牌，目前已经陆续投资了数个电商服装品牌，布局不同细分市场。2015 年 3 月，搜于特收购汇美集团 25.2% 的股权，成为其最大股东（汇美集团主要运营电商品牌茵曼和初语）。此前，搜于特陆续收购了慕紫服装、格致服装、纤麦服饰、欧芮儿服装等女装电商品牌。

体育产业是围绕用户群进行产业链并购，从而进军增量市场。探路者先后并购绿野网和在线旅行 B2B 平台易游天下，选择围绕已有用户黏性拓展上下游产业链。

家纺公司向智能家居转型。罗莱家纺与和而泰分签署战略合作协议，共同合作研发产品，协作开拓国内外市场，通过智能家居互联网平台服务终端客户。

随着男装消费不断升级，报喜鸟、九牧王、雅戈尔和鲁泰等男装上市公司近期纷纷推出男装定制业务，主要是提供男士西装及衬衫定制。其中，报喜鸟的 C2B 大众化定制业务目前在国内独有，客户可线上下单，量体师上门服务，成本相对较高，但该业务模式无库存压力，同时利润相对较高。公司当前线下私人订制业务的零售额已经占到 10%。

还有多家服装公司积极进入移动互联社交领域，打造互联网生态圈，如搜于特参股微店网、华斯股份购买优舍科技 30% 股权进入电商 3.0 领域、美邦服饰上线"有范"APP 等。

（资料来源：中国品牌服装网，2015.06.09）

随着企业规模的扩大和市场需求的变化，管理人员还必须思考解决企业如何进一步成长和发展问题。如企业的发展方向是什么？是否需要进入其他行业？在已有的市场内如何扩大企业的市场份额？如何应对激烈的市场竞争？毫无疑问，企业发展战略主要涉及企业的使命与愿景、长期发展目标、战略选择方向、成长战略、竞争战略等问题。

第一节　企业总体发展战略

总体发展战略是一个企业最高层次的战略。在大企业特别是多种经营的企业，需要根据企业使命选择不同的业务领域，合理配置资源，促使各项业务相互支持、协调。总体战略的任务是回答企业开展活动的领域，其中，经营范围的选择和资源如何配置是其重要内容。通常，总体战略由企业高层负责制订和落实。

一、使命与愿景

企业的使命（Company mission）是对企业终极目的的一个独特描述，通常也被一些企业称为企业的宗旨或信条。它力求明确企业的经营范围，将企业与其他同类型企业区别开。企业使命的表述各不相同，但一般包括对公司产品、市场和技术领域的描述以及战略决策者的价值观等。明确了企业使命，就能够解答一个具体的企业"是干什么的""应该是怎样的"等问题。

企业的愿景（Company vision）是企业对其未来发展成就的一个设想，即企业对其未来形象（想成为什么）的一个描述。比如，有些企业要成为某一行业的技术领先者；有些企业要达到行业中规模最大；有些企业要跨行业经营，成为在多个行业都有卓越表现的国际大企业；有些企业只专注于小的行业或市场空间，将其做深做透，成为在某一专业领域里的小超人。企业愿景常常作为一个重要的组成部分出现在企业使命中。

下面列举了一些我国知名纺织服装企业的使命与愿景。

鄂尔多斯羊绒产业是当今世界上产业链最为完善、工艺技术水平最为先进的羊绒纺织产业领军企业。企业使命是"立民族志气，创世界名牌"；企业愿景则是"成为具有国际竞争力的幸福企业。"

中国第一羽绒服品牌波司登集团坚持团队、忠诚、诚信、务实、创新、责任的企业价值观，秉承"让人们的生活更美好"的企业使命，开拓进取，向着"树百年企业，创百年品牌，成为一家令世人尊敬的世界知名的综合服装品牌运营商"的企业愿景不断努力，为扩大中国自主品牌社会影响力和国际时尚话语权做出了突出贡献。

成立于1995年的娅丽达服饰有限公司，秉承"成为全球专业受信赖的女裤企业"的企业愿景，专心打造娅丽达品牌，锁定成熟优雅女性顾客群，塑造了品牌简约、修身、舒适、时尚的独特风格，以前沿设计与高端工艺结合，提供专业化女裤产品。

报喜鸟服饰自组建之初，就定位于都市时尚青年和白领人士，旨在弘扬中华服饰文化，引领中国男装从"功能性"消费向"享受性"消费过渡。公司秉承"弘扬服饰文化，装点美好生活"的企业使命，从优秀企业向卓越企业积极迈进，向着"打造事业平台，铸就百年企业"的愿景不断奋进。

企业使命规定了企业发展的总体方向和组织的基本特征，是企业确定战略目标和选择战略方案的基础。表述好的企业使命一般具有如下特征：粗细相宜，既要为企业的未来确定发展方向，又要有一定的弹性，以便在环境发生变化时调整企业的发展战略；易于沟通，有利于各职能部门和全体雇员了解和认同；具有激励作用，能够用于激励和鼓动企业员工和其他企业利益相关的人员；符合实际，不但要充分反映企业的追求，而且是企业经过努力可以做到的。

二、企业的发展目标

企业的发展目标由一些指标体现，如企业盈利能力指标，包括利润额、投资收益率、销售利润率、股权收益率等；企业竞争地位指标，包括销售额、技术先进性、市场占有率、行业领导地位、产品竞争力等；企业业务组合与发展目标，包括新利润增长点的培育、业务的整合与重组、关键业务的发展或调整等；另外，企业内部的雇员关系、员工发展和企业对外的社会责任等，也需要设置一些指标，体现在企业的发展目标中。

对于单一业务而又不想涉足其他行业的企业而言，企业的发展目标就是其竞争目标。对于多元化的企业而言，其中的一些指标是能够也需要在不同的业务单位之间进行分解的，比如企业的盈利能力指标和企业竞争地位指标中的销售额；而另外一些指标则难以在不同的业务单位之间进行分解，需要在公司层面设立，如企业内部的雇员关系、员工发展和企业对外的社会责任等。当然，还有一些指标主要是针对关键业务单位的，如企业竞争地位指标中的技术先进性、市场占有率、行业领导地位和产品竞争力。

三、企业的业务组合

（一）区分业务组合

大多数企业的成长过程都是由小到大，由专业化转变为多元化，由单一业务发展到多业务。如果企业只是单一业务的公司，那么其发展问题就是竞争问题，发展战略就是竞争战略。

此时，企业没有也不需要考虑业务组合问题。只有企业在由单一业务发展为多业务时，业务组合才成为企业首先要考虑的战略性问题。

需特别注意的是，专业化不一定就意味着单一业务，而多业务也不一定就意味着多元化。专业化与多元化是按照企业所涉足行业的多少来划分的，而业务单位（单一业务或多业务）则是按照企业所拥有的相对独立的运营单位来划分的。如果一家服装企业不仅仅生产男装，还生产女装和童装，那么它是一家专业化公司，但却不是一家单一业务的公司，因为男装、女装和童装都可以成为企业相对独立的一个运营单位，即业务单位或战略业务单位 SBU（Strategic business unit）。

小链接 7-1　鄂尔多斯集团的业务组合

经过 30 多年的持续盈利和不断发展，鄂尔多斯已经从一家羊绒制品加工企业发展成为涵盖羊绒服装、资源矿产开发和能源综合利用等多元化经营的大型现代综合产业集团，形成了"多元联动、多业循环、多极支撑"的经营格局。

1. 羊绒产业

羊绒产业是集团的事业基础，现已发展成为当今世界规模最大、技术装备先进、经济实力雄厚、品牌优势突出的行业领军企业。其产品从针织到梭织、从粗纺到精纺门类齐全，品种繁多。羊绒制品的产销能力达到 1000 万件以上，已占到了中国市场的 40% 和世界市场的 30% 以上，产品质量、市场占有率、出口创汇、销售收入连年居全国绒纺行业第一名。鄂尔多斯品牌价值以 808.55 亿元位居最有价值品牌前列，纺织服装行业第一名。

2. 煤炭产业

公司成功开发低灰低硫、化工精煤、高灰低硫、超高硫精煤等新品种的特色精煤，现在已经拥有了 11 个精煤品种，打破了产品单一化的局面。

3. 电力产业

电力产业是鄂尔多斯电冶集团落实科学发展观，按照循环经济产业模式，为实现资源优势就地转化而建设的大型火力发电企业，通过十多年的建设和发展，总资产 120 亿元，总装机容量 3020MW。

4. 冶金产业

公司年产各类硅铁合金超过 200 万吨，主要生产精炼硅铁、高纯硅铁、硅锰合金、高碳锰铁、中低碳锰铁及微硅粉等铁合金产品及其附属产品，是国内唯一一家通过欧盟环保认定的硅铁生产企业，享受欧盟入口关税减半政策。

5. 化工产业

化工产业致力于资源综合开发利用，依托当地的煤炭、石灰石等优势资源，大力发展循环经济。目前总投资逾百亿元，拥有成员企业 13 家，员工 5000 余人。

（二）规划业务组合

企业的业务组合不但标志着企业成长的结果，而且预示着企业未来的发展方向。企业会重点发展有市场潜力、企业有竞争优势的业务，而淘汰市场潜力不大，或者企业没有竞争优势的业务。这里主要介绍一下常用的波士顿矩阵分析方法。

波士顿矩阵也称为"销售增长率/市场占有率"矩阵，由美国波士顿咨询公司提出，如图 7-1 所示。

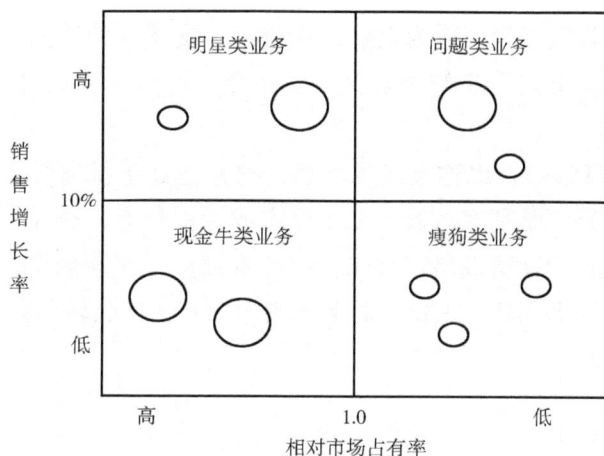

图 7-1　波士顿矩阵

在矩阵中，纵坐标代表销售增长率，可以以年为单位。销售增长率高低可以视具体情况来确定。假设以 10% 为分界线，高于 10% 为高增长率，否则为低增长率。横坐标为相对市场占有率，表示各经营单位与其最大的竞争者之间在市场占有率方面的比率。企业某经营单位的相对市场占有率为 0.1，说明它的市场占有率为最大竞争者的 10%；相对市场占有率为 1.0，则说明它是市场领导者，且市场占有率为最大竞争者（市场第二位）的 10 倍。以 1.0 为分界线，大于 1.0 为高的相对市场占有率，小于 1.0 则为低的相对市场占有率。当然，企业也可以根据行业特色和自己的实际需要，确定更适用的相对市场占有率作为分界线。

矩阵有四个象限。圆圈代表企业所有的业务经营单位，圆心位置表示各单位销售增长率及相对市场占有率，圆圈面积表示各业务单位销售额大小。根据销售增长率和相对市场占有率的高低，业务单位分别划入不同的类型：问题类业务、明星类业务、现金牛类业务和瘦狗类业务。

（1）问题类业务（Question marks）。它是处于高增长率、低市场占有率象限内的业务单位。前者说明市场机会大，前景好，而后者则说明在市场营销上存在问题。企业大多数业务经营单位最初都处于这一象限。为了追赶较大的竞争者和适应市场迅速增长的需要，这类业务需要较多的资源投入。但是这类业务前途未卜、未来难以确定。对于这类业务，企业一般会选择一些有发展前途的，加大投入，其余的则视具体情况或维持现状，或减少投入，或淘汰。

（2）明星类业务（Stars）。它是指处于高增长率、高市场占有率象限内的业务单位。问题类业务如果经营成功，就发展成为明星类业务，这类业务需要大量的资源投入，以保证业务发展跟上市场的不断扩大，并击败竞争者，在短期内未必能给企业带来可观的收益。但是，它们是企业未来的财源。当市场成熟之后，就成为企业的现金牛类业务。

（3）现金牛类业务（Cash cow）。它是指处于低增长率、高市场占有率象限内的业务单位。其财务特点是销售量大，产品利润率高，负债比率低，可以为企业提供资金，而且由于增长率低，也无需增大投资。因而成为企业回收资金，支持其他产品，尤其明星产品投资的后盾。如果一个企业的业务组合中缺乏现金牛类业务，那么企业的财务状况就会比较脆弱，现金流不畅。

（4）瘦狗类业务（Dogs），也称衰退类产品。它是指处于低增长率、低市场占有率象限内的业务单位。其财务特点是利润率低，处于保本或亏损状态，负债比率高，无法为企业带来收益。对这类产品应采用撤退战略：首先，应减少批量，逐渐撤退，对销售增长率和市场占有率均极低的产品应立即淘汰；其次，将剩余资源向其他产品转移；最后，整顿产品系列，进行合并重组，统一管理。

第二节　企业成长战略

一、密集式成长战略

密集式成长是指企业在原有业务范围内充分利用现有产品和市场方面的潜力来求得成长发展，也称为集约式成长。企业成长战略主要包括市场渗透、市场开发、产品开发，如图 7-2 所示。图 7-2 中所列的多元化成长不属于密集式成长。

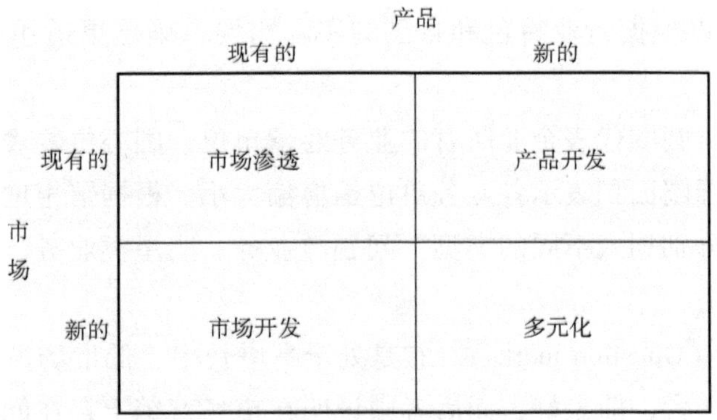

	产品	
	现有的	新的
市场　现有的	市场渗透	产品开发
新的	市场开发	多元化

图 7-2　密集式成长战略

1. 市场渗透　市场渗透是指企业在现有的市场上增加现有产品的市场占有率。要增加现有产品的市场占有率，企业必须充分利用已取得的经营优势或竞争对手的弱点，进一步扩大产品的销售量，努力增加产品的销售收入。市场渗透有三种主要的方法：一是尽力促使现有顾客增加购买，包括增加购买次数，增加购买数量；二是尽力争取竞争者的顾客；三是尽力争取新的顾客，使更多的潜在顾客、从未使用过该产品的顾客购买。

一般来说，当整体市场在增大时，不仅占领先地位的企业可增加市场份额，那些只占有少量市场份额和新进入市场的企业也比较容易扩大它们的销售量。相反，在稳定和下降的市场中却很难实现市场渗透，这是因为这两类市场的需求已趋于饱和，基本上没有潜在顾客可以争取。

2. 市场开发　当现有产品在现有市场上已无进一步渗透的余地，或者新市场的发展潜力更大，或者新市场的竞争相对缓和时，企业可以考虑采用市场开发战略。市场开发包括进入新的细分市场，为产品开发新的用途，或者将产品推广到新的市场区域。

杜邦公司是通过为产品开发新用途而实现市场开发的典型例子。该公司生产的锦纶最初是作为降落伞的原料；后来又作为妇女丝袜的原料；再后，又作为男女衬衣的主要原料。每一种新用途都使该产品进入新的生命周期，从而延长了产品的寿命，并为杜邦公司带来源源不断的利润。

将产品推广到新的地理区域是实现市场开发的又一条重要途径。就纺织服装产品而言，可以将在城市不太时髦的产品款式推向农村。因为一般情况下，无论从消费档次上还是从式样上，与城市消费者相比，农村消费者都有一定的滞后性。发达国家的跨国公司在全球经营时经常采用这种战略，即将在本国技术上已经落后或已进入饱和期的产品推向发展中国家市场，进而再销售到欠发达地区。

3. 产品开发　产品开发指用改进现有产品或开发新产品的办法来增加企业在市场上的销售量。这就要求增加产品的规格、式样，使产品具有新的功能和用途等，以满足目标顾客不断变化的要求。

例如，娅丽达服饰有限公司最初集中于女裤生产，设计制作华丽锦类、灵动牛仔、经典化纤、舒适水洗、知性格纹等多风格多面料女裤产品。2012 年娅丽达走上系列化之路后，自主研发的女装重磅登场，涵盖全系列女装品类，以优雅合体的版型，打造出都市优雅时尚女性魅力。如今，娅丽达公司根据春夏秋冬季节的变换，每年推出新款近 500 种，同时根据各地市场消费风格不同和各地人群体形差异单独开发款式并单独制版，适合南北各地消费者。

二、一体化成长战略

一体化成长战略是指企业利用企业在产品、技术和市场上的优势，通过整合供应链，从事与目前业务相关的新业务，向企业外部扩展的战略。一体化战略可分为纵向一体化和水平一体化。纵向一体化也称为垂直一体化，又可分为后向一体化和前向一体化。

1. 后向一体化　企业利用产品、品牌的优势，把原来外购的原材料或零件改为自行生产。例如，并购相关供应商或自己建厂，以拥有或控制上游的供应系统。如果供应商或其所在行业盈利高、机会好，后向一体化可以提高效益；同时避免原材料和零部件的短缺、断货，防范成本受制，甚至可以通过掌握原材料供应、控制同行业对手的竞争。比如，服装企业建立纺织厂，保证自己的面料供应。

2. 前向一体化 指企业进入供应链的下游，即对产品进行深加工，或建立自己的销售组织来销售本公司的产品或服务，或者获得分销商或者零售商的所有权，或加强对他们的控制等。许多服装企业采取服装直营模式就是一种前向一体化成长战略。

3. 水平一体化 并购性质相同、生产同类产品的其他企业。这样可以扩大规模、实力；或取长补短，共同开发机会；还可减少竞争对手，降低来自行业的竞争压力。

小知识 7 - 1 服装直营

服装直营店指由总公司直接经营的连锁店，即由公司总部直接经营、投资、管理各个零售点的经营形态。总部采取纵深式的管理方式，直接掌管所有的零售点，零售点也必须完全接受总部指挥。

一些实力雄厚的服装品牌往往喜欢采用直营服装店的方式，直接投资在大商场经营专柜或黄金地段开设专卖店进行零售，从而达到迅速占领销售制高点的目的，赢得更多的市场占有率和更好的品牌知名度、美誉度。成立于 2001 年的上海拉夏贝尔服饰股份有限公司花了 16 年时间在全国开了近 9000 家直营店。一些国际顶级品牌如阿玛尼、杰尼亚等出于品牌维护的需要，往往也采取直营方式。

另外，很多厂家出于形象推广考虑，在一些重要市场区域开设自营旗舰店，以树立品牌和规范形象，给经销商提供可参考的样板店。班尼路旗下的几大品牌都在广州北京路开有大型旗舰店。旗舰店一般装修气派，货品齐全，服务规范，比较能体现公司的实力和整体形象，其产生的广告效应甚至要高出经济效应。

一般来说，直营店具有以下几个方面的优势。

（1）能有效显示公司的实力，提供规范形象。特别是旗舰店的形象展示很有说服力和参考性，同时更能有效地提高品牌知名度和美誉度。

（2）企业直接面对消费者，了解消费者的需求特点，有助于品牌企业获取最有效的市场信息，为公司决策提供了第一手的资料。

（3）公司拥有直接控制权，便于操作管理，能及时准确地执行公司的营销理念、方针政策。

三、多元化成长战略

多元化战略又称多角化战略，即企业同时经营两种以上基本经济用途不同的产品或服务的一种发展战略。多元化成长战略一般有三种形式。

1. 同心多元化 面对新市场、新顾客，以原有技术、特长和经验为基础增加新业务，如娅丽达公司生产女装等产品。由于从同一圆心逐渐向外拓展业务领域，没有脱离原来的经营主线，有利于保持已有优势，风险也相对较小。

2. 水平多元化 针对现有市场、现有顾客，采用不同的技术增加新业务，这些技术与企业现有的经验、能力没有多少关联，但存在较强的市场关联性，如拖拉机制造商生产农药、化肥。在生产技术方面进入了新领域，风险相对较大。

3. 综合多元化　以新业务进入新市场，新业务与现有技术、市场以及业务没有关联，如服装企业进入房地产行业。这种做法风险最大。多元化战略最大的优点在于避免了"把鸡蛋放在一个篮子里"，能够有效地规避企业经营风险。但是，多元化并不是说企业要利用一切机会发展，否则容易掉进多元化的"陷阱"。因此，企业规划新方向必须慎重，要努力结合已有的特长、经验和优势。

第三节　企业竞争战略

发展目标与发展战略确定以后，企业需要决定它的每一个战略业务单位怎样开展业务，尤其是如何应对竞争、建立相对竞争优势。

一、分析竞争环境

迈克尔·波特建立了五力分析模型，认为有五种竞争力量在影响和决定着一个行业、市场的吸引力，如图 7-3 所示。它们是企业尤其是战略业务单位必须考虑的因素。

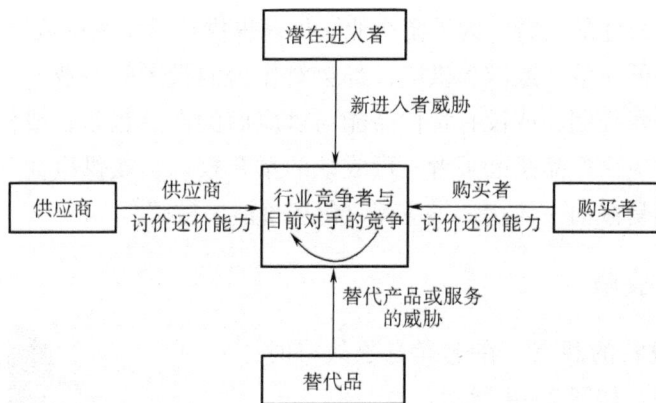

图 7-3　五力分析模型示意图

（一）行业内部的竞争

依据市场结构理论，在一个行业内部，企业、品牌之间的竞争关系与强度是由集中度、产品差异和进入、退出障碍的高低决定的。如果已有众多强大的或竞争意识较强的竞争者，这个行业可能就缺乏吸引力。市场处于稳定期或处于萎缩状态，行业生产能力还在继续扩大，或固定成本较高，退出障碍较大，竞争者投资太多不愿离去等，这样的环境容易诱发价格战、促销战或广告战，企业将被迫不断推出新产品、新款式应对竞争。

（二）新进入者的威胁

新进入者也是新竞争者。它们给一个行业带来新的产能、资源，要求市场重新"洗牌"，对行业秩序和现有企业形成冲击，甚至导致价格下降，影响行业的盈利水平。新进入者的威胁大小，取决于进入障碍和退出障碍。

（三）替代产品或服务的威胁

替代品是与现有产品功能类似、用途相近的不同产品。一般来说，替代品进入市场，会迫使现有产品的价格下降。替代品的价格越有吸引力，对行业构成的威胁也越大。为了抵制替代品的威胁，行业往往采取集体行动，如改进质量、提高营销水平等。

（四）购买者讨价还价能力

购买者位于一个行业的下游。它们总是希望压低价格，对质量、服务提出更高的要求，设法使供应商之间相互竞争。作为一种重要的力量，它们不仅影响一个企业，也影响整个行业的盈利水平。购买者集中，或组织化程度高，或该采购在买方成本中占较大比重，或行业提供的产品难以差异化，或买方的转换成本较低，或买方由于单位盈利低而对价格敏感，或买方有可能后向一体化，购买者一方的讨价还价能力都会增强。

（五）供应商讨价还价能力

供应商位于一个行业的上游，为下游企业、厂商提供经营所需的人、财、物和其他资源。供应商提高价格或降低质量，或减少供应，都会对作为购买者的企业产生一定的影响。如果供应商由少数几家公司控制，或没有替代品能与供应商的产品竞争，或作为购买者的企业不是其重要顾客，或供应商产品是购买者不可或缺的重要投入，或供应商阵营的产品存在差异化以及供应商阵营容易倾向一体化，供应商讨价还价能力就强。

二、选择竞争战略

根据迈克尔·波特的观点，在选择竞争战略时，企业一般有三种选择，如图7-4所示。

（一）总成本领先战略

这一战略要求企业坚决地建立起高效规模的生产设施，在经验的基础上全力以赴降低成本，抓紧成本与管理费用的控制，以及最大限度地减小研究开发、服务、推销、广告等方面的成本费用。

为了达到这些目标，企业就要在管理方面对成本给予高度的重视。尽管质量、服务以及其他方面也不容忽视，但贯穿于整个战略之中的是使成本低于竞争

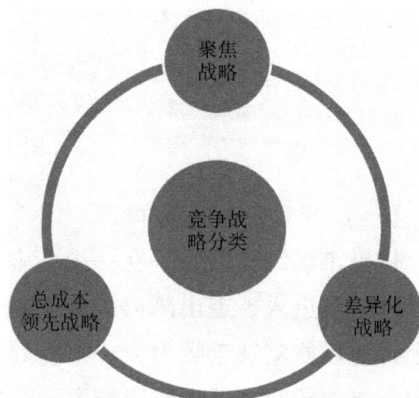

图7-4　三种竞争战略

对手。这样的话，即使爆发"价格战"，企业也能在对手毫无盈利时仍然具有一定的利润空间。

实施总成本领先战略要求企业具有较高的相对市场份额或其他优势，诸如与原材料供应方面的良好联系等。更先进的技术、设备，更熟练的员工，更高的生产、营销效率，更严格的成本控制，更完善的组织结构和责任管理体系，都是实施这一战略的保障。

（二）差异化战略

差异化战略又称别具一格战略，是指为使企业产品、服务、企业形象等与竞争对手有明显的区别，以获得竞争优势而采取的战略。这种战略的重点是创造被全行业和顾客都视为是独特的产品和服务。差异化战略的方法多种多样，如产品差异化、服务差异化和形象差异化等。

实现差异化战略，可以培养用户对品牌的忠诚。一旦市场产生高品牌忠诚，可以使新竞争者面对更大的进入障碍，也使得替代品无法在性能上构成重大威胁。不同企业的产品各有特色，能在一定程度上缓和行业内部的价格竞争；购买者无法直接对比产品"优劣"，能抑制对价格的敏感度并提高转换成本。因此，差异化战略是使企业获得高于同行业平均水平利润的一种有效的竞争战略。

新闻链接 7-1　柯桥纺织业的未来：在于走差异化之路

2016 年 5 月 8 日下午 4 点，为期三天的中国柯桥国际纺织品面辅料博览会（春季）正式闭展。展会期间，实现成交额 57.42 亿元，较上届增长 9.2%。专家认为，走差异化路线的功能性面料和个性化面料，拉动了这一增长。

展会上首发新款面料，吸睛又吸金

求新求异求个性，广泛存在于现代人的生活中，很多面料参展商早就洞察这一点，于是在纺博会发布新品面料成了他们的选择。

在吴江市汉塔纺织整理有限公司的展位上，不少人被一款通体反光的户外骑行服吸引。工作人员介绍了这款骑行服的神奇功能后，采购商纷纷点赞，采购意愿瞬间被激发出来。

常州毓德针织有限公司掐准世界趋势，成功开发出时尚流行韩版面辅料千余款，产品八成以上销往欧美。这一次，公司特意带来了新开发的色织类经编面料。没想到，甫一亮相，就被多家有眼光的国外采购商看中。"常州毓德"的名声也因此大振。

个性化 + 功能性，注重亲肤之感

个性化的面料之所以能赢得市场，真正的原因不在于个性化，而在于功能性。正因为满足了人们的个性化需求，这次展会上，功能性面料参展商可以说是收获满满，赢得了大量客户。比如，浙江惠达纺织有限公司推出的吸汗排汗、超柔、超弹等各种功能性面料一应俱全，都是市场急需，受到客商的广泛欢迎。

有些企业开发的面料，十分注重消费者亲肤之感。利泰衬衫布有限公司推出了一款以竹纤维为主的面料，具备天然免烫、天然抗菌抑菌、防螨防臭和抗紫外线的功能；宝鸡金联纺织有限公司的"麻系列",十分注重穿着者的舒适度。

柯桥纺织业未来,应走差异化之路

功能性面料在展会上受宠,说明纺织产品走差异化之路的重要性。这对柯桥而言,是一次生动的启示。

据了解,此次参展的645家企业中,浙江省外的参展企业比例达到了50%以上。不少外地参展企业都是以功能性面料为主,而且品种繁多。相比之下,绍兴很多本地参展企业展出的面料仍然以普通面料为主。虽然有些企业推出了不乏个性化的高端面料,但主要集中在有经济实力的大企业上。

事实上,相比历届纺博会,差异化确实是本届展会的一大特点。不少参展商说,做常规产品已经没有什么优势,一定要通过创新,开辟新的"蓝海"。告别千篇一律,走差异化之路,才是柯桥纺织业未来的方向所在。

(资料来源:姚婷. 世界服装鞋帽网,2016.5.11)

(三)聚焦战略

聚焦战略也称为集中化战略、专一化战略。聚焦战略是主攻某个特殊的顾客群、某产品线的一个细分区段或某一地区市场。这一战略依靠的前提思想是:公司业务的专一化能够以高的效率、更好的效果为某一狭窄的战略对象服务,从而超过在较广阔范围内竞争的对手们。

聚焦战略一般是集中一点进攻对手的弱点,或是通过专有的业务活动方式以低成本形成对竞争对手的优势,要获得这方面的优势需要具备以下某些条件:拥有特殊的受欢迎的产品,或者开发了专有技术,不易模仿的生产、服务以及消费活动链,或者由于地理位置、收入水平、消费习惯、社会习俗等因素的不同,形成了专门化市场。

有效实施聚焦战略,关键是要选好集中的焦点目标。要尽可能选择对手薄弱和最不易受替代品冲击的目标。企业要确认:市场上确实存在某些"特殊"的用户,而且可以"细分"出来;有实力的竞争者不打算进入该市场;该细分市场容量、成长、盈利能力和竞争强度等,相对更有吸引力;企业资源、能力有限,不能以更大的细分市场为目标。

实施聚焦战略的风险主要在于,企业对环境变化适应能力差。实行聚焦战略的企业往往是依赖特殊市场而生存和发展的,一旦出现有极强替代能力的产品或者市场发生变化时,这些企业容易遭受巨大损失。另外,当为大范围市场服务的竞争对手与专一化企业之间的成本差变大时,会使针对某一狭窄目标市场服务的企业丧失成本优势,或者使聚焦战略产生的差别化优势被抵消。

☞ 思考题

1. 如何界定企业使命?
2. 如何进行企业业务组合规划分析?
3. 如何分析一个行业的吸引力和市场前景?
4. 如何理解多元化战略是一把"双刃剑"的说法?

5. 比较三种竞争战略的特点和适用范围。

6. 比较三种一体化成长战略形式的区别。

☞ 案例分析

雅戈尔纵向一体化战略形成历程

在全球"专注""专业"趋势越来越强、越来越被看好的情况下，雅戈尔却在积极向服装产业的上下游拓展：不但向商业、零售、连锁方向发展，组建庞大的分销网络；还向上游的纺织面料进军，建立自己的纺织面料城。它采用纵向一体化战略投巨资打造一条纺织、服装和分销零售网络的厚实商业链条，其驱动力究竟何在？

雅戈尔一体化战略是逐步形成的，为客观真实地分析其演变状况，有必要对中国服装产业的发展历程进行回顾。

1. 小作坊加工阶段

20 世纪 70 年代末~80 年代初期，中国服装产业基本上属于简单的传统加工产业，而且是小作坊形式，是典型的劳动密集型和材料密集型产业。而服装产品的销售，则隶属于零售行业。在此阶段，服装生产厂家只是向零售行业批发销售产品，销售利润基本上就是服装的生产利润。

在此阶段的雅戈尔处于新建企业的创业期，只是一个不足十个人、几台缝纫机的小型民办服装加工厂，其主要业务就是为国内有一定规模的服装企业（上海开开）作贴牌加工业务。

2. 传统批发市场阶段

20 世纪 80 年中期，是中国服装产业飞速发展的准备期，虽然这时的中国服装产业基本结构还是传统的劳动密集型和材料密集型产业，但在市场结构和企业经营理念层次上已经发生了潜移默化的根本性改变。国际市场的服装消费标准，对中国服装企业的加工管理、质量保证体系、经营体系产生了积极性的影响。

在此阶段，雅戈尔抓住了几次发展的机遇，扩大了企业的规模。雅戈尔在为国内其他服装公司贴牌加工生产的同时，还向中国服装零售市场进行批发销售，尽管这种销售形式还非常传统，但这种直接将触角伸向零售市场的行为也使企业的市场结构悄然发生了变化。

3. 国际品牌 OEM 代工或贴牌阶段

20 世纪 80 年代末~90 年代初期，随着中国服装产业在加工技术、产品品质、经营理念和管理方法上的不断进步和成熟，一些有影响、有地位的国际化服装品牌和中国服装业终于握手合作。国际品牌服装的加工订单陆续投向中国，使得中国服装业的整体加工能力和质量管理水平逐渐与国际化标准接近。

4. 自有品牌生产和营销阶段

20 世纪 90 年代中期开始，许多具有一定加工规模和加工品质管理能力的服装企业，先后在国内市场启动了品牌运作经营模式，并获得了不同程度的成功。

在"决胜在终端"时代初显端倪之时,雅戈尔高层领导以其敏锐的商业眼光捕捉到这一历史发展机遇,果断地加入了市场竞争。1995年雅戈尔集团组建了专事创品牌、做市场、争效益的现代化营销中心——雅戈尔服饰有限公司,致力于营销网络体系的建设。经过多年建设,一个覆盖全国的以自营专卖店、大型窗口商场、特许专卖店和团队订购为主要营销方式和渠道的多元化营销网络体系已经形成,成为支撑雅戈尔品牌发展和参与国际竞争的有力武器。

5. 整合产业链,形成一体化

雅戈尔在建立自己的营销网络后,通过销售终端需求拉动生产,解决了产能的问题,但此时发现遇到了新的瓶颈。为保持零售商的兴趣、刺激消费者购买,企业必须紧跟季节更迭,不断地设计和开发新的产品线。这时,提高企业的灵活性和快速反应能力的要求比以前更为迫切(图7-5)。但是,雅戈尔衬衫面料的主要供货方是广东佛山、上海、深圳的几家纺织厂,主要生产中档面料,路途非常远,响应周期比较长。而服装是一季节性很强的产品,要求在"合适的时间"将"合适的货物"运送到"合适的地点",一旦过季,将严重影响销售。

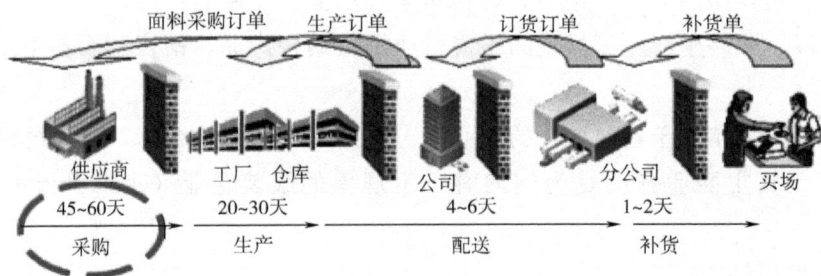

图7-5 纺织服装配送零售供应链响应时间分配

此时,雅戈尔在成衣制造方面与国际上知名企业差距不是很大,已达到国际先进水平。但是国内面料企业还是用传统方式生产,面料质量跟国际上有很大的差距,而进口面料价格太高,增加了服装企业的制造成本。

经过深思熟虑,雅戈尔集团上马纺织城项目,一方面满足自身扩大生产规模的需要,另一方面培养企业新的经济增长点。自己发展上游产业,满足其成衣的要求,不但可以利用地理位置的优势,赢得时间优势,加快周转引领服装潮流;大大降低运输成本以及与面料供应商的交易费用;保证快速实现雅戈尔成衣用料质量和风格上的国际化。

至此,已经形成了雅戈尔纺织、服装和分销零售网络整条链的纵向一体化(图7-6)。面料生产既可供应自家下游,也可供应国内外其他服装厂;成衣生产的面料既可自家生产,也可以从国内外其他面料厂采购或来料;成衣生产后既可以供自家的分销网络,也可以供国内外其他服装分销商;分销网络的服装既可来自自家生产,也可由其他厂商代工或代销其他品牌,这么长的一个纺织服装分销网的平衡与协同将是非常复杂和具有挑战性的。

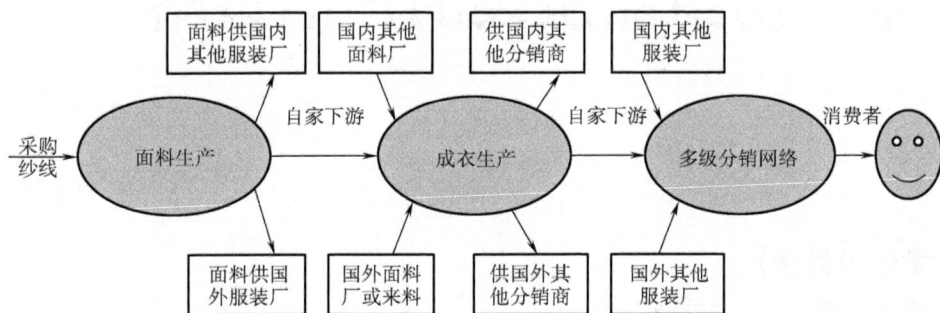

图 7-6 纺织服装分销供应链

雅戈尔抓住了每次历史的机遇，在重大转折点都抓住机会迅速做大做强。正如雅戈尔一名高管所言，"从整体来讲，雅戈尔效益非常好，特别是产业链理顺以后，其毛利润比较高，每一个环节的附加值都掌握在公司手中。而且自己决定自己的命运，需要什么产品就生产什么产品，这样可以带动整个产业链，还增加了整个企业的竞争能力，增加了效益。"

（资料来源：肖利华，韩永生，佟仁城. 雅戈尔纵向一体化战略驱动力分析［D］. 中国科学院研究生管理学院）

☞ **案例讨论**

1. 雅戈尔集团实施纵向一体化的驱动力是什么？
2. 一体化成长战略给雅戈尔集团带来了什么竞争优势？

第八章　纺织品服装的产品策略

【本章学习目标】

1. 掌握产品概念的总体构成。
2. 理解产品组合，掌握产品组合的优化方法。
3. 理解产品生命周期，掌握产品生命周期阶段特征。
4. 理解新产品概念，掌握新产品开发的方式、策略与组织程序。

【引导案例】

耐克公司的产品创新

提到耐克的历史，必须追溯至 1958 年，当时的创办人菲尔·奈特还只是俄勒冈（Oregon）州立大学田径队选手，经常在练习时，向教练鲍尔曼（Bowerman）抱怨美国从没有生产过一双真正好的运动鞋。1964 年，奈特与他的教练鲍尔曼各出资 500 美元，成立了运动鞋公司。1971 年该公司正式取名为耐克，源自希腊语，喻"胜利"之意。

1972 年，首件耐克产品，以 Swoosh 为标记，送到俄勒冈州，供参加美国奥运田径选拔赛的选手使用。

1976 年的奥运会上耐克公司的两位合伙创始人菲尔·奈特与鲍尔曼遭受到了公司创立 12 年来最大的打击。原因是公司资金实力有限，他们争取到的唯一一个运动员在进入赛场的前一分钟脱下了耐克鞋。此后，鲍尔曼就风尘仆仆地穿梭于美国的每一个运动场，抓住每一个体育比赛的机会，尽可能多的收集每一个运动员的意见，不断地反复试制，不断地进行改进，不断地邀请各种不同脚型的运动员进行试穿，直到运动员满意为止。后来耐克鞋的新产品接连问世，在运动场上的呼声也越来越高，口碑也越来越好。

1979 年耐克的空气软垫 Air 技术，由发明者 M. Frank Rudy 取得专利，首次应用在 Tailwind 跑鞋上，把充气的胶膜放入跑鞋的鞋底以提供软垫的保护，同时也拉开了 Nike 运动服饰品牌销售的序幕。

1980 年，耐克公司成立了耐克运动研究中心，这个中心拥有摄像机和张力测试仪，并对一些诸如儿童足部形体学和空气动力学等问题进行研究。这个部门研制出了交叉项目训练用鞋、鞋的稳定性测试仪、不平路面的测试和耐克 180 气垫测试系统等。这里堆满成千上万的新款运动鞋、运动服装等的设计草图。设计人员表示："我们会量化运动员的运动、运动环境以及使用的产品，对其进行分析，然后利用这些数据尽我们所能去研发真正不可思议的产品。"

目前，耐克公司销售大约 300 个型号、900 种款式的运动鞋，可以为 20 多种运动提供鞋子，这些运动包括篮球、网球、交叉训练、棒球、步行、自行车、登山、滑雪、冲浪等。

第一节　产品概念

产品是市场营销组合中最重要的因素。企业市场营销活动的中心是满足消费者的需求，而满足需求的基础就是提供特定的产品和服务。因此，产品策略是企业制订其他市场营销策略的基础。

纺织品服装消费需求具有流行性、多样性及多变性等特点，市场竞争激烈，这就要求纺织服装产品特色鲜明，流行性强，变化快。同时，消费者对于纺织服装产品的需求也是千差万别的，所以对企业来说，生产适销对路的产品就显得尤为重要。

一、产品概念的含义

产品是指能够提供给市场以引起人们注意、获取、使用或消费，从而满足某种需求和欲望的有形物品和无形服务。也就是说，产品既包含有形的实体也包括无形的服务（如场所、组织、观念或它们的组合）。从市场营销学的角度出发，产品概念是一个整体概念。

产品整体概念是现代市场营销学的一个重要理论，它具有宽广的外延和深刻而丰富的内涵。

二、产品的三层次概念

营销学家菲利普·科特勒于 1988 年提出产品的三层次概念，包含核心产品、形式产品和延伸产品，如图 8-1 所示。其中核心产品是指消费者购买某种产品时所追求的核心利益和效用，也就是传统意义上的产品。形式产品是核心产品所展示的外部特征，主要包括款式、质量、品牌、包装等，代表了企业向市场提供的产品实体和服务的形象。延伸产品是顾客购买形式产品时所获得的全部附加服务和利益，如保证、咨询、送货、安装、维修等。例如，洗衣机的核心产品是便利快捷地清洁衣物，它的形式产品是外观、结构、造型、型号、品牌等，它的延伸产品是指洗衣机的使用说明书、送货上门、分期付款、三包及售后服务等。

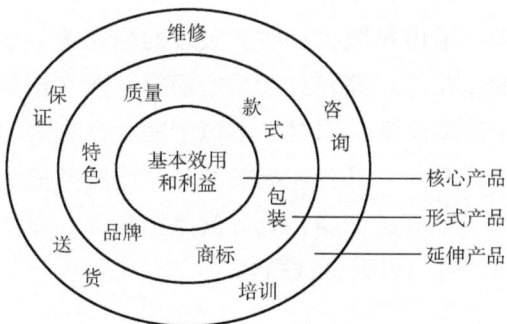

图 8-1　产品三层次概念示意图

三、产品的五层次概念

1994 年科特勒在《市场管理：分析、计划、执行与控制》专著修订版中，将产品概念的内涵由三层次结构说扩展为五层次结构说，他认为五个层次的表述方式能够更深刻、更准确地阐述产品整体概念的含义。

产品整体概念的五个层次是：核心利益（Core benefit）、形式产品（Generic product）、期望产品（Expected product）、延伸产品（Augmented product）和潜在产品（Potential product）。产品整体概念的内涵和外延皆以消费者的需求为标准，五个层次十分清晰地体现了以顾客为中心的现代营销理念。由于科特勒在其著作中更多的是对每个层次含义的解释，而且没有将它与三层次结构说的差异进行比较。因此，这个新概念在引入国内后仍被简单地理解为"内涵不断扩展，层次不断深化"，即被认为是"顾客满意学说在产品上的具体体现"。下面将分述产品五个层次的概念及特征。

（一）核心产品

核心产品是指向顾客提供的产品的基本效用和利益。消费者购买某种产品，并不是为了占有或获得产品本身，而是为了获得能满足某种需要的效用或利益。例如，消费者购买羽绒服是考虑到它的保暖御寒功能；购买时装则是为了通过服装的款式、面料和色彩等塑造优美的身材和提升自身的形象气质。因此，合格的营销人员应当具有发现购买者购买商品时所追求的真正实际利益的本领。

（二）形式产品

核心产品必须通过形式产品才能实现。形式产品是核心产品借以实现的形式，即向市场提供的实体和服务的形象。对于有形商品，它的形式产品通常表现为产品质量水平、外观特色、款式、品牌名称和包装等。比如服装的款式、做工，家纺产品的颜色、包装及品牌名称等。只要这些有形部分对消费者有足够的吸引力，消费者就可能去购买或消费某个特定的产品，从而达到目的和实现利益。

（三）期望产品

期望产品是指购买者在购买产品时，期望得到的与产品密切相关的一系列属性和条件。如消费者对包装、质量等方面长期使用形成的期望，即应该是什么样的。例如，旅馆的客人期望得到清洁的床位、质量良好的洗浴香波、干净的浴巾等服务；购买服装的顾客希望在试衣时能有环境优美的试衣间、购买的服装有精美的包装等。顾客对产品的期望与顾客自身的条件有关，如知识水平、收入水平、生活习惯、价值观念等；同时又来源于顾客原有的购买经验，朋友和亲人的建议或者营销者和竞争者的承诺等。一旦企业提供的产品或服务低于顾客的期望，会导致顾客不满；提供的产品或服务等于顾客的期望，顾客就是满意的；而高于顾客的期望时，会让顾客感到惊喜，从而非常满意，进而成为忠诚顾客。

（四）延伸产品

延伸产品是指顾客购买形式产品和期望产品时，附带获得的各种利益和服务的总和，这是企业提供给顾客的个性化和额外产品，包括说明书、保证书、安装、维修、送货、技术培训等。例如，商业企业为零售客户免费提供的展示柜、宣传册；零售店为顾客提供的免费干洗业务；对购买服装号码不对的顾客提供免费上门调换号码的服务等。

（五）潜在产品

潜在产品是指现有产品包括所有附加产品在内的，可能发展成为未来最终产品的潜在状态的产品。它是产品在各个环节和各个层次的延伸。潜在产品指出了现有产品可能的演变趋势和前景。如彩色电视机可发展为录放映机、计算机显示器；营销知识、推销技巧等知识产品和服务对顾客从事经营方面可能产生的利益等。

总之，产品整体概念五个层次的建立，可以使企业正确地认识产品，并在营销的过程中，结合产品的五个层次有针对性地开展活动，通过为顾客提供更高的顾客让渡价值来获得顾客忠诚，从而实现产品的可持续经营。

第二节　产品组合

企业在营销活动中经常会遇到这样的问题：向市场提供什么样的产品？提供多少种产品？什么是企业目前的主要获利产品？什么又是亏损或面临亏损的产品？企业如何对它进行调整？这些问题都涉及企业的产品组合或产品结构问题，或者说是企业的产品线和产品项目问题。营销学把企业所经营的全部产品的整体构成，称为企业的产品组合。

一、产品组合及其维度

产品组合也称"产品的各色品种集合（Product assortment）"，是指一个企业在一定时期内生产经营的各种产品线、产品项目的组合。其中产品线是指产品的系列，一条产品线就是一个产品类别。产品项目则是指企业产品目录上所列的每一个产品。耐克的产品组合见表8-1。

产品组合包括宽度、长度、深度和关联度四个方面的维度。其中产品组合的宽度指企业产品线的个数，即企业经营的产品大类个数，一个企业包含的产品线越多，就越宽。表8-1中耐克的产品线有7个，分别为鞋、上衣、裤子、帽类、包类、球类和其他，因此产品组合的宽度为7。

产品组合的长度指企业产品组合中产品项目的总数，如果一个公司具有多条产品线，公司可以将所有产品线的长度加起来，就得到公司产品组合的总长度。表8-1中耐克产品组合的总长度为53。

产品组合的深度指产品线中的每一产品项目有多少花色品种。如耐克的篮球鞋有多少花色品种，篮球鞋的深度就是几。

产品组合的关联度指一个企业的各产品线在最终用途、生产条件、分销渠道等方面的密切相关程度。如耐克的篮球和篮球鞋，上衣和裤子，目标市场完全相同。此外，耐克的全线产品在分销渠道上的相关程度都很高，因此可以说耐克的产品组合关联度很高。

表 8-1 耐克的产品组合

鞋	上衣	裤子	帽类	包类	球类	其他
篮球鞋	T恤衫	牛仔裤	鸭舌帽	单/双肩背包	篮球	钱包
足球鞋	卫衣	卫裤	棒球帽	单肩斜挎包	足球	卡袋
网球鞋	风衣	长裤	毛线针织帽	腰包	橄榄球	护具
跑步鞋	马甲	短裤	无顶帽	旅行包	高尔夫球	腕带
训练鞋	羽绒服	健身裤		鼓包		颈环
登山鞋	夹克衫	抓绒裤		手拎包		围巾
滑雪鞋	毛衣					水壶
板鞋	棉衣					袜子
休闲鞋	连衣裙					手套
复古鞋	防护服					
帆布鞋	POLO衫					
户外鞋						
轻闲鞋						

　　企业在经营过程中，会根据自身发展情况以及市场环境情况对产品组合的长度、宽度和深度进行拓展，比如新上一条产品线，或增加一个产品项目等，或增加产品组合的深度，使一个产品项目拥有更多的花色品种，满足顾客的不同需要，扩大总销售量。拓展产品组合可以充分发挥企业特长，利用企业资源，开拓新市场，分散投资风险，提高经济效益。有时，企业会对自己的产品组合进行收缩，剔除其中获利较少的产品线或产品项目，或剔除关联度较低的产品项目等。除了本章的产品策略，营销学大师麦卡锡提出的4P战略里面还包含了价格、渠道和促销策略。

小知识 8-1　营销策略组合的两种观点

　　市场营销组合观念有两种观点，一种观点是1964年美国营销专家麦卡锡提出的4P策略，他认为一次成功和完整的市场营销活动，意味着以适当的产品、适当的价格、适当的渠道和适当的传播促销推广手段，将适当的产品和服务投放到特定市场的行为，即4P，包括产品（Product）、价格（Price）、渠道（Place）和促销（Promotion）。4P是市场营销过程中可以控制的因素，也是企业进行市场营销活动的主要手段，对它们的具体运用，形成了企业的市场营销战略。

　　另一种观点是美国营销专家劳朋特教授在1990年提出的4C理论。他认为新的营销世界已经转向4C了，重新设定了市场营销组合的四个基本要素，即消费者（Consumer）、成本（Cost）、便利（Convenience）和沟通（Communication）。他强调企业首先应该把追求顾客满意放在第一位，产品必须满足顾客需求，同时降低顾客的购买成本，产品和服务在研发时就要充分考虑客户的购买力，然后要充分注意到顾客购买过程中的便利性，最后还应以消费者为中心实施有效的营销沟通。

如果说4P策略是以产品为核心，那么4C则是以消费者为核心。持这种观点的专家们指出，把产品先搁到一边，赶紧研究"消费者的需要与欲求"，不要再卖你所能制造的产品，而要卖消费者确定想购买的产品。暂时忘掉定价策略，快去了解消费者要满足其需要与欲望所须付出的"成本"。忘掉渠道策略，应当思考购买的"方便性"。最后请忘掉促销，正确表达是"沟通"。专家们还指出4P的时代已经过时，转而将被4C取代，认为4P更多的是从企业自身出发，其理论已经不适合市场状况，企业必须以追求顾客满意为目标导向的4C理论进行市场运作和经营。那么4C真的可以取代4P么？让我们自己仔细分析下4C与4P的真正含义。

4P是营销的策略和手段，而4C则属于营销理念和标准。4C所提出的"满足顾客需求，降低顾客购买成本，购买便利性，营销沟通"是一种营销理念和理想的营销标准，而4P"产品、价格、渠道、促销"则是一种营销策略和手段。4C所提出的营销理念和标准最终还是要通过4P为策略和手段来实现的。比如要提升顾客购买的便利性就要通过渠道策略来完成，要满足消费者需求，要通过产品策略、广告公关等促销策略才能达成，如路易威登的包要满足消费者追求奢华的需求，以非常考究的用材和经典的设计形成产品策略、以顶尖的甚至超五星的终端装修和巨星云集的公关活动来传播品牌的档次和品位。可见，4P与4C并不是矛盾和对立的，4C只是特别强调了顾客需求和双向互动沟通的重要性。4C与4P属于不同的概念和范畴，二者最终仍要落实到优质的产品和服务上。

二、优化产品组合决策

产品组合的状况直接影响企业的销售额和利润水平。由于市场所处的环境在时刻发生变化，这就要求企业要经常对现有产品组合做出系统的分析和评价，决定加强或剔除某些产品线或产品项目。因此，企业在经营过程中，会根据自己的内外部环境不断优化产品组合，以便能更好地适应市场的风云变化，这就是优化产品组合决策。

优化产品组合就是企业分析、评价和调整现行产品组合的过程。优化产品组合决策包括扩大产品组合、缩减产品组合和产品线延伸三种方式。

（一）扩大产品组合

扩大产品组合就是增加产品组合的宽度和加强产品组合的深度，使产品线更充实（图8-2）。

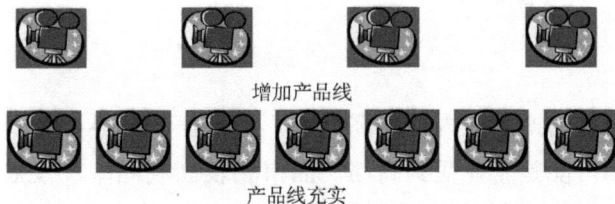

增加产品线

产品线充实

图8-2 扩大产品组合

增加产品组合的宽度是在原产品组合中增加一条或几条产品线，扩大企业经营产品的范围。当企业预测现有产品线的销售额和利润额在未来一段时间内有可能下降时，就应考虑增加新的产品线。或者企业为满足同一目标市场的多种需求而扩大产品覆盖范围。比如耐克在进入市场时只做鞋子，后来又增加了上衣、裤子、背包等产品线，扩大了经营范围。

加强产品组合的深度是在原有产品大类内增加新的产品项目。当企业打算增加产品特色，或为更多的子市场提供产品时，则可选择在原有产品线内增加新的产品项目。

一般而言，扩大产品组合，可使企业充分地利用人、财、物资源，分散风险，增强竞争能力。

（二）缩减产品组合

缩减产品组合就是剔除销量不佳的或亏损的产品线、产品项目，使产品线削减。比如海尔冰箱在发展过程中就曾经出现过由于产品项目过多，目标市场不清晰，定位不准确而销量不佳的状况。后来对亏损或微利项目的产品进行了削减，才又焕发出勃勃生机。

当市场繁荣时，较长、较宽的产品组合会为许多企业带来较多的赢利机会；但当市场不景气或原料、能源供应紧张时，缩减产品反而可能使总利润上升。因为这样可以使企业集中力量发展获利多的产品大类和产品项目。

（三）产品线延伸

产品线延伸包括向上延伸、向下延伸和双向延伸三种方式，如图 8-3 所示。

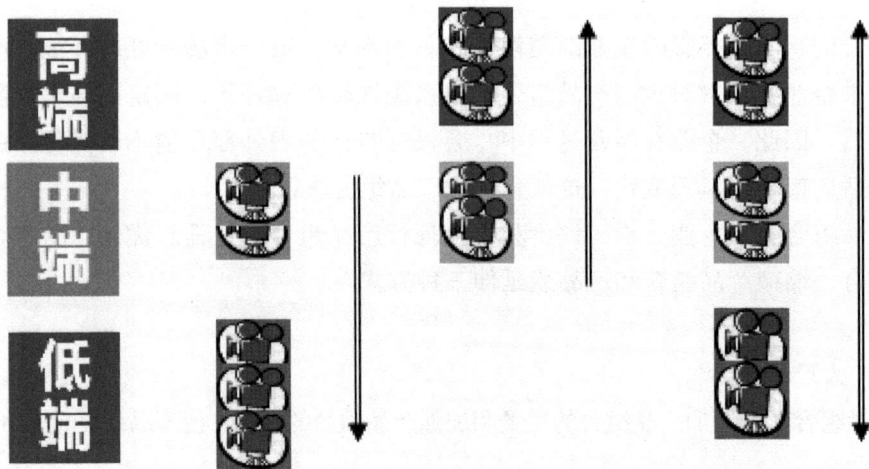

图 8-3 产品线延伸

向上延伸就是在原有的产品线内增加高档次、高价格的产品项目，企业拟进入高档产品市场。向上延伸的原因可能是企业受到高档产品市场较高利润率和发展潜力的诱惑，同时企业具备了进入高档产品市场的技术力量和营销实力。但是要改变产品在消费者心目中的形象是非常困难的，要付出很大的努力。

向下延伸即在原有的产品线中增加低档次、低价格的产品项目，以扩大市场占有率。利用企业现有高档产品的品牌声誉和企业实力，吸引购买力水平较低的消费者慕名购买该企业的廉价产品。但是此策略要冒一定的风险，若处理不当会影响原有高档名牌产品的市场形象，损害高档产品在人们心目中的地位。

双向延伸则是向产品线上下两个方向延伸，原定位于生产中档产品的企业，在掌握了市场优势后，向产品线上下两个方向延伸，来扩大市场份额。

小案例 8 - 1　小公司的成功之道

童装市场一直是纺织服装企业看中的一块大市场，这是一个成熟的市场，产品也属于成熟产品，要想在这个市场中扩大自己的份额，获取较高的利润，是非常困难的。但是，就是在这样的市场环境中，A 公司，一个名不见经传的乡镇企业，却实现了这一目标。为此，他们主要做了两项工作。

第一项是找到新的细分市场。原来公司产品的主要销售对象是城市消费群体，通过对市场重新调研后发现，农村市场对价格适中的品牌童装需求强烈。于是公司重新调整了经营策略，把一些在城市市场中销量逐渐下降的款式放到农村市场中去，这样做不仅延长了原有产品的生命周期，而且使自己产品的市场份额迅速增加，营业额快速增长，利润大幅度提高。

第二项是为新的农村市场顾客推出价格档次稍低一些、特色鲜明的新产品，即在原有产品线基础上向下延伸。新的特色产品为公司建立了全新的形象，赢得了农村消费者的忠诚。新产品也给公司带来了免费的公众化宣传，并激发了销售人员和分销商的热情。

正是因为 A 公司对童装产品在农村市场上的向下延伸，使得这一品牌的销量有了很大的突破，最终实现了公司的经营目标。

第三节　产品的生命周期

一、产品生命周期的概念

产品生命周期（Product life cycle，简称 PLC），是指产品从试制成功投入市场开始，直到最后被淘汰退出市场为止所经历的全部时间。该理论是美国哈佛大学教授雷蒙德·弗农（Raymond Vernon）1966 年在其《产品周期中的国际投资与国际贸易》一文中提出的。

如果将整个产品生命周期过程的销售额用一条曲线连接起来，就可以得到如图 8 - 4 所示的产品生命周期曲线。根据产品生命周期曲线的变化规律，一般将产品的生命周期分为四个阶段：导入期、成长期、成熟期和衰退期。

（一）导入期

导入期是指新产品进入市场的初期，即图 8 - 4 中的 A ~ B 阶段。在这个阶段，由于产品刚刚进入市场，知者甚少，销售量增长缓慢。再加上前期的开发成本又高，所以新产品在导入期只是一个成本回收的过程，这时要做的是大力宣传，尽快进入成长期。

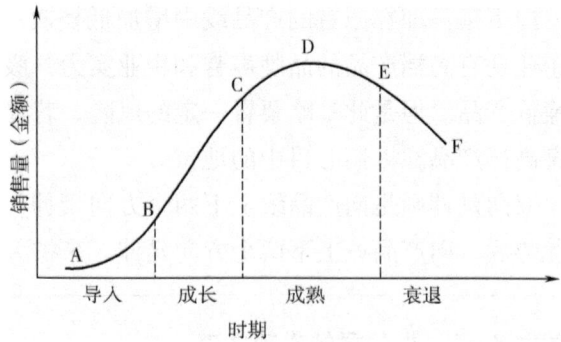

图 8 - 4　产品生命周期曲线

（二）成长期

成长期是产品已开始为大批购买者所接受的时期，为图 8 - 4 中的 B ~ C 阶段。这一阶段的主要特征是销售量的急速上升。随着销售量的上升，企业的规模效应开始显现，产品的单位成本开始下降，于是新产品的销售利润也就开始不断增加。

（三）成熟期

在成熟期，由于该产品的市场已趋于饱和或已出现强有力的替代品的竞争，销售量增速开始趋缓，并逐步趋于下降，销售总量虽比其他各期都大，利润却开始下滑，为图 8 - 4 中的 C ~ E 阶段。此时企业为维持原有产品的市场而投放的销售费用开始上升，产品的利润也开始随之下降。

（四）衰退期

衰退期，指产品的销售量加速递减，利润更快地下降，直至负值，为上图中的 E ~ F。在衰退期，由于消费者的兴趣转移或替代产品已逐步开始占领市场，产品的销售量开始迅速下降，直至最终退出市场。

产品生命周期的原理对任何产品都是适用的，纺织服装产品的生命周期体现为产品的更新换代。例如，雅戈尔免熨衬衫的技术升级就是一个很好的例子。早在 1996 年，雅戈尔率先推出了 HP 整理棉免熨衬衫；2004 年，用 VP 免熨处理工艺，实现了更加舒适的免熨效果；之后，又成功推出纳米 + VP 的免熨衬衫；到了 2010 年，雅戈尔又采用自行开发的高档面料生产了 DP 免熨衬衫。

二、产品生命周期各阶段的营销策略

对纺织服装产品生命周期中各阶段策略的了解是否准确全面，应用是否得当，对企业的前途至关重要。通常企业应该对处于不同生命周期阶段的产品采取不同的策略。

（一）导入期（试销阶段）的营销策略

新产品在刚刚推出市场时，销售量增长缓慢，往往无利甚至亏损，其原因是：生产能力未全部形成，工人操作尚不熟练，次品、废品率高，成本水平较高；其次消费者对新产品有一个认识过程，不会立刻都接受。因此，该阶段企业的基本策略应当是突出一个"快"字，以促使产品尽快进入成长期。总体营销策略为：控制生产成本、减少亏损、增加利润；善用品牌策略，进行合理的定位，有效地开拓目标市场；建立一定的销售渠道；传播产品性能、用途信息等刺激需求。

具体操作上，一般可以选择以下几种策略。

1. 高价格高促销的方式　高价是为了使企业迅速收回成本并获取高额利润。高促销是为了尽快打开销路，使更多的人知晓新产品的存在。如雅戈尔推出的 DP 免熨衬衫，首先用大量的文字介绍其新产品的特征，与老产品 HP、VP 的区别，然后又推出极具特色的电视广告，很快吸引了目标顾客——精英人士的眼球。

此方法适用的市场环境是：绝大部分的消费者还没有意识到该新产品，知道它的人有强烈的购买欲望而不太关心价格，产品存在着潜在的竞争对手，企业想提高该产品的声誉。

2. 高价格低促销的方式　采用这一方式的主要目的是为了获取最大的利润。高价可以迅速收回成本，加大利润，低促销又可以减少营销成本。

此方法适用的市场环境是：市场规模有限，消费者中的大多数已对该产品有所了解，购买者对价格不是很敏感，潜在的竞争对手少。

3. 低价格高促销的方式　采用这一方式的目的是为了获得最高的市场份额。所以，新产品的定价在一个较低水平上，以求获得尽可能多的消费者的认可。同时，通过大规模的促销活动把信息传给尽可能多的人，刺激起他们的购买欲望。如杜邦公司的莱卡纤维，在入市之初，尽管公司花费了大量的资金向最终消费者宣传产品的优良性能，但是供给市场的价格并不高，很快打开了销路并获得了规模经济效益。

此方法适用的市场环境是：市场规模大，消费者对该产品知晓甚少，购买者对价格敏感，潜在竞争对手多且竞争激烈。

4. 低价格低促销的方式　使用该方式的目的一方面是为了以低价避免竞争，促使消费者尽快接受新产品；另一方面以较低的促销费用来降低经营成本，确保企业的利润。

此方法适用的市场环境是：产品的市场相当庞大，消费者对价格比较敏感，产品的知名度已经较高，潜在的竞争压力较大。

以上具体策略对纺织服装企业来说并非只能选择一种，企业应该从产品整个生命周期过程中的总体战略去考虑，灵活地交替使用。同时，在实施上述策略时，还要配合一些其他营销策略共同使用，才能取得较好的效果。

（二）成长期（畅销阶段）的营销策略

新产品经受住了市场的严峻考验，就进入了成长阶段。这一阶段的特点是：销售量直线上升，利润也迅速增加。由于产品已基本定型，废品、次品率大大降低，销售渠道也已疏通，所以产品经营成本也急剧下降。在这一阶段的后期，由于产品表现了高额的利润，促使竞争对手逐步加入，竞争趋于激烈化。

这一阶段，企业应尽可能维持销售的增长速度，具体做法有：第一，从质量、性能、式样、包装等方面努力加以改进，以对抗竞争产品；第二，拓展新市场，使产品进一步向尚未涉足的市场进军，同时扩大销售网点，方便消费者的购买；第三，加强广告宣传，增加宣传产品的特色，巩固企业与产品在消费者心目中的地位；第四，及时调整产品的售价，在适当的时候降价或推出折扣价格，这样既吸引更多的购买者参加进来，又可以阻止竞争对手的进入。

在这一阶段，企业往往会面临高市场占有率和高利润的抉择。因为两者似乎是矛盾的，要获取高的市场占有率势必要改良产品、降低价格、增加营销费用，这会使企业的利润减少。但是如果企业能够维持较高的市场占有率，在竞争中处于有利的地位，将会有利于今后的发展，放弃的眼前的利润，可望在成熟期得到补偿。

（三）成熟期（市场饱和阶段）的营销策略

产品的销售增长速度在达到了顶点后，将会放慢下来，并进入一个相对的稳定时期。这一阶段的特点是：产品的销量大、利润大、时间长。在成熟期的后半期，销量达到顶峰后开始下跌，利润也逐渐下滑。

这一阶段的基本策略是：突出一个"优"字，应避免消极防御，而要采取积极的进攻策略，建立和宣传产品的特定优势，以增加或稳定产品的销售。具体策略有以下几种。

1. 改进产品　改进产品是为了吸引新的购买者和扩大现有的使用者的队伍。企业通过对产品的改良，使顾客对产品产生新鲜感，从而带动产品的销售。改进产品也是对付竞争对手的一个有效措施。产品的改进主要仍然在质量、性能、特色、式样上下功夫。

2. 扩大市场　企业一方面可以从扩大使用人数上做文章，如争取尚未使用者或争取竞争对手的顾客。另一方面也可以扩大使用功能，把产品引用于其他方面，如服装面料可以拓展到家居装饰方面，家居织物也可以向汽车装饰织物方面拓展。

3. 改进营销组合　企业的营销组合不是一成不变的东西，它应该随着企业的内外部环境的变化而做出相应的调整。产品的生命周期到了成熟阶段，各种内外部条件发生了重大的变化，因而营销组合也就要有一个大的调整。这是为了延长产品的成熟期，延缓衰退期的到来。实际上，企业要使上述前面两个策略取得成功，不依靠营销组合的改进也是很难做到的。因此，改进营销组合是和改进产品策略扩大市场相辅相成的。

（四）衰退期（滞销阶段）的营销策略

这一阶段的特征是销售额和利润额开始快速下降，纺织服装企业往往会处于一个微利甚至无利的境地。一方面，企业的策略应建立在"转"字基础上，因为产品的衰退已是不可避免的，所以企业这时就应积极地开发新产品，有计划地使新、老产品的市场过渡自然顺利；另一方面，针对市场形势，既保持适当的生产量以维护一部分市场占有率，又要做好撤出产品的准备。这时，企业的具体经营策略如下。

.（1）减少衰退产品的营销费用，只进行适度的提示性广告和营业推广，刺激消费者重复购买。

（2）减少促销费用的投入，采取措施降低成本。

（3）调整经营范围或集中经营少数相对有一定优势的产品，实施集中营销策略。

（4）撤出全部资金、技术，转而开发其他产品。

第四节　新产品开发战略

随着科学技术日新月异的进步，市场竞争不断加剧，产品的生命周期日趋缩短，每个企业不可能单纯依赖现有产品占领市场，必须适应市场潮流的变化，不断推陈出新，开发适销对路的新产品，才能继续生存和更好地发展壮大。因此，新产品开发是企业经营的一项重大决策，是产品策略中的重要一环，是企业保持长期发展的源泉。

一、新产品的概念

新产品是指与旧产品相比，具有新的功能、新的特征、新的结构和新的用途，能在某方面满足顾客新需求的产品。持续的新产品开发是企业稳定其利润水平的重要前提，也是企业保持其市场竞争优势的重要条件。根据新产品的创新程度可以将新产品分为全新产品、换代产品和改进产品三类。

（一）全新产品

全新产品，指应用科学技术的新发明研制的，具有新原理、新技术、新材料、新功能，市场上从未有过的产品。一项科技发明到转化为产品，需要花费很长的时间和巨大的人力、物力、财力。这样的全新产品，绝大多数企业很难提供。据统计，全新产品只占到所有新产品的10％。在纺织服装领域，如氨纶、大豆蛋白纤维等的发明都属于全新产品。

（二）换代产品

换代产品，是对原有产品采用或部分采用新技术、新材料、新结构而制造出来的新产品。换代产品比原有产品增添了新的功能，为顾客带来新的利益。如保暖衬衣使衬衣的功能发生了巨大的变化；纳米银纤维防辐射服是继金属纤维系列防辐射服和银纤维系列防辐射服推出的第三代防辐射服，这种防辐射服与第二代相比，将有害电磁波进行吸收并转化为热能散发掉，避免了二次污染，同时织物中富含大量金属阳离子，可起到杀菌除臭的作用，且面料柔软舒适，耐洗耐磨，是适合民用的防护材料。

小知识8-2　莱卡为何在我国持续增长？

厦门"2016年度莱卡袜业研讨会"上，英威达首次向中国市场推出全新的应用于丝袜领域的莱卡品牌 SUPER SUMMER SHEER "蝉翼纯透"技术。同时，还通过"时尚丝袜秀"等生动形式，展现了其近几年在全球丝袜应用领域推出的其他多项具有革新意义的创新纤维技术，包括 LYCRA FUSION（莱卡融丝）纤维防脱散技术、LIVING LIGHTS 技术、SOFT COMFORT（舒丝）技术，以及用于丝袜塑形方面的 SHAPING、LEG CARE 等技术。

莱卡品牌的"蝉翼纯透"技术具有防脱散性能。该技术属于交织结构，外包丝细度为最高 11dtex 锦纶丝，使用的莱卡细度为最高 17dtex，纤维牵伸度为 2.6 倍~3.2 倍，纤维顶破强力测试值最低为 1780cN。运用该技术，可以织出薄如"蝉翼"的女士夏季用丝袜，穿起来不仅没有传统丝袜产品的紧绷感，而且凉爽透气，能达到"比裸腿更美"的时尚效果。

"这是一个新概念，所用的纤维旦数多在 8 旦以下，如 8 旦、7 旦、5 旦、3 旦都很少用。旦数低会体现薄的效果，再结合莱卡融丝纤维防脱散技术及传统的莱卡产品优势，进行了新尝试和突破。"英威达大中华区服饰和高级纺织品业务商务总监史提夫（Steven Stewart）强调。

如史提夫所说，莱卡融丝纤维防脱散技术是英威达这两年"重磅"推出的一项具有"革新性"的纤维技术。用该技术和纤维织成的丝袜产品，即便产生一个破洞，丝袜的针织结构仍可保持完整，不会脱丝。

史提夫表示："莱卡融丝纤维防脱散技术不仅可以防止丝袜脱丝，而且能使丝袜保持永久弹性，具有良好的拉伸性和回复力，为时尚丝袜增添了新的魅力。该技术配合使用'任意裁'技巧，能为下游袜企开发多元、丰富产品带来更广阔的空间。"

（资料来源：全球纺织网 https://www.tnc.com.cn/info/c-001001-d-3577192.html）

（三）改进产品

改进产品，是对原产品从结构、造型、质量、性能、特点、花色、款式、规格等方面做出了某些改进的产品。其包括由基本型派生出来的产品，如各种不同材质、不同规格的窗帘，不同长度、不同风格的女士连衣裙；或是只对原有产品进行很小改进，突出了产品的某一个特点，采用了一种新牌子、新包装的新产品。

由于纺织服装产品消费者要求的快速变化，因而企业必须持续不断地开发新产品。与全新产品和换代产品相比，改进产品成本较低、易于实现。纺织服装企业可以通过两条途径获得新产品：一是，通过收购，即购买专利及他人的产品生产许可证；二是，利用纺织服装企业自己的产品开发部门从事新产品开发。由于开发和推出新产品品牌的成本上涨，所以许多大企业宁愿选择已有的品牌，也不愿创建新品牌。尤其在纺织服装行业，已有品牌在市场上的认可度很高，创建一个新的品牌并让其在市场上受到消费者的认可需要很长的时间。因此，即使是资金多、规模大、底子厚的企业也不会轻易推出全新品牌的产品，他们情愿花更多的钱收购成熟品牌。

二、新产品开发面临的挑战

调查数据显示，新产品开发的成功率通常不足 10%，纺织服装新产品开发的失败率高达

80%。失败的原因大致有以下几方面。

1. 新产品构思不成熟 构思是新产品开发的首要前提，但要求构思能达到新颖性、实用性和可操作性却是不容易的。特别对于一些比较成熟的纺织产品来讲，构思和创意的余地已经相当狭窄，这往往成为纺织新产品开发的一大障碍。

2. 资金短缺 资金问题也已成为新产品开发的一大制约。一些好的产品构思往往需要前期很多开发资金的投入，尤其是纺织新材料的研制，动辄要投入几千万元资金，研究历时数年，即使将来有很好的市场前景，但在研发过程中企业发生资金上的困难，新产品开发也可能夭折。

3. 市场规模估计错误 市场竞争促使企业将市场进行详细的划分，最终选出目标市场并为之开发新产品；而一旦目标市场选择错误，企业就将面对一个过于狭小的市场，从而使新产品的预期销量达不到预期的数量规模，最终企业将不得不承担新产品开发失败的后果。

4. 纺织服装行业的市场竞争使新产品开发的风险增大 激烈的市场竞争有可能导致多家企业同时开发某一新产品，从而使产品一进入市场就面临激烈的竞争，不仅使企业的市场进入成本大大增加，而且有可能很快被挤出市场。例如，许多纺织企业竞相开发保暖内衣产品，由于产品功能的相似性，新产品一上市就面临巨大的竞争压力，最终又回到打价格战的老路上。

5. 仿制和假冒产品的迅速出现，给纺织服装新产品的开发带来很大冲击 由于技术含量较低，一些纺织服装新产品刚刚进入市场，就马上会有大量仿冒产品紧紧跟上。结果，还未等企业收回投资，市场就已经饱和，这也使许多企业不敢轻易开发新产品。

三、新产品开发的模式

为成功且迅速地开发新产品，企业可根据自己的具体条件，采用不同的开发模式。

（一）独立研制

独立研制，即企业利用自己的技术力量和技术优势，独立进行新产品的全部开发工作。它一般适合于技术经济力量雄厚的大型企业，国际上的大型跨国公司大多采取这种做法。它的好处是企业对新产品开发全过程保持完全的控制，能真正开发出技术先进、市场领先的新产品，保证企业在市场竞争中处于领先地位，如耐克、阿迪达斯等都有自己庞大的研发中心。

（二）联合开发或协作开发

联合开发或协作开发，即由企业与高等院校或科研机构利用各自在经济、技术、设备、人力等方面的优势，互相协作，联合开发新产品。这种方式能较快地研制开发出先进的新产品，使科研成果很快转化为商品，特别适合资源不足的中小企业。这种策略也反映了目前中国企业的现实，即缺乏自主技术和研发人员，因此不得不采取合作或委托方式。

（三）技术引进

技术引进，即企业通过引进国内外先进技术，或技术转让，或购买专利等方式开发新产品。这种方式能使企业迅速缩小与国内外先进水平的差距，提高自己产品的技术、质量水平和产品的档次，节省研制费用和时间，避开风险。

改革开放以来，我国企业大量采用了这种方式推出新产品，也确实取得了很好的成效，但这种策略在双方技术差距比较大的时候效果更好。随着产品技术水平的接近，不可能从真正的竞争对手处获得最先进技术和最具竞争力的新产品。

四、新产品开发的程序

纺织服装企业开发新产品要承担很大的风险，为了减少风险，新产品的开发就必须按照一定的科学程序来进行。通过这些程序，能使新产品的开发效益得到比较可靠的保证。这一科学程序有八个阶段，分别是构思阶段、筛选阶段、产品概念、商业分析、市场分析、产品试制、市场试销和批量上市等（图8-5）。在这八个阶段中，直接与产品有关的是构思阶段、产品概念、产品试制和批量上市四个阶段，构成了从设想—设计—生产—商品几个主要节点。而能否由一个节点发展到另一个节点，则必须通过筛选阶段、商业分析、市场分析和市场试销四个阶段，这样才能最大限度地避免因盲目开发而形成的风险。

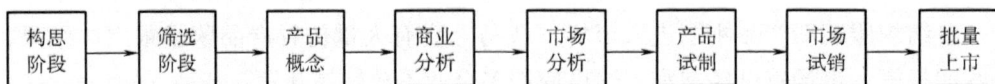

图8-5　新产品开发程序

（一）构思阶段

开发新产品是从寻求构思开始的。虽然并不是所有的构思都可以变为产品，但寻求尽可能多的构思可以为新产品的开发提供较多的机会。因此，现代企业都非常重视收集有创造性的构思。新产品构思的来源很多，主要包括消费者、科研机构、企业高层管理人员、推销人员、竞争对手、经销商、代理商、广告公司以及企业顾问等。

（二）筛选阶段

企业在获得大量新产品的构思后，必须组织力量对构思进行评估以剔除那些可行性较低的构思，把企业有限的资源投入到成功机会较大、有开发前途的产品构思上。一般从企业外部因素和企业内部因素两方面进行评估。企业外部因素主要有市场需求量、竞争状况、消费者需求特点、科技发展水平、质量要求等。企业内部因素主要包括企业信誉、资金状况、技术水平、设备能力、管理水平、销售组织等。

企业在对新产品设想进行筛选时，应尽量避免两种失误：一种是对良好构思的潜在价值估计不足以致漏选而失去开发机会；另一种是将没有前途的产品构思付诸实施，造成人力、物力、财力的损失。为此，应制订新产品设想评价表，就质量目标、技术水平、市场规模、竞争状况、技术能力、资源状况等项目逐一进行评价。要尽可能地吸收企业各个部门有经验的管理人员和有关专家的意见，正确地确定评价项目及其标准，以提高筛选的准确程度。

（三）产品概念

经过筛选的产品构思需要进一步发展为具体的产品概念。产品构思是人们以语言表述拟推向市场的一种可能性产品，而产品概念是对于产品构思的具体化，它离现实的产品又近了一步。消费者不会考虑购买产品的构思，却会对具体的产品概念产生兴趣。产品概念形成以后，还必须对其进行评价和测试，以确定产品概念的发展前途和开发价值。只有在市场反馈意见比较良好的情况下，才能进行产品的进一步开发，否则就会形成较大的风险。

（四）商业分析

商业分析就是产品开发的效益分析，通过分析来确定新产品的开发价值。新产品的开发归根结底是为了给企业带来好的经济效益，所以企业在产品概念形成后必须要对新产品的投资效益和开发价值进行认真分析。

商业分析实际上也有两个角度。一是，其绝对价值，即产品上市后的预期收益与产品开发成本之间的比较，只要预期收益大于开发成本，就具有开发的价值；二是，相对价值，即不仅是指新产品开发的绝对成本，而且也必须考虑企业因开发这一产品而放弃其他投资所形成的机会成本。从这两个角度分析，这样才能比较客观地分析出企业在新产品开发方面的效益与风险。

（五）市场分析

商业分析之后并不能马上进入产品的开发和试制，还必须对产品的市场前景做一番分析，只有对那些市场前景比较好、营销渠道比较通畅的产品才能积极地加以开发。

（六）产品试制

经过商业分析和市场分析的新产品，就可以进入到具体的开发试制阶段。产品试制则是要把新产品的构思设想转变成一件客户真正需要的实体产品，这是一个非常关键的阶段。

产品试制阶段必须要注意的问题是，所生产出来的试制产品即新产品的样品应当具有很强的普及意义。它必须能在一切可能设想到的环境条件下正常使用，而不是只能在良好的环境条件下使用；它必须能在正常的生产条件与成本水平（即批量生产的条件和水平）下生产，因为只有这样新产品才有实际推广的价值。

（七）市场试销

一件新产品试制出来后，最好不要急于推向市场。实践表明，很多产品试制出来后仍然会遇到被淘汰的命运。也就是说，市场能不能接受此种新产品要由试销结果来定。尽管企业在前面几个阶段做了大量的工作，也对客户进行了直接调查，但是因为消费者对设想的产品和实体产品的评价会产生某种偏差，所以仍然会有产品被消费者否定的可能。为了把这种可能性降低到最低，避免批量生产后造成过大损失，企业就要对试制出来的新产品进行试销。

纺织服装企业市场试销中还必须加以注意的问题是，竞争者有可能立即对试销中的新产品进行仿制，尤其是一些仿制能力极强的企业，很可能在新产品还未批量上市之前，他们就已抢先推出仿制产品。因此，企业对于进行市场试销的新产品，一是要加强专利保护，二是要掌握关键技术。若无有效的反仿制保护措施，则可能会在市场试销之后被广泛模仿，致使企业损失惨重。

（八）批量上市

这是新产品开发的最后一个阶段，即将产品成批地投放市场。新产品进入这一阶段意味着产品生命周期的开始。产品的批量上市并不意味着新产品开发已经取得成功，因为此时正是产品能否真正被市场接受的关键时刻。企业必须在批量上市的时间、地点、渠道、方式上正确决策，选择合理的营销组合。例如，新型的保暖衣物应选择在突然降温的时候推出，塑形内衣在刚刚入春时推出，其吸引顾客注意的可能性就会大大增强；而新型面料在大都市推出比在中小城市推出影响面也会大得多。此外，良好的上市策划也往往能使一些新产品的市场导入期大大缩短。

菲利普·科特勒说过："市场营销就是考虑如何在适当的时间、适当的地点，将适当的产品以适当的价格和适当的方式卖给适当的顾客。"这同新产品的上市策划思想完全一致。因此，企业在组织新产品上市时一定要对市场的环境条件进行认真分析，准确把握时机，精心设计方案，以确保新产品顺利进入市场。

👉 思考题

1. 产品的整体概念包含哪几个方面？
2. 下表是宁波杉杉集团的服装产品组合。

男装产品线	女装产品线	青年装产品线（意丹奴）	童装、学生装产品线
男西装	女时装（麦斯奇来）	休闲装	男童装
男裤	女职业装	T恤衫	女童装
男衬衫	高级女装（法涵诗）	—	—
男T恤衫	—	—	—

请问宁波杉杉集团的服装产品组合的宽度、长度分别是多少？该集团的产品关联度怎样？

3. 企业在调整和优化组合产品时可以采取哪些策略？
4. 什么是产品生命周期？试述产品生命周期的四个阶段。
5. 试述进行新产品开发的步骤。

☞ **案例分析**

箭牌衬衫成功的启示

衬衫作为男性必备的服饰单品在男装中占重要的一席之地。随着生活水平的提高，消费者不再满足于只拥有几件衬衫，而是希望针对不同的场合需求，穿着不同风格的服装，搭配不同款式的衬衫，甚至通过衬衫的搭配使同一件外套展现出不一样的风采，因此，男衬衫的需求量迅速增加。从中，我们看到男衬衫市场中的巨大商机，怎样才能使品牌在这样的机遇下迅速成长并获得成功，我们可以从百年品牌——箭牌衬衫的发展历程得到一些启示。

箭牌衬衫诞生于1840年，经过几十年的发展，到1900年已经成为非常著名的品牌，它甚至是美国历史上不可或缺的一部分，至今仍保持着旺盛的生命力，我们现在所熟知的"白领"一词就是源自箭牌衬衫带来的男性形象。据统计，2015年在男衬衫销量的排行榜上居第七位。

箭牌的每一款衬衫都是经过精心设计的，由于西装和领带都需要相应的衬衫领来配合，因此，衬衫领的设计是其点睛之笔。每个领型都有很到位的设计，从款式到功能到舒适性，甚至还很贴心的为一些设计精美的领型命名。在它的广告中会提示顾客，为了得到最好的穿着效果，适合与什么样的外衣搭配，适合什么时间、场合穿着，搭配什么样的领结、领带。有时在消费者购买衬衫后还附赠有指导穿着的小册子，表现出设计师的用心以及对顾客周到的服务，在购买衬衫的同时也拥有了设计师的着装建议，对消费者来说很方便。

众所周知，箭牌衬衫的前身是箭牌可拆卸领，可拆卸领是本着节约、便于清洁的理念诞生的，使服用者每天在不同场合都可以穿着干净整洁的衬衫。随着美国消费时代的到来，以追求舒适为目标的享乐主义取代过去的勤俭主义，箭牌开始推出柔软舒适的衬衫领，并逐渐减少可拆卸领的生产份额，最终变为只生产整件的衬衫，适时的转变又使箭牌获得了巨大的成功。

在过去的整个20世纪中，箭牌就像一面历史的镜子，折射出流行文化的脉络和纺织科技的进步。以面料为例：20世纪50年代随着战争的结束，好莱坞娱乐时代的到来，衬衫变得更舒适和适于运动，面料一改往日的白色有了图案、条纹和丰富的色彩；到了20世纪60年代嬉皮文化等亚文化的兴起，白色衬衫的销量迅速下降，只占市场销售的一小半；20世纪70年代随着"嬉皮风""朋克风"和街头文化的盛行，色彩的运用发展到极致，人们的思想发生了根本的改变，传统的经典服装被抛弃，印花图案随处可见；20世纪80年代广泛地应用丝光棉面料；20世纪90年代生产出免熨烫的纯棉衬衫。

在箭牌的发展史中，公司始终关注于生活方式、穿着方式和新技术，并在自己的品牌推广和产品设计中将三者紧密地融入每一款衬衫，广告、品牌文化、设计和技术不是孤立存在，他们相互影响并共同作用成为箭牌衬衫经久不衰的动力。

☞ **案例讨论**

1. 简述箭牌衬衫的产品策略。
2. 简述箭牌衬衫成功的启示。

第九章 纺织品服装的品牌战略

【本章学习目标】

1. 掌握品牌与商标的相关概念。
2. 掌握服装品牌建设的策略。
3. 掌握服装品牌管理的内涵。

【引导案例】

第一夫人着装，带动本土服装品牌

著名女高音歌唱家彭丽媛女士在陪同访问俄罗斯时，手拿黑色手提包、一身深蓝色双排扣风衣和天蓝色丝巾的搭配给人留下了深刻印象。这身套装及手提包由广州本土服装品牌"EXCEPTION 例外"特别定制。受此活动影响，该品牌设在武汉的专柜吸引了众多慕名而来的顾客，手提包及服装的销量也随之上涨，无疑将在国际上大大提升中国国产品牌的知名度，让中国本土的服装品牌也更有信心。

第一节 品牌的概念

一、品牌的概念及组成

品牌是用以识别某个销售者或某群销售者的产品或服务，并使之与竞争者的产品或服务区分开来的商业名称及其标志，通常由文字、标记、符号、图案、颜色等要素组合而成。品牌的组成要素有以下两个。

（一）品牌名称

品牌中可以用语言来表达的部分，用于视觉、听觉等传播途径。如"可口可乐""报喜鸟""波司登""七匹狼""皮尔卡丹"等。品牌名称有时同企业的名称一致，但有时也可能不一致。例如，松下公司的公司名为"Matsushita"而品牌名称为"Panasonic"。

（二）品牌标志

品牌中可以识别但不能用语言来表达的部分，常承担用于视觉传播品牌角色，如麦当劳的金色拱门、小天鹅公司的天鹅图案等。

二、品牌效应

品牌效应是指品牌在产品上的使用为品牌使用者所带来的效益和影响。品牌是商品经济发展到一定阶段的产物，最初的品牌使用是为了便于识别产品，品牌迅速发展是在近代和现代商品经济的高度发达的条件下产生，其得以迅速发展即在于品牌使用给商品生产者带来了巨大经济和社会效益。品牌效应的表现形式有以下几种。

（一）品牌可以保护生产经营者的利益

经注册之后的品牌，成为企业的一种特有的资源，受到法律保护，其他企业不得仿冒和使用。如果产品不注册，就不受法律保护，会给企业带来损失。有了品牌才有名牌，有了名牌才能提高企业的竞争力。

（二）品牌是有效的推销手段

品牌宣传简单而集中，效果迅速，印象深刻，有利于在产品销售中，使消费者熟悉产品，激发购买愿望。一个企业要取得良好的品牌效应既要加大品牌的宣传广度、深度，更要以提高产品质量、加强产品服务为其根本手段。

（三）品牌可以帮助消费者识别和选择商品

品牌效应在产品宣传中产生，消费者购买商品不可能都经过尝试后再购买，主要依品牌效应而购买。一个品牌如果知名度高，即便消费者未经使用，也会因品牌效应而购买。品牌效应的产生既可能是因为经营者的宣传，也可能是因消费者对品牌的认可而产生。

（四）树立企业形象

品牌是企业产品质量、特征、性能、用途等级的概括，凝聚企业的风格、精神和信誉。从这一意义上来讲，品牌还代表企业的市场。品牌在产品宣传中能够使企业有重点地进行宣传，简单而集中，效果明显，印象深刻，有利于使消费者熟悉产品，激发购买欲望。

小知识 9 - 1　"品牌"一词的来源

品牌一词起源于西班牙的游牧民族，为了在交换时与他人的牲畜相区别，因此品牌为烙印的意思。通过这一印记，人们可以很快认出自己的牛。直到 1960 年，营销学词典中给品牌一个比较确切的定义：用以识别另一个或另一群产品的名称、术语、记号、设计或它们的组合，以与其他竞争者的产品和劳务相区别。后来，各大公司都发现了这种商机，纷纷选取有代表性的不同标识，使目标受众能立即识别出他们的产品。

三、品牌内涵

品牌，不仅仅是商标或标志，更是企业的一种象征。对于消费者而言，品牌代表着一种归属感和安全感，是企业和消费者沟通的重要手段，保证了企业对消费者信息的准确传达；对企业自身来说，品牌意味着一种文化和纪律，规范了企业对外传达的信息渠道，上升到企业竞争力方面，品牌是企业最重要的资产之一。

例如，李宁体育服饰品牌以"人"字形来诠释运动价值观，鼓励每个人透过运动表达自我、实现自我。

四、品牌与商标的关系

商标是经有关政府机关注册登记、受法律保护的整体品牌或该品牌的某一部分。商标具有区域性、时间性和专用性等特点。品牌与商标的相同点是品牌与商标都是用以识别不同生产经营者的不同种类、不同品质产品的商业名称及其标志。二者的区别有以下三点。

（1）商标是品牌的一部分。商标是品牌中的标志和名称部分，它使消费者便于识别。

（2）商标是一种法律概念，而品牌是市场概念。

（3）商标掌握在企业手中，而品牌是属于消费者的，当消费者不再重视企业的品牌，品牌就一无所值了。

小案例 9 – 1　洋品牌"抢滩"中国市场，注册商标遇阻

品牌 New Balance 于 1906 年在美国波士顿创立，被公认为世界"四大跑鞋"之一。"纽巴伦"是 New Balance 20 世纪 90 年代进入内地市场的名字，"纽巴伦"中文商标被 New Balance 曾经的内地生产厂商阳江友联鞋业公司抢注。New Balance 在 2003 年再度进入内地市场时，改用"新百伦"中文名。广州一家主打商务男鞋的百伦公司周先生将新百伦公司关联公司（新平衡公司）告上法庭，该公司的两个注册商标使用范围也是服装、鞋、帽、袜等。其中，"百伦"最早在 1996 年 8 月 21 日获准注册；2008 年 1 月，周先生又注册了"新百伦"商标，生产男鞋，并且在大型商场专柜销售。

新百伦公司关联公司（新平衡公司）曾于 2007 年 12 月要求商标局驳回"新百伦"商标的注册申请，但没有被采纳。这说明新百伦公司是明知"百伦"及"新百伦"商标的注册情况，但仍选择使用"新百伦"宣传。

广州中院对该案做出一审判决，认定 New Balance 销售构成侵犯他人注册商标专用权，并且据此做出了该院有史以来侵权案件赔偿数额最高的判决，判其赔偿人民币 9800 万元。

洋品牌"抢滩"中国市场，与国内品牌频频发生商标之争。"凌志"更名为"雷克萨斯"，"陆虎"更名为"路虎"都是类似情况。

五、品牌设计原则

（一）简单醒目，易读易记

显著性的品牌要求具有鲜明的特色，使人们一望而知它是标明某种商品或服务的标记，且必须做到单纯、明快、易于辨别而不致混淆。品牌设计要简洁醒目，易读易记，使人容易接受。形式要简明，文字通俗易懂，图案明快，含义贴切，便于消费者识别、记忆和拼读，如图 9 - 1 所示，童装品牌小猪班纳的设计就具有鲜明的特点。不要把过长的字母和难以诵读的字符串作为品牌名称，也不宜将呆板、缺乏特色的符号、图案、颜色作为品标。品牌设计还必须结合目标市场的消费习惯和消费心理，避免忌讳的发音和图案。

图 9 - 1　童装小猪班纳的品牌设计

（二）富蕴内涵，情意浓重

品牌大多都有其独特的含义、解释或释疑。有的是地名，有的是一种产品的功能，有的是一个典故。富蕴内涵、情意浓重的标识，能唤起消费者和社会公众美好的联想，从而使其备受青睐，如红豆集团的"the seed of love（爱的种子）"、金利来集团的"goldlion"。

（三）避免雷同

我国以熊猫为品牌名称的有 311 家，以海燕为品牌名称的有 193 家，以天鹅为品牌名称的有 175 家。"小绵羊"牌家纺和"小绵羊"牌电热毯，这两个都是上海知名的床上用品品牌，但它们却分属于两家不同的企业。当小绵羊家纺要生产配套的电热毯产品时，或小绵羊电热毯要生产配套的家纺产品时，就不能再使用"小绵羊"这个品牌了，否则将会构成对另一家企业的侵权。

小案例 9 - 2　"埃克森"迄今最昂贵的改名

美国埃克森（Exxon）标准石油公司创建于 1881 年，公司总部设在纽约。

创立之初，该石油公司的名称是新泽西石油公司（New Jersey Oil Co），公司的 LOGO 是一只猛虎，它凶猛强健，奔跑如飞，体现出公司旺盛的竞争能力和不服输的毅力。但由于"New Jersey"一词拼写复杂，意蕴狭窄，为了公司在其他国家的发展，也为了名称和标志的统一，该公司决心改换一个简单且响亮的名称。于是，该公司挑选各地命名专家设计新名称，最后委托美国斯坦福研究所为自己起名。

他们动员了心理学、语言学、社会学、统计学等各方面专家，调查了世界上 55 个国家的语言，走访了 7000 多人，并对一般群众的心理、感情等进行调查研究，查阅了 15000 个电话指南，通过计算机制作了约 1 万个名称，经过淘汰最后剩下 8 个；这 8 个名再用 100

种以上语言进行搜索，以保证没有确切的意思，在100种语言中找不到与之雷同的词，并且蕴意无恶感。最后以花费6年的时间和10亿美元为代价，包括变更名称费、起名设计费、新名称广告宣传费，其中付给斯坦福研究所200万美元起名费，确定了埃克森（Exxon）这个名字。

这个名字是完全创造性品牌名字，容易记忆，内含叠字，便于拼读，在世界上是独一无二的。于是，标准石油公司接受了董事会将公司名称改为埃克森（Exxon）公司的建议，这是历史上最昂贵的改名，但实践也证明，改名对埃克森来说是成功的（图9-2、图9-3）。

图9-2 "埃克森"商标更改前　　　　　　图9-3 "埃克森"商标更改后

第二节　品牌策略

一、品牌策略的含义

品牌策略是一系列能够产生品牌积累的企业管理与市场营销方法，包括4P与品牌识别在内的所有要素，主要有品牌化决策、品牌提供者策略、品牌族群策略、品牌延展策略、品牌重塑策略。

二、品牌化策略

品牌化策略是指企业在生产经营活动过程中选择使用或者不使用品牌的策略。在企业品牌化策略的基本类型中，存在着一个从单一品牌策略到多品牌策略的连续变化区间。通过品牌延伸实行品牌集中和通过多品牌扩展实行品牌分散，日益成为当今企业品牌化策略的两大发展趋势。

（一）无品牌策略

无品牌策略是指企业在经营活动过程中不使用任何品牌。在市场经济的早期，许多产品并没有明确的品牌名称及相应的图案等。随着市场竞争的日益加剧，越来越多的企业在经营中使用品牌。尽管如此，仍然有一些企业出售的产品并不使用品牌。这些商品可以称为无品牌商品。企业不使用品牌主要有两个原因:一是,使用品牌并不能为企业带来任何的额外收入;二是,使用品牌需要付出的成本费用开支太大,入不敷出。具体来说,无品牌策略多用在以下五种情形:未经加工的原料产品;难以形成特色的产品;生产简单、价格低廉的小商品;消费者习惯上不予考虑品牌差异的商品;临时性或一次性生产和销售的产品。

(二) 有品牌策略

有品牌策略是指企业为其产品使用品牌,并相应地给出品牌名称、品牌标志,以及向政府部门进行注册登记等活动。当前,大部分企业都选择有品牌策略。一些以前选择无品牌策略的企业也开始从无品牌转向有品牌,如一些传统上不使用品牌的食用油生产厂、建筑材料供应商等,也开始纷纷树立自己的品牌。

三、品牌提供者策略

品牌提供者策略是指企业选择使用谁的品牌的策略,具体包括使用制造商品牌、使用中间商品牌、制造商自有品牌和中间商品牌混合使用、制造商自有品牌和其他制造商品牌混合使用四种策略。

(一) 使用制造商品牌策略

制造商为自己的产品选择适当的品牌,在销售过程中独立使用。就全球的发展趋势来看,大部分制造商更愿意使用自有品牌。一方面,产品差异体现着制造商的实力不同,有实力的制造商更愿意以自有品牌的方式体现自身的力量;另一方面,好的品牌本身是企业的一种资源,越来越多的制造商更愿意在经营过程中积累自身在这一方面的资源。

(二) 使用中间商品牌策略

对制造商而言,采用中间商品牌策略主要有三种情形:一是,制造商在一个不了解本企业产品的新市场推销产品;二是,制造商的影响力远不及中间商;三是,制造商品牌的价值小,设计、制作、广告宣传、注册等费用高。使用中间商的品牌的优点在于可以借助中间商的品牌优势大批出货;缺点在于容易造成自身同消费者联系的阻隔,不利于确立自身的形象。通常来说,实力弱、知名度不高的制造商,常常选择使用中间商品牌。

对于中间商而言,在出售商品时使用自己的品牌,因制造商减少宣传费用,可获得较为便宜的进货价格;可以树立信誉,扩大销售;可以不受货源限制,加强对制造商的产品价格控制。因此,中间商使用自有品牌具有提升企业知名度、提高同制造商讨价还价的能力、扩大产品盈利空间等优点;缺点是需要加大投入树立品牌相关的费用开支,并承担因顾客拒绝接受而殃及全部商品的风险。

(三) 制造商自有品牌和中间商品牌混合使用策略

制造商在商品销售过程中不仅使用自有品牌,而且使用中间商的品牌。其包括三种情形:

一是，在出售的商品上同时标记制造商的品牌和中间商的品牌，兼收两种品牌单独使用的优点，增加信誉，促进产品销售，在产品进入国际市场过程中，制造商常常使用该策略；二是，制造商在出售部分产品上使用自有品牌，而另外一些出售给中间商的产品，由中间商使用其自己的品牌进行销售，在生产能力过剩的情况下，制造商常常借此扩大销售；三是，制造商先让中间商以其自己的品牌销售产品，等到产品打开销路有了一定的市场地位后，再改用制造商品牌，企业在进入新市场的情况下，有时会选择采取这一策略。

（四）制造商自有品牌和其他制造商品牌混合使用策略

制造商在出售的部分产品使用自己的品牌，而另外一部分商品使用同行其他制造商的品牌进行销售。一些企业为了扩大市场销售规模，不仅借助自己的渠道销售自有品牌产品，而且为其他企业加工产品。另外，一些同类产品企业建立联盟关系，统一使用知名企业的品牌。对知名企业而言，可以获得一定的使用权出让收益，并扩大市场影响力；对联盟的其他企业而言，可以扩大销售。

四、品牌族群策略

品牌族群策略是指企业选择所有产品使用一个品牌或者多个品牌的策略，如个体品牌策略、群体品牌策略、系列化品牌策略和多品牌策略。

（一）个体品牌策略

企业对各种产品分别使用不同的品牌。其优点是每一个品牌仅仅和具体的产品相关，容易被顾客接受，各品牌产品各自发展，彼此之间不受影响；缺点是品牌的设计、制作、广告宣传、注册费用较高，在不同品牌对应的商品功能相似的情况下，企业的不同品牌之间会形成竞争关系。

（二）群体品牌策略

企业对全部产品统一使用同一个牌子，也称为统一品牌策略。其优点是建立一个名牌后，能够带动许多产品的销售，有利于节省费用，消除顾客对新产品的不信任感；缺点是部分产品的质量会影响所有产品的销售。因此，使用这一品牌策略的企业必须确保每一产品都有可靠的质量保证。

小案例9-3　汇宝集团的统一品牌策略

汇宝集团的前身——台州市华联工业缝纫机厂，是台州最早成立的缝纫机厂之一。现在，汇宝集团的产业涉及工业缝纫机、出口纸箱、彩印包装、电脑绣花机、房地产等行业。

企业从2002年汇宝品牌初创就坚持统一品牌策略，摒弃只追求高市场占有率的冒进发展路径，而是在保证稳定的前提下寻求发展。通过注重品牌质量和技术水平，以及加强国内国际展销会宣传力度，汇宝实现了创业初期对品牌资产的积累。2005年汇宝的产销量及利润均已超过了同期采用多品牌策略的竞争对手。

汇宝至今已形成了以平缝系列、包缝系列、绷缝系列、双针机、花样机、高头机以及特种机为主要产品系列的 200 余种产品，产品覆盖国内纺织服装鞋帽加工的主要区域，以及海外 30 多个国家及地区。

汇宝面临市场中众多的竞争者和潜在竞争者。不仅缝制机械行业第一梯队的知名品牌对汇宝的生存构成压力，同时由于台州产业集群效应，本地企业进入该行业的资金、技术壁垒都比较低，众多小企业在现阶段内都具有抢占汇宝市场的可能性。在这种情况下，集中企业资金和营销资源培育统一品牌更能在现有市场上稳定企业自身地位。

缝制机械行业本身波动性大，对下游行业的依赖性强。在经济向好的周期内，由于下游服装、鞋帽、箱包行业的产销两旺，产业链下游行业的扩张导致对上游缝制机械设备的需求迅速地扩大，此时更多的企业涌入行业。而在经济收缩阶段，下游需求的收缩导致上游厂商产品积压，那些产品缺乏市场认同度和品牌价值的厂商，非常容易被挤出市场。因而应对行业内持续的波动性问题，管理具有一定认知度和忠诚度的品牌比广泛地建立众多同质化的品牌更具抵抗风险的能力。

汇宝进入缝制机械行业时，希望专注于该行业。因此，在考虑品牌策略和营销策略的选择时，需要品牌策略和营销策略能够适应各种不同的经济情况，减少外部经济运行趋势对公司的影响。基于企业自身实力的考虑，为了能够稳步地增强企业的竞争能力，最大程度集中优势创造品牌价值，汇宝选择了统一品牌策略。

（三）系列化品牌策略

企业把一种知名度较高的产品品牌作为系列产品的品牌名。例如，"华姿"用于美容霜、口红、香粉等系列化妆品。品牌的系列化有利于企业节省品牌制作、广告宣传等费用，企业推出的系列新产品可凭借原有品牌声誉迅速打开销路。当然，同一系列品牌下的某些产品质量不好时，会直接影响整个系列产品的销售。

（四）多品牌策略

多品牌策略指企业对同一种产品使用多个品牌。其优点是企业可以借助同类产品的多种品牌在零售商店占据更多的陈列空间，易于吸引顾客的注意力。这一品牌策略多适合顾客容易转换品牌的心理需求，有助于争取更多的顾客，激发品牌间在企业内部相互促进，共同提高，扩大销售。多品牌策略必须有计划、有目标地使用，不可滥用。如果产品没有显著的特点，或各种品牌只拥有很小市场占有率，通常不宜品牌过多。

小案例 9 - 4　精英的着装——阿玛尼

阿玛尼品牌的风格高雅、节制、冷静，喜欢用线条表达服装的情感，代表着阶级与品位，传达一种着装的生活方式。成熟、有品位的精英人士是阿玛尼的目标消费群体，有自己独特的审美情趣、常常不受大众流行文化影响，拥有购买阿玛尼的实力，并且懂得欣赏阿玛尼的品牌文化。

阿玛尼拥有六大品牌体系，其中高级订制时装 Armani Prive 系列最贵，通常为名媛名流量身定做；Giorgio Armani 是高级成衣系列中的最高端品牌，以高收入层的中年人、精英人士为主，是象征"华尔街"的权利套装，不仅仅代表着权力与阶级，还有内涵，风格高雅、节制，在经典高雅与随意浪漫之间徘徉；Emporio Armani 的目标消费群更是职场的中年人，以他们的购买力与购买习惯，专卖店常设置在高端百货店中。根据 Armani 旗下品牌的收入分配显示，Giorgio Armani 与 Emporio Armani 占总收入的 54% ~60%，中年人是阿玛尼品牌的主力消费者。

为了扩大产品线，阿玛尼开发了以年轻消费群体为主的系列，如 Armani Exchange，与高端产品线比较，价格亲民，是阿玛尼品牌线中最便宜的一个品牌。这一品牌产品线针对的消费群体是年轻时尚的潮流一族，设计上也更加前卫、大胆，性感、野性却绝不媚俗。

Armani Collezioni 是针对消费能力较低消费群体的市场。这个产品线的目标消费人群有两种，一种是追捧阿玛尼这个品牌，但是负担不起；另一种是追求品牌与品质，希望能有一件阿玛尼服饰的消费群体。

Armani Jeans 是最年轻、价格最亲民的产品线品牌，Armani Jeans 充分满足 18~30 岁年轻人的需要，它提供具有时尚和奢华倾向的衣饰。

自 1974 年阿玛尼品牌首次成功创立 Giorgio Armani 后，1981 年在服装界首开品牌产品线延伸之风。阿玛尼不仅把品牌拓展到了青年男女装系列，还延伸到了箱包、眼镜、手表、化妆品、家具、珠宝等众多产品领域，为喜欢阿玛尼产品的消费者设计了一种生活方式，这种品牌管理模式直接导致了市场的全面化。

五、品牌延展策略

品牌延展策略是指企业将已经成功塑造形成的品牌用于同种类型或者不同类型的新产品推广中，从而在更大的范围内使用品牌的策略。这一策略具体包括品牌延伸策略和品牌扩展策略。

（一）品牌延伸策略

企业将现有品牌用于经过改进的同类产品或者升级换代产品，新推出的产品同原有产品之间存在密切联系。品牌延伸有利于企业节约推出新品牌所需要的大笔费用，且能够使消费者快速接受新产品。当然，现有品牌隐含了消费者对企业原先突出的产品的认知，在企业先前推出的产品美誉度很高的情况下，企业可以充分运用这一策略。

（二）品牌扩展策略

企业将现有品牌用于新推出的不同类产品中，新推出的产品与原有产品之间存在很大的差异。例如，海尔将其在冰箱、洗衣机等领域形成的知名品牌用于空调、吸油烟机、电脑等产品。这一策略同样具有节约费用和快速推出产品的优点，缺点在于新推出的产品在品质上无法同品牌本身的特质保持一致时，企业的品牌将可能受到严重损害。

六、品牌重塑策略

品牌重塑策略是指企业重新确定自身的品牌，借助新品牌谋求竞争优势的策略。其包括品牌改进策略和新品牌策略。

（一）品牌改进策略

企业仍然沿用原有的品牌，但在品牌名称、图案组成、品牌地位、品牌质量等方面进行必要的改进，从而达到重新确立品牌的目的。例如，在上百年的发展中，百事可乐公司曾经多次改变公司的标志，以便与时代发展的潮流保持一致。一般在市场竞争条件发生深刻变化的情况下，企业应该考虑对原有品牌进行改进。

小案例 9－5 李宁公司更换品牌口号和标识与国际品牌正面争夺

李宁公司宣布正式启动品牌重塑战略，其中包括启用新的品牌标识和新的口号"Make The Change"。

李宁公司表示，新的品牌标识融合了李宁自创体操动作和"人"形创意，以"人"字形来诠释运动价值观，"鼓励每个人透过运动表达自我、实现自我，新的标识线条更利落，廓形更硬朗，更富动感和力量感。"同时，飘动的造型将更加锐利和富有动感，传达给消费者"突破、进取、创新"的品牌文化。新的品牌口号"Make The Change"取代了原有口号"一切皆有可能"，体现了从敢想到敢为的进化，鼓励每个人敢于求变、勇于突破。

（1）李宁旧标识图片

（2）李宁新标识图片

图 9－4 李宁标识

李宁公司此前的"L"型标识因涉嫌模仿耐克饱受诟病，口号"Everything is possible"（一切皆有可能）也被认为与阿迪达斯的"Nothing is impossible"雷同（图 9－4）。

李宁公司表示，原有标识和"一切皆有可能"的口号将一直保留，并作为一条生产线继续沿用，希望使其成为经典品牌资产。李宁公司称新的标识和口号表达了公司对中国体育用品行业前景充满信心，更加贴合其产品原有目标人群的考虑。

（资料来源：网易财经，http://money.163.com/10/0630/15/6AEGM73300252603.html）

（二）新品牌策略

新品牌策略指企业放弃原先使用的品牌，选择全新的品牌名称、图案设计等，从而以全新的品牌面目出现。当然，推出全新的品牌需要大量的广告、宣传等费用开支。在原有品牌效果不佳或者有更好的品牌出现的情况下，企业可以考虑启用全新的品牌。

第三节　品牌管理

为了能够在营销过程中充分发挥品牌的作用，企业必须对自身的品牌进行有效管理，确保推出高水准的品牌，并促使品牌不断增值，同时避免品牌价值流失，努力使品牌资产的收益最大化。

一、品牌管理组织

随着品牌在营销工作中重要性的凸现，许多企业开始考虑在企业中具体由谁负责品牌的管理工作。实践中，大致有两种基本组织形式，即产品经理负责制和品牌经理负责制。

（一）产品经理负责制

在企业内部设立不同的产品经理，分别负责与某一类产品的生产与销售等工作。企业要求这些产品经理同时承担起相应的品牌管理职责，即各自负责业务范围内产品的品牌管理工作。

这一管理体系的主要优点是品牌管理工作与产品生产经营活动很好地融合在一起。首先，产品经理会从本部门经营绩效的高度出发，全力打造品牌。其次，产品经理会整合部门内部的各种资源打造品牌。品牌不再单纯地被看作是有关设计人员、知识产权工作人员的专门工作，而是被看作是整个部门的共同工作。

这一管理体系的主要缺陷集中在三个方面。第一，企业缺少专门负责品牌管理工作的人员。在产品经理品牌意识不强的情况下，企业的品牌管理工作难以取得较大成效。第二，难以从企业整体出发统筹规划品牌管理工作，各部门往往各自从本部门的角度出发，推出适合部门产品需要的品牌形象设计，赋予品牌特定的内涵，这些品牌未必与整个企业的经营理念、文化氛围等相一致。第三，容易造成部门之间的冲突，在多个产品部门共同使用同一个品牌的过程中，各部门会因对品牌的认识程度和支持力度不同而带来冲突。

（二）品牌经理负责制

企业设立专门从事品牌管理的高层经理人员，同时设立品牌管理日常工作部门（如品牌部），负责与品牌设计、运营、改进、废止等相关的各项工作。品牌部实行经理负责制，全面负责领导企业的品牌管理工作。

这一管理组织体系的优点是：品牌的重要地位在企业中会更加明确；有利于专门的部门和人员集中全部精力开展品牌管理工作；有利于协调各个产品部门之间在品牌管理过程中的关系。这一管理体系的缺点是易造成品牌塑造和企业具体生产经营业务产生某种程度的割裂，不利于从日常一点一滴做起全力打造企业品牌。整个企业使用一个品牌、多个业务部门共用一个品牌的企业，常常实行品牌经理负责制。

二、品牌经营管理

作为一项重要的无形资产品牌，企业应该强化品牌的经营，通过品牌经营创造价值，谋求竞争优势和持续发展，因此有必要进行品牌经营管理。这一工作包括品牌塑造和品牌运用两项内容。

（一）品牌塑造

品牌塑造是指企业通过一系列的活动打造出具有较高知名度和美誉度的企业品牌或产品品牌。一般来说，企业在塑造品牌过程中至少需要做好如下工作。

（1）必须组织专业人员设计品牌，必要时可以请外部专家参与其中。

（2）要有专门人员负责品牌的宣传和推广工作。

（3）要在企业内部对品牌达成一致共识。

（4）要设计一整套品牌推广的活动。

（5）要将品牌推广融入企业产品销售过程中，借助产品推动品牌塑造工作。

（二）品牌运用

品牌运用是指企业运用品牌谋求竞争优势和收益的活动。品牌运用的工作主要有以下几项。

（1）在市场竞争中大打"品牌"牌，强调本企业的品牌优势，以此开拓市场、吸引更多的新顾客，培育忠诚顾客。

（2）将品牌作为企业重要的价值增值因素，适当提升产品价格，扩大利润空间。

（3）以品牌推动新产品快速上市。

（4）通过授权其他商家在一定范围内使用本企业品牌获得收益。

（5）在并购中充分运用品牌优势，迅速扩大经营规模或进入新的业务领域。

小案例 9-6　奥美：品牌管家

奥美是全球第六大广告公司，在 64 个国家设立了总数约 280 个机构，拥有员工约 1 万余人，散布在全球的分支机构，大部分都在其国家名列前茅。

奥美的创办人大卫·奥格威在 1995 年即开始宣扬这一观点："每一则广告都是建立品牌个性长期投资的一部分。"在奥美公司的每一个办公室墙壁上都挂有一幅陈述其企业任务的标语："对最珍惜品牌的人而言，奥美是最被重视的代理。"在奥美广告人看来，广告的目的必须是建立品牌。奥美为实现建立品牌的承诺建立了一套理念与作业方式，并称为"品牌管家之道"。

奥美将品牌管家之道定义为"一种创造、建立并活化各种有利润品牌的艺术"。而当奥美在向客户说明品牌管理的概念时，又会强调它在操作上的涵义："一项为确保所有与品牌相关的活动，都能反应品牌的核心价值与精神的整体设计"。即企业经由这样整体的规划，才能真正建立其品牌在消费者心目中的价值。品牌资产有六大层面：形象、声誉、产品、顾客、通路和视觉，透过360度的思考和执行，可以从这六个层面对品牌产生一个正面的作用。

奥美对品牌管理的宣扬及其成功扮演的品牌管理角色对全球广告界，包括中国广告界在内，都产生了极为深远的影响。到今天，许多专业广告公司都已开始在品牌传播过程中自觉运用奥美的品牌基因理论，奥美所常用的品牌管理工具也成了广告界风行一时的精良武器。

三、品牌保护管理

企业必须有效保护自身的品牌，防范来自企业内外的各种损害和侵权行为，确保品牌应有的形象和价值得到维护。企业对品牌的保护主要包括四个方面，即设计保护、打击假冒、自律保护和社会保护。

（一）设计保护

设计保护是指企业在进行品牌相关的图案、色彩、包装物等设计过程中，使用专业化的设计和防伪技术，使其他企业无法仿制品牌标志，或者仿制时需要付出高昂的代价，从而起到保护品牌的效果。目前，世界上几乎所有的知名品牌都采用了独特的防伪标志。

（二）打击假冒

假冒伪劣是最主要的品牌侵权行为。为了保护品牌，企业必须借助法律手段保护自身的品牌免受侵害和少受侵害。对于向企业提供假冒伪劣产品信息的部门和人员，企业要给予奖励。对于政府法律部门等开展的打假活动，企业要积极予以配合。同时，企业要主动出击，收集假冒伪劣信息，找寻假冒伪劣源头。必要时，企业甚至可以考虑成立打假办公室，专门负责打假工作。

（三）自律保护

企业自己树立的良好品牌，还需要自身来努力维护，要特别防止企业自己砸牌子的事件发生。企业必须依靠所有部门和员工的自律行为来保护品牌，避免出现由于内部人员行为不当使品牌形象受损的情况发生。首先，企业必须严格控制产品质量，坚决杜绝不合格产品流向市场；其次，企业在延展使用品牌过程中，必须注意新产品要与品牌要求的特质保持高度一致；再次，企业必须坚持做一个遵纪守法、有良好的伦理道德和社会责任心的企业，避免因为一些不当的突发事件对品牌造成伤害。另外，企业必须要求所有员工的日常行为处处展现企业的品牌形象，避免不适当的行为举止，特别需要避免内部员工自我诋毁企业品牌形象。

（四）社会保护

政府部门、新闻媒体、社会舆论在保护品牌过程中发挥着十分重要的作用。企业不仅要利用法律打击假冒品牌，还应该积极推动政府部门出台保护品牌的强有力措施，支持政府部门开展有效保护品牌的工作。新闻媒体在揭露侵害品牌的不当行为、宣传知名品牌方面发挥独特作用，企业应该充分利用媒体监督和打击假冒伪劣等行为的喉舌作用。另外，企业应该在全社会范围内努力营造一种尊重品牌、保护品牌的氛围，特别要让社会公众意识到保护品牌不仅仅是为了保护企业的利益，同时也是为了更好地保护消费者的合法权益。

☞ 思考题

1. 什么是品牌？
2. 品牌在企业营销活动中发挥怎样的作用？
3. 企业主要使用哪些品牌营销策略？
4. 企业如何有效保护自身的品牌？

☞ 案例分析

安踏品牌发展之路

安踏体育用品有限公司，简称安踏体育、安踏，诞生于 1991 年的福建晋江，是中国领先的体育用品企业，主要从事设计、开发、制造和行销安踏品牌的体育用品，包括运动鞋、服装及配饰。2016 年 2 月 23 日，安踏体育用品有限公司在香港公布了 2015 年全年业绩报告，公司营收达人民币 111.26 亿元，增长 24.7%，成为中国首家进入百亿俱乐部的运动品企业。

针对国内童装童鞋市场的竞争态势，安踏于 2008 年推出附属品牌 ANTA KIDS，ANTA KIDS 作为安踏品牌的延伸一方面提升整体母品牌的竞争优势，借助母品牌的市场影响力拓宽销售，挖掘新的用户群体。同步凭借安踏多年的品牌营销经验，开发中国童鞋市场，全力打造中国童鞋市场的知名品牌及领导者。

2009 年，安踏高调收购国际知名时尚运动品牌 FILA 在中华区的商标权和运营业务 FILA LOGO，并定位在高端市场，逐步占领国内各大高端百货商场渠道。

2017 年 10 月 20 日，安踏宣布，旗下附属子公司 ANKO 与韩国知名户外品牌 Kolon Sport 成立合资公司，同时宣布收购童装品牌小笑牛 KingKow100% 股权及有关商标拥有权。

目前，安踏已完成了与 Kolon Sport 成立合资公司的全部流程。安踏旗下附属子公司 AN-KO 与韩国户外品牌 Kolon Sport 完成成立合资公司后，Kolon Sport 将授予合资公司在中国独家经营与从事营销、销售、分销带有 Kolon Sport IP 及商标的产品。

此次安踏收购的小笑牛 KingKow 是定位中高端的国产童装品牌，专门设计和销售 0~14 岁的小童与儿童的服装及配饰。截至 2017 年 9 月，小笑牛 KingKow 在中国与美国共有 80 家门店。

完成对小笑牛 Kingkow 的收购之后，安踏集团的儿童版图在主要占据大众市场之外，有了更多向中高端市场开拓的砝码。

☞ 案例讨论

1. 安踏采取的品牌战略是什么？
2. 请分析安踏的品牌延伸策略是否稳妥。

第十章 纺织服装产品的定价策略

【本章学习目标】

1. 理解影响定价的主要因素。
2. 掌握产品定价的方法。
3. 掌握企业定价的策略。
4. 理解企业的价格变动对顾客需求的影响。

【引导案例】

阿迪达斯的定价策略

阿迪达斯（Adidas）是一家德国运动用品制造商，以其创办人阿道夫·阿迪·达斯勒（Adolf Adi Dassler）命名，于1920年于接近纽伦堡的赫佐格奥拉赫（Herzogenaurach）开始生产鞋类产品。1949年8月18日以adidas AG名字登记。

自成立以来，阿迪达斯始终以"领跑者"的姿态伫立于世界体育用品的品牌阵营，且不断享受着接踵而来的成功喜悦。不论是从历史还是从为体育事业做出的成就来看，阿迪达斯都堪称运动品牌的鼻祖。但自20世纪70年代开始，在美国跑步运动热潮中被新生对手耐克严重挫败后，这种关乎品牌命运的"失落"一直陪伴其走过数十年的艰辛历程，并被营销界人士整理成经典失败案例摆在教学的课堂。经过近20年来的品牌重整计划，阿迪达斯又焕发出勃勃生机。从价格方面来说，阿迪达斯奉行的价格策略有以下几条。

1. 高质高价 定价符合公司的目标——高端顶级运动品牌。一直以来，阿迪达斯产品售价虽高，但其一直保持高技术以及高质量的特点。尤其是阿迪达斯运动表现系列的竞技类产品，其形成时间最早，定位为金字塔的塔尖，专业性强、竞技性高，一直走高端路线。

2. 大众消费群体可以接受 运动品牌与时装品牌不同，时装界的顶级品牌如ARMANI、LV、GUCCI等的消费群体相对较小，但运动界的顶级品牌如阿迪达斯、耐克却是可以被大众接受的。因为每个人都需要运动，所以运动品牌的目标顾客群体较时装大得多。

3. 依据成本、市场和竞争来确定价格 阿迪达斯旗下有三种品牌，一个是普通的阿迪达斯运动品系列，目标人群是喜爱运动的人士，这一部分人士主要是年轻人，价格相对较低；一个是复古特色的三叶草系列，目标人群是喜爱复古路线的品牌发烧友，价格较高；一个是主打休闲装的时尚系列，该系列的产品则开启了新的时尚主义，在运动的本质中加入了时尚潮流，甚至登上了巴黎、米兰的T型台，其品牌价格自然定位在超高端。

除了成本和目标顾客决定了阿迪达斯的价格区间外，阿迪达斯的定价主要还受竞争对手耐克和彪马的影响，根据竞争对手来确定合理的价格区间。

4. *差别定价* 一般来说，售价越高的产品其利润率也就越高。阿迪达斯要解决的就是尽量能让人们去购买高价的产品。阿迪达斯对部分特殊产品施行了差别定价，譬如足球、篮球这世界两大体育运动，支持者众多，这其中就会分入门级的、专业级的和骨灰级等多个等级，正好满足了不同等级球迷的不同需求，使得其产品在多种价位上的销售成绩均非常不错。

5. *参考竞争对手进行定价* 在运动界中，能和阿迪达斯竞争的对手不多，如果按照营业额来划分的话，位于第一集团的仅有阿迪达斯、耐克和彪马三家公司，而彪马的成绩相比较前两位，差得也比较远。因此，阿迪达斯定价与其主要竞争对手耐克相差不多，同时比其他品牌商的价格高，以彰显自己的高端地位。

6. *适当的小型折扣活动，满足顾客需要，同时不失品牌地位* 阿迪达斯的打折活动有四个特点：间隔长、时间短、折扣低、产品少。长间隔令顾客会重视每次折扣活动，因为"好不容易才盼来打折，错过了就不知道下次是什么时候了"；时间短使得顾客非常珍惜这次折扣活动，往往会导致冲动型消费；阿迪达斯一般的折扣都在 8 折，即便是去一些折扣店，也只能享受到 7 折的折扣，折扣低令阿迪达斯品牌得以保持其运动界霸主的产品定位；产品少指的是参加折扣活动的产品少，这一方面满足了小部分人喜好购买"便宜货"的需求，另一方面也不会过多地影响其正价商品（也就是高利润商品）的正常销售。

7. *通过赞助大型赛事来获得专属销售，从而制订高额售价* 1936 年在德国柏林举行的第 10 届奥运会上，美国短跑名将杰西·欧文斯穿上阿迪达斯钉鞋参与比赛，一举夺得 4 枚金牌，震惊世界，阿迪达斯一举成名。从此之后，阿迪达斯赞助的世界级赛事不计其数，虽然付出了高昂的赞助费，但却也赚得盆满钵满。

第一节　影响定价的因素

从狭义的角度来讲，价格就是为获得产品或服务所需要付出的金钱。在经济学及营销学范畴，价格取决于价值，价格是一项以货币为表现形式，为商品、服务及资产所订立的价值数字。从哲学角度来看，由于价值规律的作用，价格围绕价值上下波动。当需求增多时，价格会上升，上升到一定程度满足了流通中的需求量，需求就会减少，价格就会下降。

由于人们的需求在不断发生着变化，影响纺织服装产品定价的因素越来越多，致使其定价过程也趋于复杂。第一，纺织服装产品的价格要体现在原材料及工艺制造方面，如丝制品的价格要远远高于其他织物是由于其原材料的稀缺性和制造工艺的复杂性。第二，纺织服装产品的设计元素和品牌经营对产品定价的影响更大，如森马、耐克这样轻资产企业只做品牌，不做加工。为它们代工的企业是根据产品的材质、加工复杂程度、订货数量等来确定价格；当贴上了这些品牌的 LOGO 后，售价却远远高于其支付的成本，这个购销差价就取决于品牌的附加值；还有一些高端定制、奢侈品牌等可以依其极高的知名度而订立一个极高的价格。第三，经济环境会影响产品的定价。在经济高涨时期，价格普遍上涨，纺织服装产品也不例外，人们会为了追求产品的特色而一掷千金；而到了萧条时期，产品价格下跌，人们则更倾向于性价比高的产品。

定价策略，也叫价格策略，是市场营销组合中一个十分关键的组成部分。从供给的角度来说，企业定价的目标是促进产品销售，赚取利润；从消费者的角度来说，价格是做出购买决策的一个重要决定因素。同时，由于企业在市场中不是独立存在的，其定价时还要考虑竞争的情况。这就要求企业在定价时既要考虑成本的补偿，又要考虑消费者对价格的接受能力，还要考虑竞争对手的策略等。因此，价格是市场营销组合中最难以确定的因素。

图 10-1 为企业设定价格时的一般方法，其中直接变动成本决定了价格的下限，需求因素决定了价格的上限，而竞争因素必定会拉低企业对产品的定价，企业的定价目标又会拉升价格。可见，成本因素、需求因素、竞争因素以及企业定价目标与营销组合策略是决定价格的四个主要因素。

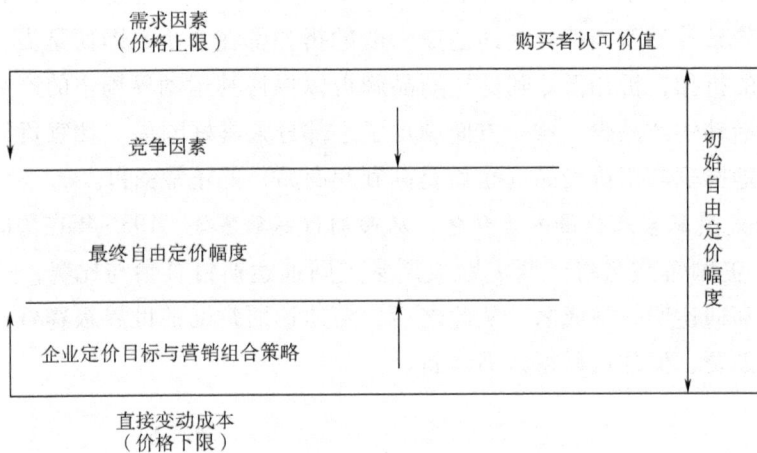

图 10-1 设定价格的方法

一、企业定价目标与市场营销组合策略

纺织服装类企业在对其产品进行定价时，首先会从自身战略出发，如会考虑企业的定价目标与拟采取的营销组合策略，在此基础上确定的产品价格方能与企业未来的发展相适应。

(一) 企业定价目标

企业定价目标是营销目标的组成部分，而营销目标是营销计划的核心部分，对营销策略和行动方案的拟定具有指导作用。企业营销目标是在分析现状并预测未来的机会和威胁的基础上确定的，而价格是实现营销目标的主要因素，价格只有与营销目标匹配，才能够达到预计的目标。根据企业规模、所处的发展阶段、竞争状况等因素，定价目标一般包括投资收益率最大化、市场占有率领先和产品质量领先等目标。

1. 投资收益率最大化目标　投资收益率又称投资利润率，是指投资方案在达到设计一定生产能力后一个正常年份的年净收益总额与方案投资总额的比率。它是评价投资方案盈利能力的静态指标，表明投资方案正常生产年份中，单位投资每年所创造的年净收益额。投资收益率越高，则表明该投资收回的时间越短。计算投资收益率的公式为：

$$投资收益率 = 年平均利润总额/投资总额 \times 100\%$$

其中：年平均利润总额 = 年均产品收入 − 年均总成本 − 年均销售税金及附加；其中：年均产品收入 = 年均销售价格 × 销售数量。

因此，投资收益率主要取决于销售价格和销售数量，二者越高则投资收益率也越高。但是正常商品的销售价格和销售数量呈反比关系，即销售价格越高，销售数量就越少。尤其是对于刚刚进入市场的纺织服装企业，由于知名度不高，如果定价过高，就会抑制消费需求；但如果定价过低，则会导致年均产品收入降低。因此，如何确定合理的价格以提高投资收益率是新建企业或新上项目的主要难题。

2. 市场占有率领先目标 如果企业已经在市场中有一定的规模和知名度，为了保持和发展竞争优势，会积极寻求提高其市场占有率的方法，以期达到在整个行业中占有最高的份额，即成为市场领导者。

市场占有率比投资收益率更能说明企业在本行业中的营销状况。因为随着市场的不断扩大，一个企业可能会获得较为可观的投资收益率和利润率，但是如果其所占份额较小，或者其市场占有率正在下降，从长期来看是非常不利的。只有一个较高的市场占有率，才能保证在未来的竞争中占有优势。如自 2005 年以来，全国家纺排名前十中，罗莱家纺的床上用品系列、被系列一直以其全国市场同类产品市场综合占有率第一位而名列榜首；奢侈品牌 Coach 为了提高市场占有率而走了亲民路线等。因此，无论是大型企业还是小型企业，都希望能用较长时间的低价策略来达到市场占有率的领先，进而成为行业领导者。

小案例 10 - 1 Coach："能轻松拥有"的奢侈品

成立于 1941 年的 Coach 公司，是美国历史最悠久和最成功的皮革制品公司之一。20 世纪 90 年代，Coach 公司和许多颇有历史的老牌企业一样，遇到了发展"瓶颈"。当时的 Coach 产品，大多具备较强的功能性、耐用性等优点，但在广告资讯迅速膨胀的 20 世纪 90 年代，却无法构建起自己独特的品牌形象。与此同时，LV、Prada 等开始以印象化的产品设计争夺市场，这些公司夺走了大量原先属于 Coach 的市场份额。Coach 的销售不仅仅停滞不前，而且有所倒退。

1999 年在法兰克福，Coach 被赋予了新的定位："能轻松拥有"的年轻奢华品牌。最具杀伤力的举措是，Coach 在大商场的平均价格几乎只是其竞争对手如 LV、GUCCI 等价格的一半。此招起到了立竿见影的效果。一个小型宴会包，LV 约 5000 元，而 Coach 只要 LV 的一半价格不到。处于欧洲高级品牌与中低档品牌的中间位置，这对一直喜欢使用高级品牌的时尚女性来说是个能轻松接受的价格。

当 LV 等品牌坚持不愿意到中国设立生产基地，担心因 "Made in China" 而降低品牌魅力时，Coach 从 2000 年开始，就将九成以上的工厂陆续移到劳工廉价的国家，如中国、印度尼西亚等；同时，Coach 大胆舍弃过去引以为傲的手工传统，开始半机械化生产。

Coach 海外事业部总裁伊恩·毕克莱说："Coach 的成功在于平衡了'低价'和'奢华感'这原本冲突的两端。"

（资料来源：http://www.sina.com.cn 2007.06.09.20：29 财经时报）

3. 产品质量领先目标　产品质量是组织用户和最终消费者要求的各种要素的集中表现，质量的优劣性取决于该产品满足用户和消费者要求或需要的程度。比如家纺企业的产品质量在于材质、做工、设计、生产工艺、花色图案等方面；男士在购买服装时主要看重里料、面料的材质，做工是否精细，产品标识、洗涤标识是否齐全等；运动鞋类则主要看重鞋底和鞋帮材质、鞋垫透气性、穿着舒适性、设计是否美观等。

有一些企业在进入某产品市场时的目标是取得产品质量的领先地位，以此来树立在该行业中的领先形象。这就要求制订较高的价格来弥补高性能、高质量、市场调研和产品研发的成本。例如，阿迪达斯的创始人阿道夫·达斯勒不仅是个制鞋匠，而且非常痴迷于业余田径运动。所以从阿迪达斯成立之初就一直推崇工艺和品质，他的志向是鞋子可以提高运动员的体育竞技水平，使阿迪达斯成为世界顶级体育品牌。

（二）纺织企业市场营销组合策略

价格只是市场营销组合工具中的一各方面，价格必须和产品、渠道、促销相配合才能形成一个连续有效的市场营销方案，因此产品、渠道和促销因素会影响到价格的制订。比如，一个不知名的家纺生产企业，只负责设计和生产，对产品的终端销售和促销没有控制权的话，就要给中间商一个较高的利润差，刺激中间商的销售积极性，这时只能设定一个略高于生产成本的价格。而名牌企业如罗莱家纺，从产品设计、生产、销售到品牌建设都在企业内部，因此可以设定一个较高的价格来获取超额利润。

通常的价格制订程序是，先设计一种新产品，然后确定它的成本，加上一个合适的利润，最后确定它的价格。但如果企业面临激烈的竞争，这种方法显然不合适。现在常用的"目标成本定价"则是完全反过来做的：首先通过市场调查，了解目标客户的心理价位；然后由管理部门制订盈利目标，财务部门根据收支情况决定为实现目标价格应花费的成本；最后，产品开发部门和材料供应商来共同决定产品的设计方案。营销管理部门也要据此确定未来的分销策略和促销策略。比如杜邦公司在刚推出"莱卡"时，从终端消费者出发，做了大量的产品推广，根据消费者能够接受的价格来向纱线及面料生产商进行供货。

二、成本因素

成本是商品价格构成中最基本、最重要的因素，也是商品价格的最低界限。在一般情况下，商品的成本高，其价格必定也高，这样才能以销售收入来抵偿生产成本和各种经营费用。因此，很多纺织服装类制造企业在成立初期，会致力于降低成本，取得成本优势。低成本导致低价格，低价格又导致高销量，使企业走上良性发展道路。

在目前的纺织品服装产品市场中，主要存在三类企业，分别是制造类企业、轻资产类企业和流通类企业。由于各类企业的着力点不同，其成本构成也是完全不同的。其中流通类企业的成本核算相对简单，在此不再赘述。

（一）制造类企业的成本

1. 生产成本 在纺织服装制造类企业中，成本即表现为生产成本，是企业生产过程中所支出的全部生产费用，是从已经消耗的生产资料的价值和生产者所耗费的劳动的价值转化而来。

成本可以分为固定成本和可变成本。固定成本是指成本总额在一定时期和一定业务量范围内，不受业务量增减变动影响而能保持不变的成本。一般包括企业管理费用、销售费用、车间生产管理人员工资、职工福利费、办公费、固定资产折旧费、修理费、办公用电费、办公用水费等。

可变成本与固定成本相反，是指那些成本的发生额在相关范围内随着业务量的变动而呈线性变动的成本，主要包括直接原材料、直接人工和制造费用等。比如织造厂的用纱量随着业务量的增减而成正比例变动，但单位产品的耗费则保持不变。

2. 成本函数 成本函数（Cost function）指在技术水平和要素价格不变的条件下，投入与产出之间的相互关系，即成本和产量之间的关系。用公式表示为：

$$C = f(Q)$$

当企业具有适当的规模时，产品的单位生产成本达到最低，即实现了规模经济。但不同商品，都各有自己理想的批量限度，其生产量超过了这个规模和限度，成本反而要增加，也就造成了规模不经济。一般来说，纺织原料制造商需要较大的规模才能达到规模经济，如年产十万锭的纺纱厂的生产成本会低于年产五万锭的纺纱厂。但对于服装和家纺生产企业来说，一般采用多批量、小批次的生产模式，因为这类企业看重的是产品的适应性，而不是较大的生产规模。

因此，企业在监督成本时必须考虑生产的耗费和产品的产量，节能、降耗、降成本是企业增强竞争优势的主要手段。如果企业能够保持自己的生产和销售成本低于竞争对手，则可以在竞争中处于优势地位。

（二）轻资产经营公司的成本

"轻资产运营（Asset - light strategy）"模式自 20 世纪 80 年代由麦肯锡管理咨询公司提出以后，就受到世界各地，尤其是西方国家的追捧。近些年来，国内的不少企业也或多或少地采用了这种运营方式，并取得了较好的运营效果。

1. 轻资产的定义 资产的轻重是个相对的概念。就一个企业或一项投资而言，厂房、设备、原材料等往往需要占用大量的资金，属于重资产。轻资产主要是指企业的无形资产，包括产品品牌、专利技术、营销渠道、企业文化、客户管理、人力资源等。一个公司里轻资产占用的资金越多，显得越轻便灵活。轻资产类公司主要有以下四类。

（1）类金融公司，这些企业的特点是经营性现金流很丰富，尽管许多钱是供应商的或用户的，但是现金流强大足以使这类企业产生规模效应和正反馈，低成本将顾客牢牢吸引在身边，典型企业有沃尔玛、国美、阿里巴巴等。

（2）知识产权公司，这类企业里，知识产权就是印钞机，典型企业有微软、默克制药、同仁堂等。

（3）品牌引领型轻资产公司，这类公司把生产外包，专注于品牌和研发。这就是制造外包，在纺织服装领域，许多品牌企业走了这条道路，如耐克、森马、美邦等。

（4）互联网公司，典型代表有戴尔、腾讯、Facebook、Google等。

由以上分析可见，纺织服装类企业一般走品牌引领型轻资产路线，这类企业的主要特点就是外包。所谓外包（Outsourcing）是指公司因人力、机器设备不足等原因，将公司的非核心业务委托给外部的专业公司，以降低营运成本，提高品质，集中人力资源，提高顾客满意度。目前的纺织服装企业把设计和品牌牢牢地掌握在自己手中，采用的外包模式主要是制造外包。

OEM（Origin entrusted manufacture）是制造外包的主要方式，俗称"贴牌"。即品牌商不直接生产产品，而是利用自己掌握的"关键的核心技术"负责设计和开发新产品，控制销售"渠道"。由于生产能力有限，有的品牌商甚至根本就没有设备厂房，为了增加产量和销量，甚至为了赢得产品上市时间，通过合同订购的方式委托其他同类产品的生产厂家进行生产，所订产品低价买断，并直接贴上自己的品牌商标。这种委托他人生产的合作方式即为OEM，承接这加工任务的制造商就被称为OEM厂商，其生产的产品就是OEM产品。

除了OEM方式，现在还有ODM和OBM方式。这些外包的方式不仅主导权绝对在品牌商，而且大部分利润也自然归它。这就是品牌引领型的轻资产运营的魅力之所在。

小案例10-2　森马——轻资产经营，只做品牌

森马集团有限公司创立于1996年，是以系列休闲服饰为主导产业的无区域集团。集团现拥有"森马"和"巴拉巴拉"两大品牌、五大子公司和八大分公司。森马自创办以来，致力于开展虚拟生产，巧妙地将"借船出海""借鸡生蛋"的管理思想运用于企业实践。森马自己拥有品牌自主权，具备品牌运作、产品设计开发、供应链管理和营销网络管理的综合能力，通过外包进行产品生产，这是价格组成中利润最薄的部分，而把获取利润最高的产品设计、营销策划、物流等留在了公司内部。公司率先在珠三角和长三角整合了一大批生产能力强大、技术力量雄厚、产品质量过硬的生产厂家。后来，随着业务量的扩大，多家专业生产厂家自动加入到森马供应链中。因此，虚拟经营模式使得公司的净利润率和发展速度远远快于业内其他公司。

（资料来源：德邦证券2011.03.11）

---

2. 轻资产公司的成本　轻资产类公司主要靠无形的知识资本进行扩张，无形资本如智力资本、品牌影响力、渠道控制能力等都是靠长期的经营积累下来，占用企业的货币资本相对

较少，因此可以降低生产成本，减少资金占用，盘活资产，便于实现快速扩张和跨越式发展。

据美国外包协会的统计表明，外包协议使得企业成本减少9%。比如耐克公司，它的所有产品都不是自己生产制造的，而是全部外包给具有劳动力成本优势的东南亚等地的发展中国家的生产厂家。

轻资产运营模式有利于提高组织结构的灵活性，使企业把精力集中在产品开发、市场等塑造良好的品牌形象的利润空间更大的业务，而不是制造上，使品牌成为承诺，成为保险，从而大大提高品牌附加值。

在产品同质化异常严重的纺织服装行业，想要提高产品的附加值，必须在品牌概念、品牌形象建设上下功夫。品牌不仅是形态上的无形资产，而且是簿记中的零资产——它不出现在公司的资产负债表上。但品牌却是企业核心竞争力的集中体现，是最具价值的轻资产。大多成功的低成本扩张，都是品牌引领的轻资产扩张。

三、竞争因素

企业在定价时除了要考虑企业目标以及成本因素外，还要根据市场上的竞争状况来进行适当的价格调整。

通常按照竞争程度这一标准，依据不同的市场结构特征，将市场划分为完全竞争市场、垄断竞争市场、寡头垄断市场和完全垄断市场四种类型。纺织服装产品是劳动密集型产品，进入门槛较低，各个企业依靠产品的差异化获得竞争优势，属于垄断竞争型市场。

竞争因素包含供求关系和竞争者的策略等方面。

（一）供求关系

商品价格由价值决定，随供求关系上下波动。一种商品的供求状况是指其供给总量与需求总量之间的关系，这种关系包括供求平衡、供小于求和供大于求三种情况。

供求平衡是指某种商品的供给与需求在一定时期内相等。如图10-2所示，当价格为P_e时，需求量为Q_e，供求达到平衡，这时商品的市场价格称为均衡价格，数量称为均衡数量；如果价格提高到P_1，那么需求量会减少到Q_1，这时供大于求；如果价格降低到P_2，则显示为商品供不应求，商品价格便会上涨，形成卖方市场，直至达到均衡价格。

在纺织服装产品市场中，主要存在两种情况：一是供不应求，即生产的产品适销对路，价格低于消费者的认知价值；二是供大于求，即存在大量的产品积压现象，企业不得不降价销售，这就是常看到的打折促销活动。当然也有不少企业采用订单式生产，企业内部直接达到了供求平衡。

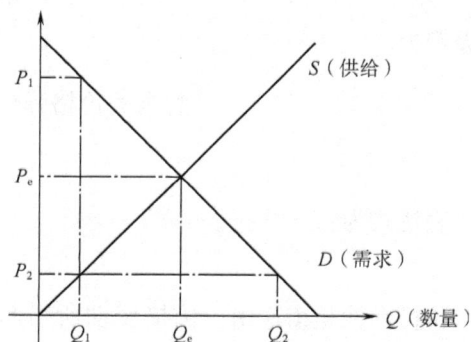

图10-2　供求关系曲线

（二）竞争者的策略

另外一个竞争因素是竞争者的成本、价格以及竞争者对该企业定价可能会做出的反应。比如消费者在购买床上用品时会考虑若干个品牌并对这些品牌的产品性能、价格、设计等方面进行评价比较，聪明的消费者一定会购买从自身角度来讲性价比较高的产品。此外，企业的定价战略会影响企业所面对的竞争状况。例如，杜邦公司在刚发明新产品"莱卡"时，采用的是低价格渗透战略，竞争者觉得无利可图，使得"莱卡"纤维的竞争延迟了几年时间。试想，如果当时杜邦采取高价格、高利润的战略，它必然会很快引来激烈的竞争。

四、需求因素

由图 10 - 1 可见，需求因素决定了价格的上限，即消费者对产品价值的认知以及需求的价格弹性决定了产品价格的上限。

（一）消费者对产品价值的认知

纺织半成品的价格取决于原料及生产因素，如纱线会根据线密度来确定价格，面料会根据织造工艺、染整技术来确定价格。而家纺和服装等终端产品的价格则取决于消费者对品牌的认知。

品牌的意义在于它能够创造更高的附加价值，因此，名牌产品可以标出非常高的价位。我国整体消费水平并不很高，一套女装标价在万元左右，但仍然有人购买。这充分说明，许多人购买的不仅是服装本身，更主要的是一种展示心理，一种社会归属感的需要。

顾客从服饰品牌所传递的丰富内容（如个性、文化、生活方式、价值观念等）中，会逐渐形成对该品牌的印象，进而被唤起某种情感，如愉悦、轻松或自信等，最终会对该品牌产生好感或偏爱。例如，意大利的 Prada 女装，造型端庄严谨、线条流畅、色彩清新自然，是简约主义的典型代表之一，虽然价格不菲，却深得目标客户的喜爱。因此，如何赢得顾客的关注和好感，提升顾客对产品价值的认知，是营销者应该孜孜追求的目标。

（二）需求的价格弹性

需求的价格弹性是指当商品价格变动时，该种商品需求量相对价格变动的灵敏度。用公式表示为：

$$需求的价格弹性系数 = \frac{需求量的变动率}{价格的变动率}$$

表达式为：

$$E = -\frac{\dfrac{dQ}{Q}}{\dfrac{dP}{P}}$$

价格弹性是衡量由于价格变动所引起数量变动的敏感度指标。当弹性系数为 1 的时候，销售量上升的幅度和价格下降幅度是相抵的。0 ~ 1 的弹性意味着这类物品的需求是相对缺乏弹性的，或者说价格不敏感，大多数生活必需品（如食品）的需求就是缺乏弹性的；弹性大于 1 的商品是富有弹性的，价格下降会导致销售量的大幅度提高，从而达到高的收益。大部分家纺产品和服装的弹性都大于1，因此，经常会看到商场在淡季进行打折促销活动。

五、其他因素

在设定价格时，企业还必须考虑外部环境中的其他方面的因素，如整体经济衰退会导致价格下跌，通货膨胀会使得物价飞涨，利率波动也会影响人们对价格的敏感程度。有时为了避免同行企业在生产和流通中盲目竞争，国家采取计划指导，由同行营销者共同协商制订商品的统一价格；也有国家物价部门和业务主管部门规定定价权限与范围，指导价格制订和调整等。这些也都直接影响企业对产品的定价。

第二节　定价方法

根据企业定价时所主要考虑的因素，企业定价的方法可以分为三种：成本导向定价法、需求导向定价法和竞争导向定价法。

一、成本导向定价法

成本导向定价法是以产品单位成本为基本依据，再加上预期利润来确定价格的方法，是生产或销售型企业最常用、最基本的定价方法。成本导向定价法又衍生出了成本加成定价法、盈亏平衡定价法等。

（一）成本加成定价法

成本加成定价法就是用平均成本加上平均利润得到产品的单价。这种定价方法的好处是公平合理，简单易行。当然，这里的成本是考虑了税收和机会成本后的完全成本。

$$P = C \times (1 + R)$$

式中：P——价格；

　　　C——成本；

　　　R——成本利润率。

成本加成定价法的优点是：产品价格能保证企业的制造成本和期间费用得到补偿后还有一定利润；产品价格水平在一定时期内较为稳定；定价方法简便易行。

例：某服装厂月生产4000套西服，总固定成本为60万元，每套西服的变动成本为300元，加成率（利润率）为20%，则每套西服的售价应为多少？

解：4000套西服的可变成本 = 4000 × 300 = 1200000（元） = 120（万元）。

总成本 = 总可变成本 + 固定成本 = 120 + 60 = 180（万元）。

总收益 = 总成本 × （1 + 利润率） = 180 × 1.2 = 216（万元）。

单件西服的价格 = 2160000 ÷ 4000 = 540（元/件）。

这种方法也非常适合于零售企业，零售企业加成率的衡量一般有两种方法，一种是按照进货成本进行衡量，即根据购进价格加上一定的利润率来确定销售价格；另一种是按照销售价格进行衡量，即采用售价的一定比率作为加成率（利润率）。即：

$$P = \frac{C}{(1 - R)}$$

式中：P——价格；

C——成本；

R——利润率。

例：某服装商场经营一种男士 T 恤衫，进货价为每件 80 元，加成率为售价的 50%，请问零售价应定为多少？

解：$P = \dfrac{80}{(1 - 50\%)} = 160$（元）。

如何确定附加于成本基础上的加成百分比是成本加成定价法的核心问题。工业生产性企业的加成一般取决于行业的平均利润率，而零售企业的加成却千差万别。同时加成率也不是固定不变的，要根据商品的价格弹性来进行调整，如果某品牌的价格弹性较高，加成率应适当低一些，这样才能保证利润最大化；反之，如果某品牌附加值高，拥有大量的粉丝，价格弹性相对较低，则可以有一个较高的加成率。以服装零售店为例，不知名品牌的加成率约为50%，而知名品牌则至少翻倍。

成本加成法定价是典型的生产者定价，它的缺点是忽视了市场供求关系和竞争因素的影响，忽略了产品生命周期不同阶段对价格的影响，缺乏适应市场变化的灵活性。

（二）盈亏平衡定价法

盈亏平衡定价法又叫目标利润定价法、保本定价法或收支平衡定价法等，是指在销量既定的条件下，企业产品的价格必须达到一定的水平才能做到盈亏平衡、收支相抵，也就是全部销售收入等于全部成本。在图 10 - 3 中盈亏平衡点表示为销售收入线与总成本线的交点。以该盈亏平衡点为界限，当销售收入或销售量高于盈亏平衡点时，企业盈利；反之，企业就亏损。

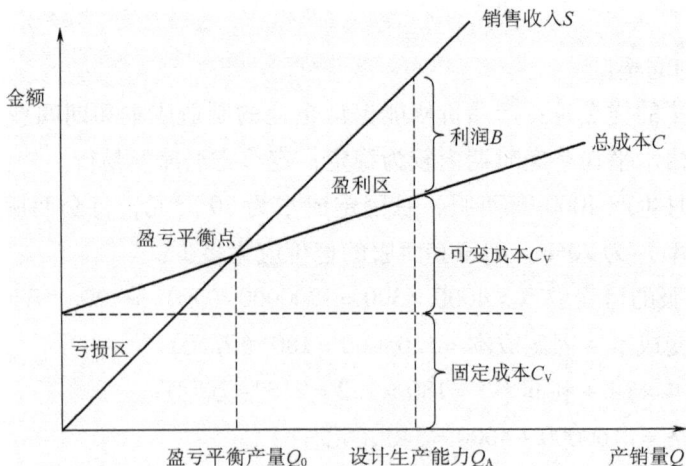

图 10 - 3　盈亏平衡图

盈亏平衡点可以用销售量来表示，这个既定的销量就是盈亏平衡点或称零利润点、保本点、盈亏临界点等；也可以用销售额来表示，即盈亏平衡点的销售额。

盈亏平衡定价法能够保证收回成本，因而也是一个被广泛采用的定价方法。其定价公式为：

$$P = \frac{C_F}{Q_0} + C_V$$

式中：P——价格；

    C_F——固定成本；

    Q_0——盈亏平衡点的产量；

    C_V——盈亏平衡点的平均可变成本。

盈亏平衡点销售量为：

$$Q_0 = \frac{C_F}{P - C_V}$$

例：某纺织厂生产一种服装用条纹面料，企业固定成本为50000元，单位产品变动成本为8元/m，若盈亏平衡点的产量为2000m，则该厂应该如何定价，企业才会不亏本？

解：$P = 50000/2000 + 8 = 25 + 8 = 33$（元/m）。

因此，该企业的定价应该高于33元/m才会不亏本。但是如果价格上升，需求量就会下降，即由于价格的提高而降低盈亏平衡点。反之，如果该企业的产量大于2000m，平均可变成本不变，仍为8元/m，这时平均固定成本会下降，企业就可以降低价格。也就是说，企业的定价越高，盈亏平衡点产量就会越低；定价越低，盈亏平衡点产量就会越高。

这种定价方法的前提是已知固定成本、变动成本并科学地预测销售量，然后运用盈亏平衡分析来确定产品价格。如果预测数量不准确，单位成本不准确，那么计算出来的平衡点价格就不准确。因此，采用这种方法时，要结合企业的利润目标和产品的价格弹性，制订不同水平的产品价格，以测量价格变动对销售量和利润所产生的影响，将价格定位在能使企业目标利润实现的水平之上。

二、需求导向定价法

需求导向定价法是以消费者的需求好恶为依据，根据消费者对产品价值的理解进行定价。消费者愿意花多少钱就定多高的价，这种定价方法能够最大限度地占用消费者剩余。需求导向定价法主要包含理解价值定价法和需求差异定价法。

（一）理解价值定价法

理解价值定价法是以消费者对商品价值的感受及理解程度作为定价的基本依据。在买方市场下，企业在定价时更侧重于买方的价值判断而非卖方的成本费用。图10-4是以成本为基础的定价与以价值为基础的定价程序。两者在定价时的出发点是完全不同的，前者从企业利益出发，后者从顾客利益出发，显然后者更能获得顾客的理解和满意。

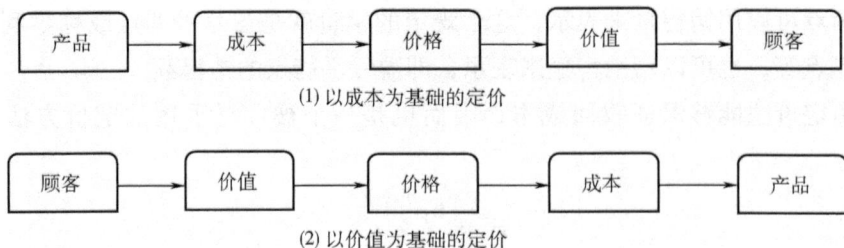

图 10 - 4　两种定价方法的定价程序

消费者购买商品时总会在同类商品之间进行比较，选购那些既能满足其消费需要，又符合其支付标准的商品。消费者对商品价值的理解不同，会形成不同的价格上限，如果价格刚好定在这一限度内，消费者就会顺利购买。

为了加深消费者对商品价值的理解程度，从而提高其愿意支付的价格限度，家纺和服装零售店在定价时首先要做好商品的市场定位，拉开本企业产品与市场上同类产品的差异，突出产品的特征，加深消费者对商品的印象。如罗莱家纺的定位是中高端家居品牌，推崇的是欧洲浪漫、典雅的设计风格，产品材质上乘、做工优良。这些因素使得消费者对其认知价值很高，认为购买这些商品能获得更多的相对利益，从而愿意接受其较高的价格。

如果是新产品上市，在销售初期，消费者对其缺乏了解，应该通过媒体广泛宣传引导，让消费者认识到商品的效用和价值，企业进而在消费者认为"值得"的价位上进行定价。

（二）需求差异定价法

需求差异定价法也称为差别定价法或价格歧视，最早是福利经济学家庇古提出来的。这种定价方法是根据销售的对象、时间、地点的不同而产生的需求差异，而对相同的产品采用不同价格的定价方法。这种价格差异并不是因为产品成本的不同而引起的，而主要是由于消费者需求的差异所决定的。

这种定价方法的好处是可以使企业定价最大限度地符合市场需求，促进商品在各个需求档次的销售，有利于企业获取最佳的经济效益。具体实施起来通常有以下四种方式。

1. 基于顾客差异的差别定价　这是根据不同消费者的消费性质、消费水平和消费习惯等差异来制订不同的价格。根据消费者购买能力的不同，制订不同的价格。如会员制下的会员与非会员的价格差别；新老顾客的价格差别；国外消费者与国内消费者的价格差别等。

2. 基于不同地理位置的差别定价　由于地区间的差异，同一产品在不同地区销售时，可以制订不同的价格。例如，同一产品销往欧洲和销往非洲的价格不同；同一产品在一线城市和二、三线城市的价格不同；甚至同一产品在同一城市不同销售地点的价格不同。如家纺产品在百货商场和在家纺批发市场的价格差异就很大。

3. 基于产品差异的差别定价　质量和规格相同的同种产品，采用不同的包装，导致包装的成本不同。企业在定价时，并不根据包装成本的差价来决定价格的差异，而是按包装的豪华程度来拉大差距进行定价。这里定价所考虑的真正因素是不同外观和式样对消费者的吸引程度。比如，毛巾套装有礼盒装、普通装及特惠装三种包装方式，虽然产品内涵和质量一样，但价格往往相差很大。

4. 基于时间差异的差别定价 还有一些产品在不同时间段里制订不同的价格。因为在不同时间段，商品的效用是完全不同的，顾客的需求强度也是不同的。在需求旺季时，商品需求价格弹性小，提高价格并不会失去太多顾客，而需求淡季时，需求价格弹性较高，可以采取降低价格的方法吸引更多顾客。商场里经常看到的羽绒服反季促销活动就属于此类。

不过，实行差别定价是有条件的：第一，市场必须能分割开来；第二，要确定并防止高价细分市场的竞争者不可能以较低的价格进行竞销；第三，要确保低价细分市场的买主不会向高价细分市场去转售；第四，进行市场细分所增加的开支不能超过高价销售的所得；第五，差别定价不会引起顾客的反感；第六，差别定价必须合法。

三、竞争导向定价法

竞争导向定价是企业通过研究竞争对手的生产条件、服务状况、价格水平等因素，依据自身的竞争实力，参考成本和供求状况来确定商品价格。这种定价方法以市场上相互竞争的同类商品价格为定价基本依据，而不过多考虑自身成本及市场需求因素。企业的定价可能与主要竞争者的价格相同或略有偏差。小型企业或一般企业会采用追随大企业或知名品牌进行定价，定价与大企业或知名品牌保持一定的距离。如男装品牌中的一线品牌雅戈尔、杉杉、罗蒙等，相似产品的价位就相差不多，而红豆、报喜鸟的价格就要低一个档次。

竞争导向定价法主要有现行价格定价法、密封投标定价法、主动竞争定价法等。

（一）现行价格定价法

在垄断竞争和完全竞争的市场结构条件下，为了避免竞争尤其是价格竞争带来的损失，大多数企业都采用现行价格定价法，因为大部分企业都会觉得现行价格反映了本产业的现实水平，利用这样的价格来获得行业平均报酬。这种定价一般适用于基础产品，如棉纱、坯布等同质性较高的商品。

（二）密封投标定价法

以竞争为基础的定价还被用于企业投标过程中。比如为了进入某个零售商场，服装企业会进行投标，为了能够中标，企业会根据成本、预期利润、中标概率以及预计竞争者投标的报价水平，来确定自己的投标价格。由于企业的目的是要中标，这就要求其定价低于竞争企业。

（三）主动竞争定价法

与现行价格定价法相反，主动竞争定价法不追随竞争者的价格，而是根据企业的实际情况以及与竞争对手的商品差异来确定价格。采用这种方法的一般为富于进取心的企业，定价时要分析造成价格差异的原因以及自己产品的特色、优势及市场定位。

第三节 定价策略

定价方法是企业定价的基础，在这一基础之上，企业还要根据自身的产品特色、竞争状况、需求状况、地点差异等来制订相应的定价策略。常见的定价策略有心理定价、地理定价、折扣定价、差别定价、组合定价和新产品定价等。

一、心理定价

心理定价策略是针对顾客心理而采用的一类定价策略。企业在定价时可以利用消费者心理因素，有意识地将产品价格定得高些或低些或有一定的特色，以满足消费者生理的和心理的、物质的和精神的多方面需求。这种策略主要应用于终端零售商业，如百货商场、服装大卖场、专卖店等。心理定价策略的形式有尾数定价、整数定价、声望定价、习惯定价、招徕定价等。

（一）尾数定价

尾数定价也称零头定价，将价格保留在整数水平以下。尤其是购买一般的日用消费品时，消费者乐于接受尾数价格。比如，大卖场的袜子定价为 0.98 元，鞋子标价为 29.8 元，衣服定价为 98 元等。消费者会认为这种价格经过精确计算而产生信任感。同时，价格虽离整数仅相差两分或两角或两块，但给人一种低一位数的感觉，符合消费者求廉的心理。

（二）整数定价

整数定价与尾数定价正好相反，企业有意将产品价格定为整数或整数水平以上，给人以档次较高一级的感觉，以彰显产品的高质高价。这种定价策略适合于价格较贵的高档商品。因为这时顾客对质量较为重视，往往把价格高低作为衡量产品质量的标准之一，容易产生"一分价钱一分货"的感觉，从而有利于销售。如名牌服装定价为 1100 元可能较 998 元更好销一些，貂皮大衣定价为 20000 元较 19800 元更显得尊贵。因为在这个价位上消费者会认为超过整数价格的商品更能显示其身份、地位等，从而得到一种心理上的满足。

（三）声望定价

声望定价是针对消费者"便宜无好货、价高质必优"的心理，对在消费者心目中享有一定声望，具有较高信誉的产品制订一个高价。不少高级名牌产品和稀缺产品，如爱马仕、LV、高端定制产品、限量版产品等，在消费者心目中享有极高的声望价值。

（四）习惯定价

有些产品在长期的市场交换过程中已经形成了为消费者所适应的价格，企业对这类产品定价时要充分考虑消费者的习惯倾向，采用"习惯成自然"的定价策略。比如浪莎袜业的丝袜，价格一直维持在 10 元左右，降低价格会使消费者怀疑产品质量是否有问题，提高价格会使消费者产生不满情绪，导致购买的转移。在不得不进行提价时，应采取更换包装或采用新的品牌名称等措施，以减少消费者的抵触心理，并引导消费者逐步形成新的习惯价格。

（五）招徕定价

招徕定价是指将特定产品价格调整到低于一般市价，甚至低于成本出售，以吸引顾客、扩大销售。采用这种策略，虽然几种低价商品不赚钱，甚至亏本，但从总的经济效益看，由于低价产品的引诱，带动了其他正价商品的销售，企业还是有利可图的。比如有的超级市场和百货商店大大降低少数几种畅销商品的价格，吸引大量的顾客前来选购。

二、地理定价

地理定价是一种根据商品销售地理位置不同而规定差别价格的策略。因为消费者所在地理位置不同，运输成本、当地的消费水平以及企业未来在该地区的战略都会作为产品定价调整的基础。也就是说，企业要决定是否制订地区差价。地理定价策略的主要形式有以下几种。

（一）原产地交货价格

原产地交货价格是卖方在原产地按出厂价格交货。在国际贸易术语中，这种价格称为离岸价格，运输过程中的一切费用和保险费均由买方承担。原产地交货价格对卖方来说较为便利，手续最简，风险最小，但因为较高的运费而对距离较远的销售有一定抑制作用。

（二）统一交货价格

统一交货价格也称送货制价格，就是企业对于不同地区的顾客，不论远近，都按照相同的价格定价。这种定价方式使买方认为运送产品是一项免费的附加服务，从而乐意购买，有利于扩大市场占有率。同时，能使企业维持一个全国性的广告价格，易于管理。该策略适用于品牌服装及品牌家纺产品，因其重量轻、运费低，运费占成本比例较小。

（三）分区运送价格

分区运送价格也称区域价格，指卖方根据顾客所在地区距离的远近，将产品覆盖的整个市场分成若干个区域，距离企业较远的区域，价格定得较高；距离企业较近的价格区域，价格定得较低，在各个价格区域范围内执行一个价。实行这种办法的弊端是，对处于两个价格区域交界地的顾客得承受不同的价格负担，因而会有窜货的可能性。

（四）运费津贴价格

运费津贴价格是指为弥补原产地交货价格策略的不足，减轻买方的运杂费、保险费等负担，由卖方补贴其部分或全部运费。该策略有利于减轻较远地区顾客的运费负担，使企业保持市场占有率，并不断开拓新市场。

三、折扣定价

折扣定价是指企业为了鼓励顾客及早付清货款、大量购买、淡季购买，对基本价格做出一定的让步，以争取顾客，扩大销量。

折扣定价又有现金折扣、数量折扣、交易折扣、季节折扣和推广折扣等方式。其中现金折扣的目的是鼓励顾客提前付款，不拖欠货款，以加速资金周转，改善销售商的现金流通，降低收回欠款的成本和减少坏账。数量折扣是根据顾客购买货物数量或金额的多少给予的一种减价优惠，鼓励顾客多买、常买。交易折扣也称功能折扣，是企业根据各类中间商在市场中的不同地位和功能，给予不同的折扣。季节折扣是为了在销售淡季提高销量，对前来采购的买主所给予的一种折扣优待。推广折扣是企业向为其产品进行地方性广告宣传、橱窗布置、举行展销会等促销活动的中间商提供的一定的价格折扣或让价，作为给中间商开展促销工作的补偿，以鼓励中间商积极为企业产品扩大宣传。

四、差别定价

差别定价又称"价格歧视"或"弹性定价"，是一种"按照顾客支付意愿"而制订不同价格的定价法，其目的在于建立基本需求、缓和需求的波动和刺激消费。当一种产品对不同的消费者，或在不同的市场上的定价与它的成本不成比例时，就产生差别定价。差别定价的形式及特点参见本章第二节的"需求差异定价法"。

五、组合定价

组合定价是处理本企业各种产品之间价格关系的一种经济策略。企业通常不只生产一种产品或提供单一的服务，而是有一个产品组合策略。这时企业可以探索制订出一套产品组合定价策略，使得整个企业盈利最多。产品组合定价包括产品系列定价、任选品定价和成套产品定价等策略。

（一）产品系列定价

为了吸引各个层次的消费者，公司在运营中一般都会开发产品线系列而不是单独的产品。产品系列定价是根据购买者对同样产品线不同档次产品的需求，精选设计几种不同档次的产品和"价格阶梯"，顾客根据对这些产品之间的评价以及与竞争者同类产品的评价来决定购买哪种档次的产品。如果两个前后连接产品之间的"价格差额"很小，购买者就会倾向于购买更先进的产品；反之，如果"价格差额"过大，大多数顾客会选择购买较便宜的产品。

比如雅戈尔旗下的三个品牌 YOUNGOR、MAYOR 和 GY 就分别定位于不同消费档次，价格也相差较大。

小案例 10-3 雅戈尔品牌的产品系列

雅戈尔集团创建于 1979 年，经过 30 多年的发展，逐步确立了以品牌服装、地产开发、金融投资三大产业为主体，多元并进、专业化发展的经营格局，成为拥有员工 5 万余人的大型跨国集团。品牌服装是雅戈尔集团的基础产业，经过 30 多年的发展，已形成了以品牌服装为龙头的纺织服装垂直产业链。目前，雅戈尔共有五大品牌，分别定位于不同的目标市场。

YOUNGOR：定位于 35~45 岁成功人士，价位在 3000~8000 元。YOUNGOR 品牌共分为商务正装系列、商务休闲系列、都市休闲系列等三大系列。

MAYOR：定位于高端行政长官，使用世界最好的面料，价位在 8000~15000 元。这个价格区间是国际顶级男装品牌的一半甚至更低，雅戈尔的目标是成为性价比最高的世界品牌。

GY：定位于 25~35 岁自信进取的都市新锐男士，提供时尚新颖的商务通勤系列和都市休闲系列着装，价位在 1000~3000 元。

Hart Schaffner Marx：哈特·马克斯定位于 33~55 岁，追求自由、休闲的生活方式，有一定的穿着品位，适合于公司白领、收入稳定的自由职业者、管理人员等。分为精英系列——正装、都市系列——休闲装和生活系列——家居服。

汉麻：定位于追求高品质环保健康的人士。"自然、健康、艺术、品质"的品牌理念，传递品牌时尚与古朴并存的文化内涵，这种生活方式非常珍贵，它在城市生活中简单而行，并保持着它的经典与奢侈。

（资料来源：https://www.chinapp.com/genzong/57359）

（二）任选品定价

任选品定价是指对那些与主要产品密切关联的可任意选择的产品的定价策略。纺织服装产品在零售时，经常还附带提供配饰与之搭配使用，才能更加美观或者舒适。比如衣服需要丝巾、胸针、头饰等来搭配方能显示其高贵的品质，还有一些高档服装需要售后护理产品，顾客在选购产品时也可能会受到这些任选产品的吸引而做出购买决定。企业在为这些任选品定价时有两种策略，一种是为任选品定高价，作为盈利的一个主要来源；另一种是定低价，把它作为招徕顾客的项目之一。

（三）成套产品定价

成套产品定价是指以低于单个产品出售的价格将互相关联、互相配套的产品按套出售，以吸引顾客成套购买，从而扩大销售、节约费用、增加利润的定价策略。这种策略非常适合于家纺产品，消费者在购买这类产品时非常注重配套性，而且在进行成套购买时价格会更划算。

六、新产品定价

在新产品进入市场之初，由于对消费者的认知价值难以确定，又无竞争者价格作为参考，尤其对全新产品和换代产品，其定价合理与否，不仅关系到新产品能否顺利地进入市场、占领市场，而且关系到新产品本身的命运和企业的未来。企业在新产品进入市场时可以选择以下三种定价策略。

（一）撇脂定价

撇脂定价又称"取脂定价"，是指在新产品上市之初，把价格定得很高，以便在短期内获取厚利，迅速收回投资，减少经营风险。例如，一种纺织新材料面世，企业如果感觉到该材料在性能上优于现有的其他产品，就可以设定高价格，当竞争者开发或仿制出相同或相似的材料时，企业就会降价，以吸引对价格敏感的新顾客，即采用"先高后低"的价格策略。

撇脂定价的应用需要有一定条件，只有具备了这些条件它才具有合理性。第一，市场上存在一批购买力很强且对价格不敏感的消费者，即产品的需求价格弹性小，且有足够的购买者能接受这个高价格；第二，产品的技术含量较高，且企业拥有专利技术，暂时没有竞争对手推出同样的产品；第三，当有竞争对手加入时，本企业有能力转换定价方法，通过提高性价比来提高竞争力；第四，本企业的品牌在市场上有传统的影响力；第五，单位产品的成本与销量的关系不大，从这一点来讲，撇脂定价较适合于电子产品，而大多数的纺织产品或多或少存在规模经济效益。

（二）渗透定价

与撇脂定价相反，渗透定价是一种建立在低价基础上的新产品定价策略，即在新产品进入市场初期，把价格定得很低，采用薄利多销的手段，扩大市场占有率，以便谋求较长时期的市场领先地位。如杜邦公司发明的"莱卡"，在进入市场初期采用的就是渗透定价策略。

采用渗透定价的企业，在新产品入市初期，利润可能不高，但通过排除竞争，开拓市场，却可以在长时期内获得较高的利润，因为大批量销售会使边际成本下降，边际收入上升。

企业产品采用渗透定价时必须符合下列条件：第一，市场必须对价格高度敏感，即价格弹性较高，价格的少量降低会吸引来大量的消费者，增加的销量足以抵消价格降低的损失；第二，单位成本必须随销售量的增长而减少，即企业可以取得规模经济效益；第三，企业掌握的技术秘密比较容易被模仿，竞争对手较多，竞争者进入市场较易，这时采用低价能够在一定时期内排除竞争。

小案例 10 - 4　杜邦公司对莱卡的定价

美国杜邦公司在 20 世纪 50 年代研制成功了一种可做服装面料的人造弹性纤维——莱卡。杜邦实验室将莱卡带到这个世界上，从内衣、泳装、丝袜、运动衣、时装、跑鞋到现在几乎各种时尚面料，莱卡无处不在。莱卡可拉伸到原长的 4～7 倍，回复率达 100%，与橡胶相比，其弹性更长更持久，而且重量轻 1/3 左右。莱卡具有许多其他纤维不具备的优点，它的延伸和回复性能能够增加织物的价值，服装会因此更合体和舒适飘逸。

虽然莱卡是独一无二、广受纺织服装面料生产商欢迎的产品，但杜邦公司却决定以比客户所愿意支付的价格少了 2/5 的价格销售莱卡。结果，其他竞争公司都认为杜邦的定价太低，不愿意耗费资金去模仿，使得杜邦在较长的时间内没有竞争对手，独享专利所带来的巨大利润。

（三）满意价格策略

由于撇脂定价法价格过高，既容易引起竞争，又可能遇到消费者拒绝，具有一定风险；渗透定价法定价过低，虽然容易获得消费者认可，但对企业提高收入不利，资金的回收期也较长，若企业实力不强，将很难承受。

满意价格策略是介于以上两种策略之间的适中价格策略。如果企业的新产品为模仿或者换代产品，市场上已有类似的产品，这种情况既不适合采取撇脂定价策略，也不适合采取渗透价格策略。这时企业可采用满意价格策略，既让产品价格能被顾客接受，企业又有一定利润。但是对于全新产品，市场上首次出现，价格无相关参照物可比较时，则难以制订满意价格策略。

第四节　价格调整战略

在产品价格确定后，由于客观环境和产品生命周期本身的变化，企业经常面临的情况是它们必须发动价格调整或者对竞争者发动的价格调整做出反应。因此，企业产品价格调整的动力既可能来自于内部，也可能来自于外部。

一、企业主动提价

企业对产品提价一般会遭到消费者和经销商的反对，甚至本企业销售人员的反对。但是，如果提价对销量不会造成太大影响，提价会极大地促进利润的增长，甚至消费者有时会有"买涨不买跌"的心理，这时提价甚至会促进销售量的增长。

在以下情况下企业可以主动提价。

（1）应付产品成本增加，企业提价是为了减少成本压力。

（2）产品供不应求，买方之间展开激烈竞争，争夺货源，为企业提价创造有利条件。

（3）产品已经改进，创造优质高价效应。

（4）适应通货膨胀，物价普遍上涨。

（5）政府或行业协会的影响。

在市场实践中，企业应该尽量考虑采用其他的办法来弥补成本的增加和满足消费者的需要，而不是用提高价格的办法。例如，可以缩小产品而不提高价格，这是食品生产商们经常采用的办法；或者可以用较便宜的原材料来替代，以降低产品的成本。在纺织品服装行业，竞争激烈，除非原材料有较大的上涨幅度，否则企业没必要主动调高价格。

二、企业主动降价

以下几种情况发生时，企业会考虑主动降价来达到自身的目标。

（1）企业生产能力过剩，市场需求有限，企业以降价来刺激市场需求。

（2）市场份额下降，为了防止市场份额继续丧失，挤占竞争对手的市场份额，通过降价来开拓新市场。但此种策略的风险很大，可能会导致恶性循环，对中小企业来说难以持久。

（3）为了排斥现有市场的竞争者，以低价乃至赔本的方式，把竞争对手打垮后再提价。

（4）由于技术的进步而使行业生产成本大大降低，费用减少，使企业降价成为可能，并预期降价会扩大销量。

（5）政治、法律环境变化及经济形势整体不景气，消费者实际收入和预期收入均下降，迫使企业不得不降价。

小案例 10 - 5　金融危机下奢侈品牌的价格变动

奢侈品曾被认为是受经济波动影响较小的行业之一，但是事实并非如此。自 2008 年金融危机以来，奢侈品都对产品价格实施调整措施。Emanuel Ungaro 的 2009 早秋系列比 2008 年降价 15%，Channel S. A.、Versace SpA、Christian Louboutin、Chloe 等品牌的降价幅度都在 8% ~ 10%。这些企业认为，通过降价可以吸引消费者的购买欲。而也有一部分奢侈品牌价格依然上升，只是幅度较往年稍缓而已。2009 年一季度，Hermes 价格增长 8%，LV 增长 7.4%，GUCCI 增长 6%，Channel 增长 3.6%。这些品牌认为降价会影响消费者对品牌价值的感觉，奢侈品牌所一直营造的神秘感也将被打破，否则等衰退过后，消费者就未必愿意以全价购买奢侈品了。

三、竞争者对价格变动的反应

在实施价格调整策略之前，企业一般都要经过长时间的深思熟虑、权衡得失，仔细分析调价的利害，但是，一旦调价成为现实，则这个过程相当迅速，并且在调价之前大多要采取保密措施，以保证发动价格竞争的突然性。当调价产品涉及的企业数量较少、各企业产品之间的性能和质量也差不多的时候，竞争者最有可能做出反应。但竞争者在做出反应之前，必须分析以下几个问题：竞争者调价的目的是什么？调价是暂时的，还是长期的？能否持久？企业是否应做出反应？如何反应？另外，还必须分析价格的需求弹性，产品成本和销售量之间的关系等问题。同时，企业要做出迅速反应，以提高反应的灵活性和有效性。图 10 - 5 所示是企业对竞争者调价的一般反应。

一般说来，在同质产品市场上，如果竞争者降价，企业必随之降价，否则企业会失去大部分顾客。但面对竞争者的提价，本企业既可跟进，也可以暂且观望。如果大多数企业都维持原价，则最终迫使竞争者把价格降低，从而使竞争者涨价失败。

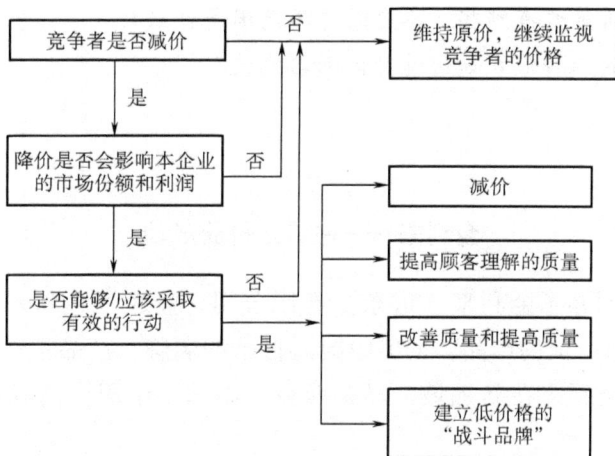

图 10-5　企业对竞争者调价的一般反应

纺织服装产品市场是异质产品市场，由于每个企业的产品设计风格、品牌、服务和消费者偏好等方面有着明显的不同，因而面对竞争者的调价策略，企业有较大的选择余地。

（1）价格不变，静观其变。

（2）价格不变，加强非价格竞争，如投放广告、改善售后服务、增减销售网点等。

（3）部分或完全跟随竞争者的价格变动。

（4）以优越于竞争者的价格跟进并结合非价格手段进行反击，如比竞争者更大的幅度降价，或更小的幅度提价。

（5）设立"战斗品牌"，即在企业的产品线中增加一种较低或较高价格的产品，与变价企业的产品抗衡。

四、顾客对价格变动的反应

不论是提价还是降价，价格调整都会影响顾客，同时也会引起政府的关注。顾客对于价值高、经常购买的产品的价格变动较为敏感；而对于价值低、不经常购买产品的价格变动，购买者就不太在意。

很多情况下，顾客对提价的可能反应是：产品很畅销，不赶快买就买不到了；产品很有价值；卖主想赚取更多利润。顾客对降价可能有以下看法：产品样式老了，将被新产品代替；产品有某些缺点，销售不畅；企业财务困难，难以继续经营；价格还要进一步下跌；产品质量下降了。

鉴于消费者的这些心理变化，企业在进行变价时一定要充分考量，做好应急预案。

☞ **思考题**

1. 影响企业定价的主要因素有哪些？

2. 企业定价目标有哪些？

3. 企业定价方法主要有哪些？

4. 企业常用的定价策略有哪些，各自的适用范围是什么？

5. 对新产品定价的三种形式如何进行区别与比较？

👉 案例分析

金利来——逆势定价获成功

1970 年，曾宪梓创办了金利来（远东）有限公司，竖起"金利来"招牌。他立志要办第一流的工厂，生产第一流的产品，创出中国人自己的名牌，产品很快就占领了中国香港和东南亚市场。同时，金利来在新加坡、马来西亚、泰国、中国台湾等国家和地区建立了分公司。

1974 年，整个世界经济处于迅速衰退的态势，中国香港这个世界贸易金融中心自然不能幸免。如股票行情剧跌，许多企业倒闭，购买力下降导致商品积压，商家打出"大拍卖""大削价""跳楼价"的招牌来吸引顾客。

金利来自然也躲不过这场风暴，销售出现下降，降价似乎已不可避免。但考虑到降价必然会使金利来多年来好不容易树立起来的华贵、高级、唯我独尊的形象毁于一旦，曾宪梓最终决定反其道而行——提价出售领带。对此，同行们议论纷纷，皆笑其不识时务。在提价的同时，曾宪梓又马上派人到欧洲市场选购花色款式更新、品种更齐全的货品投放市场，尽可能照顾到不同年龄、不同消费阶层、不同性格人群的喜好。

当领带业内的其他厂家忙于进行降价大战的时候，金利来的提价策略引起了一阵轰动。昂起的价格，像昂起的头颅，傲视着同业，这更提高了金利来在人们心目中的地位。身份高了，自然会吸引众多顾客来购买。这样一来，销售量并未见得比以前下降。金利来不但保住了自己的地位，反而提高了自己的身价。

当世界经济复苏姗姗到来的时候，金利来的光彩就更非昔日所能比，也非他人所能比。而那些数十年来在香港不可一世的外国名牌产品，有的被淘汰出香港市场，有的从此销声匿迹。

在金利来近 30 年的发展过程中，金利来从不加入减价风潮。金利来认为，减价是下下策，后患无穷。商品经过厂家、经销商、消费者三个环节，减价的损失不是生产厂家承担就是经销商承担，总会伤害其中一方，但最终会伤害消费者。

👉 案例讨论

（1）金利来能够不减价的理由是什么？

（2）该案例给企业带来哪些启示？

第十一章　纺织品服装的分销渠道策略

【本章学习目标】

1. 了解纺织品服装分销的含义及功能。
2. 掌握纺织品服装分销渠道的类型。
3. 掌握影响纺织品服装分销渠道选择的因素。
4. 理解纺织品服装分销渠道管理方法。

【引导案例】

杉杉的销售体制改革

1999 年以前，杉杉集团一直是以分公司、办事处或代表处等分支营销机构作为服装销售渠道主体，其实就是产供销一条龙的推动式经营模式，这极容易造成销售假象，有时实际上只是进行了产品库存的转移，并没有形成真正的销售；而且企业在扩大市场的同时也造成了机构臃肿、人员浮动、管理难度加大等经营困境。在这种经营模式下，单纯地扩大服装企业规模，一味地追求销量，则企业的库存也会一天天地增加，势必会造成成本上升、利润下降的恶性循环。

1999 年初，杉杉决定对其销售体制进行的彻底改革，犹如壮士断腕般的将销售部门全部砍掉，全面实行特许经营的营销模式，打破原有的分公司体系，把分公司的销售市场卖给代理商，试图把杉杉品牌和各地特许加盟商捆绑在一起，通过市场化的运作来给加盟商"加压"，从而使杉杉"减压"。

实施"特许经营"后，总公司的管理费用、营业费用大幅下降，效率得以提升，经营成本也大大降低，且销量不再以企业自身库存的增加作为代价，该方案实施后，到 2003 年初为止，杉杉集团已拥有 75 家加盟公司，辐射全国 32 个省 200 多个地级市区域，构筑了 3000 多个专卖店（厅）的特许加盟体系。

商品经济的高速发展使工商企业的经济协作和专业化分工水平不断提高，面对众多消费者群体，生产厂商既要生产能满足市场需要的产品和服务，又要以适当的成本快速地将产品和服务送到目标消费者，实现销售，这样未必能达到企业收益最大化的目标。目前，通过其他中间商丰富而发达的分销体系来销售产品已成为市场经济的常态，这类中间商就是分销渠道。

分销渠道策略是市场营销组合的策略之一，它同产品策略、促销策略、定价策略一样，也是企业能否成功地将产品打入市场，扩大销售，实现企业经营目标的重要手段。

第一节　分销渠道概述

一、纺织品服装分销渠道的概念

菲利普·科特勒认为："一条分销渠道是指某种货物或劳务从生产者向消费者转移时取得这种货物或劳务的所有权或帮助转移其所有权的所有企业和个人。"因此，分销渠道主要包括商人中间商（因为他们取得所有权）和代理中间商（因为他们帮助转移所有权）。

分销渠道是指促使纺织品服装顺利地被使用或被消费的一整套相互依存的组织。分销渠道作为纺织品服装流通的途径，必然一端连接生产者，一端连接消费者，通过分销渠道把生产者提供的纺织服装产品，源源不断地输送给消费者。在这个过程中，主要包括两种转移，即所有权的转移和实体转移。

商品实体转移的动向和经过的环节并不一定与商品所有权转移的动向和经过环节完全一致。另外，即使有若干专业的运输公司或仓储公司参与了商品实体转移活动，但其实他们从未介入任何商品的买卖交易活动，他们只是提供了服务。因此，纺织品服装分销渠道的含义，一般仅指由参与了产品所有权转移或产品买卖交易活动的中间商组成的流通渠道。纺织品服装分销渠道的起点是纺织品服装生产企业，终点是各类消费者和用户，中间环节包括各个参与产品交易活动的批发商、零售商、代理商。严格意义上说，后两类中间商并不对产品拥有所有权，但他们帮助达成了商品的买卖交易活动，所以，也是分销渠道的一个环节。

二、纺织品服装分销渠道的功能

纺织品服装分销渠道的基本功能是实现纺织服装产品从生产商向消费者的转移。但同时也有其他方面的功能，分销渠道的功能主要有以下几方面。

1. 调查研究　该功能是指分销渠道的部分成员收集、整理有关当前消费者与潜在消费者、直接竞争者、替代品竞争者、其他参与者等方面的信息，并及时向分销渠道内的其他成员传递相关信息，实现渠道内的信息共享。

2. 促进销售　渠道成员可以在厂家的支持下，通过各种促销手段，如产品展示或广告宣传，把产品或服务的有关信息传递给消费者，激发消费者的消费欲望，促成交易。

3. 谈判协商　该功能是指分销渠道的成员之间，为了转移货物的所有权，而就其价格和其他有关条件，通过谈判达成最后协议。

4. 编配　该功能是指分销渠道的成员按照买方要求分类整理商品，如按产品相关性分类组合，改变包装大小、分级摆设等。

5. 订货　该功能是指分销渠道成员向生产商进行有购买意向的反向沟通行为。

6. 物流 该功能是指产品从下线起，就进入了分销过程。此时，分销渠道要承担产品实体的运输和储存功能。

7. 融资 分销渠道成员收集并分配资金，用以支付渠道工作所需费用，包括分销渠道的建设、运转、职工工资支付、渠道成员之间贷款划转、消费信贷实施等。

8. 风险承担 分销渠道各成员在分享利益的同时，还要共同承担由商品销售、市场波动等各种不可控因素所带来的各种风险。

第二节 分销渠道的结构和类型

一、分销渠道的结构

分销渠道的结构是指在生产商与终端消费者之间中间商的构成方式。比如雅戈尔西服在确定分销渠道时，首先要明确目标市场的销量。为达到这个目标，雅戈尔必须设定一组或几组中间商来覆盖各个区域市场，并为他们分配分销任务和确立他们之间的关系。

分销渠道的结构决定着分销渠道的广度、长度、密度等要素。

第一，渠道的广度类别，就是不同特征类型的渠道数量。有的渠道类型是生产商、批发商、零售商、消费者；有的是生产商、零售商、消费者；还有的是生产商、代理商、零售商、消费者，如图 11-1 所示。

第二，分销渠道的长度要素，指企业可以选择纺织品服装从生产商到达最终消费者手中，需要经过几个层级，层级越多，长度越长。

第三，分销渠道的密度，即在同一层级有多少家相同职能的渠道，密度分为独家分销、选择分销和密集分销三种。同一层级的渠道数量越多越密集，只有一家的叫作独家分销。

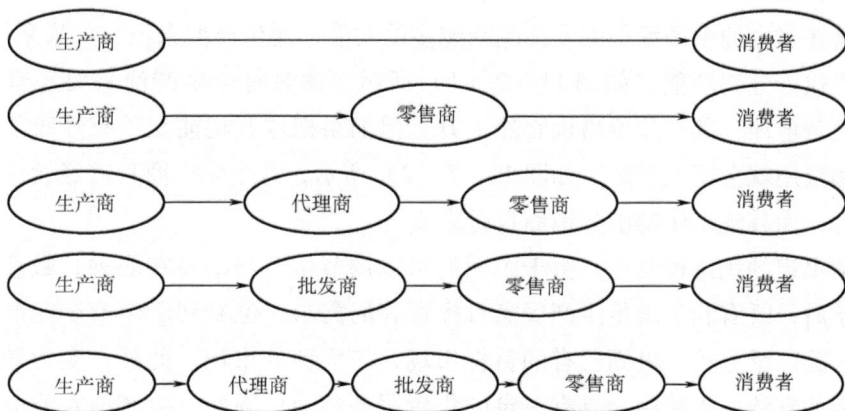

图 11-1 消费品分销渠道示意图

二、分销渠道的类型

（一）直接分销和间接分销

根据有无中间商参与交换活动，可以将渠道分为两种类型：直接分销和间接分销。

1. 直接分销　直接分销渠道是指生产商将产品直接供应给消费者或用户，没有中间商介入。直接分销渠道的形式是：生产商→消费者，如图 11－1 中的第一条渠道。

直接分销的方式主要有如下三种。

（1）订购分销。它是指生产企业与用户先签订购销合同或协议，在规定时间内按合同条款供应商品，交付款项。一般来说，主动接洽方多数是生产方（如服装加工企业主动与品牌服装建立业务联系），也有一些走俏产品或紧俏原材料、备件等由用户上门求货。

（2）自开门市部销售。它是指生产企业通常将门市部设立在生产区外、用户较集中的地方或商业区。也有一些邻近于用户或商业区的生产企业将门市部设立于厂前，即前店后厂模式。

（3）联营分销。多家纺织品服装生产企业之间联合起来进行销售。

采用直接分销的优点很多。第一，有利于产、需双方沟通信息，可以按需生产，更好地满足目标顾客的需要；第二，可以降低产品在流通过程中的损耗，由于去掉了商品流转的中间环节，减少了销售开支成本，如耐克工厂店的价格比其他零售店低；第三，可以使购销双方在营销上相对稳定，购销双方的关系以法律的形式于一定时期内固定下来，使双方把精力用于其他方面的战略性谋划；第四，可以在销售过程中直接进行促销。

采用直接分销的缺点是：对于绝大多数生活资料商品，其购买呈小型化、多样化和重复性。生产商若凭着自己的力量去广设销售网点，往往力不从心，甚至事与愿违。如果生产商仅以直接分销渠道销售商品，致使目标顾客的需求得不到及时满足时，同行生产商就可能趁势进入目标市场，夺走目标顾客和商业协作伙伴。

2. 间接分销　间接分销渠道是指生产者利用中间商将商品供应给消费者或用户，中间商介入交换活动。图 11－1 中除了第一条，余下的都是间接分销渠道。

分销渠道在当今的市场竞争中发挥越来越多的功能，对生产商来说，如果采用直接分销，既要生产又要执行分销功能，如图 11－2（1）所示，这时每个生产商需要经营三条分销路径，成本会显著增加，其产品价格也必然上升。但如果把这些功能交给有经验的中间商，生产商的成本和费用就会明显下降。如图 11－2（2）所示，每个生产商只需经营一条和分销商之间的短路径，而其他工作都由分销商自行完成。

间接分销渠道的优点很明显，由于中间商可以调节生产与消费在品种、数量、时间与空间等方面的矛盾，既有利于满足生产厂家目标顾客的需求，也有利于生产企业产品价值的实现，更能使产品广泛分销，巩固已有的目标市场，扩大新的市场。此外，实力较强的中间商还能支付一定的宣传广告费用，具有一定的售后服务能力。因此，生产商若能取得与中间商的良好协作，就可以促进产品的销售，并从中间商那里及时获取市场信息。

间接分销的缺点主要有三个方面。第一，可能形成"需求滞后差"。中间商购走了产品，并不意味着产品就从中间商手中销售出去了，有可能销售受阻。对于某一生产者而言，一旦

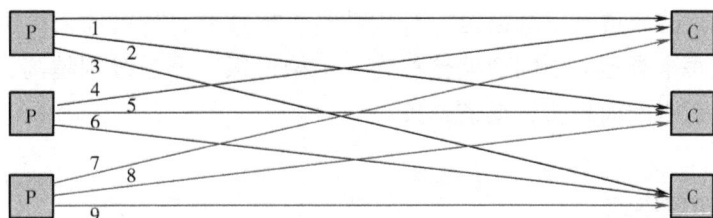

P=Producer C=Customer

（1）直接分销路径

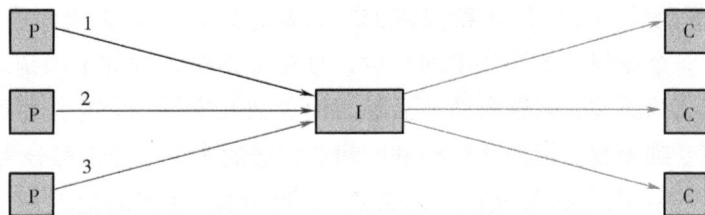

（2）间接分销路径

图11－2　直接分销与间接分销的路径比较

其多数中间商的销售受阻，就形成了"需求滞后差"，即需求在时间或空间上滞后于供给。第二，可能加重消费者的负担，导致抵触情绪，因为流通环节增大储存或运输中的商品损耗，如果都转嫁到价格中，就会增加消费者的负担。第三，不便于直接沟通信息，如果与中间商协作不好，生产企业就难以从中间商的销售中了解和掌握消费者对产品的意见建议、竞争者产品的情况、目标市场的变化趋势等信息。

（二）长渠道和短渠道

在现实的经济生活中分销渠道的长短一般是按流通环节的多少来划分的，如图11－3所示。零级渠道，就是由生产商直接向消费者进行销售，即直接分销。如前所述，在纺织品服装行业，生产商进行间接分销比直接分销更能获得高额利润。因此，纺织服装产品大多采取的是间接分销模式。按生产商生产的商品通过多少环节销售出去，可将分销渠道分为长渠道和短渠道。

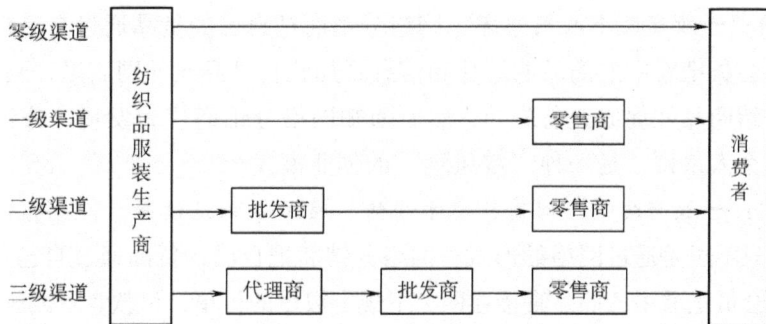

图11－3　纺织品服装市场分销

图 11-3 中最长的渠道是三级渠道，有代理商、批发商、零售商三个类型中间商参与了商品的销售，这里每个类型的中间商就被称为一个渠道级。渠道级别越高，代表在该商品销售过程中参与的渠道中间商越多，渠道越长。

（三）宽渠道与窄渠道

渠道宽窄取决于渠道的每个环节中使用同类型中间商数目的多少。企业使用的同类中间商多，产品在市场上的分销面广，称为宽渠道。如一般的日用消费品（毛巾、手套、袜子等），由多家批发商经销，然后转卖给更多的零售商，这种方式能使商品大量接触消费者，进行大批量地销售。企业使用的同类中间商少，分销渠道窄，称为窄渠道，它一般适用于专业性强的产品，或高档服装、名牌家纺产品等，由少数几家经销。它使生产企业容易控制分销，但市场分销面受到限制。根据同种类型中间商数量的多少，分销可分为以下三类。

1. 密集分销 指生产商尽可能地通过许多负责任的、适当的批发商、零售商推销其产品。在密集分销中，凡是符合生产商的最低信用标准的渠道成员都可以参与其产品或服务的分销。采用这种策略有利于广泛占领市场，便利购买，及时销售产品。而这种分销模式也意味着渠道成员之间的激烈竞争以及单个分销商可能会因一己利益而损害企业整体利益。

2. 选择分销 指生产商在特定的市场选择一部分中间商来推销本企业的产品。采用这种策略，生产商不必花太多的精力联系为数众多的中间商，而且便于与中间商建立良好的合作关系，还可以使生产商获得适当的市场覆盖面。选择分销中的常见问题是如何确定经销商区域重叠的程度。

3. 独家分销 指生产商在一定地区、一定时间只选择一家中间商销售自己的产品。独家分销的特点是竞争程度低。一般情况下，只有当生产商想要与中间商建立长久而密切的关系时才会使用独家分销。因为它比其他任何形式的分销更需要生产商与经销商之间更多的联合与合作，其成功是相互依存的。

（四）网络分销渠道

网络分销是指充分利用互联网的渠道特性，在网上建立产品分销体系，通过网络把商品分销到全国各地，网络分销可以分为"代销"和"批发"两种形式。

1. 网络代销：一般面向个人网店等 网络分销商把自己的货品通过自己创建的网上分销平台展示，分销会员把看中的商品的图片和信息添加到自己开设的网店里，当有顾客需要时，分销会员负责介绍商品并促成交易成功，然后通知网络分销商代为发货。分销会员主要靠差价获得收入，对个人来说，是一种"零风险"的创业模式。

2. 网络批发：一般面向个人网商、实体店铺、网上专业店铺等 网络批发与传统的货品批发形式一样，只不过是通过网络的形式，网络分销商把自己的货品通过自己创建的网上分销平台展示，分销会员把看中的商品直接在网上下规定数量的订单，付款拿货或压款经销的形式。

由于传统分销模式一般按地域进行，生产商—总代理—区域总代理—地方代理—零售商。经过层层环节才能最终流向消费者，在此期间的人员配置、管理缺陷等很多问题凸显出来。

但网络分销则摈弃了这些缺陷，不仅突破了地域限制，并且可以将代理商与产品进行信息化、数据化管理。大大减少了人力、物力、财力的投入，节约了很多成本，并且使配送更加简捷、方便。

小案例 11 - 1　迪卡侬创新线上网销平台

　　无论是自建还是租赁的商场，迪卡侬都会留出约15%的室内使用面积供顾客体验，包括跑步机、健身器械、蹦床等，吸引大人小孩在游乐园和健身房般的场景中进行消费。迪卡侬在线下门店致力于打造门店场景化的体验式消费的同时，线上同样提供人性化的购物和售后体验。迪卡侬将体验模式复制到线上电商平台，比如教你如何选择游泳眼镜，如何在游泳之前做好热身工作，以及怎么提高自由泳技巧等，线上线下相一致的运动体验，提高了线上平台的复购率和线下门店的转化率。

　　随着中国地价的不断增长，未来迪卡侬大面积的店铺可能会给它带来很大的成本，将会影响它的利润。因此，凭借目前它在天猫开设旗舰店的电商基础，可以考虑在线下实体店分布接近饱和之时以及积累的大量客户群的基础上创立自己的独立平台——APP，在线上进一步销售商品，增加利润，实现持续发展。

第三节　分销渠道决策

　　任何一个纺织品服装生产企业要在经营上取得成功，就必须在了解营销环境的前提下，正确地选择其产品的分销渠道，这就是渠道决策。

一、分销渠道选择应考虑的因素

　　企业使用哪种或哪几种销售渠道，不单取决于企业的主观愿望，还必须考虑以下因素。

（一）产品因素

　　1. 产品价格的高低　一般来讲，产品的价格越低，销售渠道应越长、越宽；反之，产品价格越高，销售渠道应越短、越窄。例如，一些价格较低的日用纺织消费品，如毛巾、袜子等，一般都要经多个批发商，再经零售商转至消费者手中；而一些价格较高的耐用纺织消费品，如帐篷、汽车罩等，则适合短渠道。

　　2. 产品的生命周期阶段　时尚程度较高，生命周期短的产品，如各种流行毛绒玩具和女式时装，应选择较短、较宽的销售渠道，以减少中间层次，尽快到达消费者；而产品生命周期较长的经典款式，如男式西服、衬衫等，则可选择较长的销售渠道。

　　3. 产品的体积和重量　体积过大或重量过重的产品，如纱线、坯布等中间投入品，由于装卸、运输不便且运杂费较高，应尽量减少销售的中间环节，尽量选择直销或短渠道；体积较小或重量较轻的产品，则可选择较长的渠道。

4. 产品的标准化程度 产品的标准化程度高、通用性强，如床上用品、家居装饰用品，可选择较长、较宽的销售渠道；而非标准化的专用性产品，则应选择较短、较窄的销售渠道。

（二）市场因素

在进行渠道决策时还应考虑市场因素，如购买批量、顾客规模、顾客分布状况、顾客购买行为习惯等。

一般来说，购买批量大时，多采用直接销售；购买批量小时，多采用间接销售。市场规模大时，需要中间商提供服务；反之，市场规模小，则可由生产厂家直接销售给顾客。

顾客分布状况会影响到产品的渠道决策。若顾客较为集中，宜选择较短、较窄的销售渠道；若顾客较为分散，则宜选择较长、较宽的销售渠道。生产资料如纱线、坯布、面料等因销售市场比较集中，可以考虑采用直接渠道。而消费品的销售则要视情况而定，对于像高级服装、高级装饰用纺织品等高档消费品，一般集中在城市的少数地区，可由少数商店进行选择分销；对于一般的消费品，产品市场分散，可采用传统的长渠道、宽渠道模式。

消费者的购买行为习惯不同也要采用不同的分销决策。对于购买量较少、购买频率较高的产品，应选择较长、较宽的销售渠道；而对购买量较多、购买频率较低的产品，应选择较短、较窄的销售渠道。

（三）经济因素

不同分销模式经济收益的大小也是影响分销渠道选择的一个重要因素。对于经济收益的分析，主要考虑的是成本费用、利润和销售量三个方面的因素。

分销的成本费用是指产品在销售过程中发生的费用。它包括包装费、运输费、陈列展览费、代销网点和代销人员手续费等。一般情况，减少流通环节可降低销售费用，但减少流通环节的程度要综合考虑，做到既节约销售费用，又不影响生产发展。

许多纺织服装生产企业都以同一价格将产品销售给中间商或最终消费者，若直接销售量等于或小于间接销售量时，由于生产企业直接销售时要多占用资金，增加销售费用，则选择间接分销的经济收益高，对企业有利；若直接销售量大于间接销售量，而且所增加的销售利润大于所增加的销售费用时，则选择直接分销更为有利。

二、分销渠道决策的评价标准

纺织服装企业在进行分销渠道决策时，可参照如下几点来检验选择的分销渠道是否适合自身的发展。

（一）分销渠道成本

渠道的成本可分为两种：一种是开发分销渠道的投资，另一种是维持渠道的费用。与生产成本相类似，开发分销渠道的投资可看作是固定费用，而维持的费用可视为流动费用。二者构成分销网络渠道总费用。设计分销渠道策略时显然不能不考虑成本而盲目决策，不仅要控制产品销售成本的总体水平，而且要形成一种通过分销效率的提高而不断降低成本的机制。

（二）市场覆盖率

市场覆盖率始终是企业进行分销渠道决策时必须考虑的核心因素，因为它关系到企业的生存和发展。追求分销渠道成本降低可能会导致销售量下降，而分销渠道成本的适当增加也可能促进销售量的更大提高。因此，在一定条件下，企业为了提高销售额和市场覆盖率，甚至可能不惜加大成本，以实现自己的销售目标。市场覆盖率提高意味着某条分销网络渠道的销售能力提高，从而意味着企业产品生存和发展空间的增大，进而有利于企业的长期战略目标的实现。

（三）控制能力

企业分销决策是否正确的一个重要标准就是企业最终有无能力控制日益膨胀的分销网络渠道。实际上，相当多的企业走向衰落就是起因于自己对终端销售点的失控，这种失控的后果不仅会使企业分销效益下降，而且还可能毁掉整个产品市场。总之，无论选择哪种分销方式都要求企业对分销渠道有良好的控制能力。

小案例 11 - 2　雅戈尔的核心竞争力之一：营销渠道

拥有亚洲最大服装生产基地之一的雅戈尔，在产业链上游与日本几家商社合资建立主要经营服装印染的水洗厂，成立了纺织工业城；在产业链下游，在各大城市斥巨资买地买楼投资 70 亿元左右建立 500 家专卖店。就这样从面料、成衣到销售，雅戈尔把服装行业战线越拉越长，目前雅戈尔拥有 2 万多名员工，40 多个分公司，涉足纺织、服装、金融、房地产、外贸等多个产业。从其所勾画的未来愿景来看，雅戈尔是希望在 5～10 年时间内，成长为一个资产过百亿的国际性服装品牌。

但雅戈尔在用资本整合上下游之后，并没有享受到规模效应。因为供应链过长、信息不畅导致下游营销网络的库存问题严重，服装制造厂生产能力过剩。因为生产不能跟上变化迅速的市场，每一次换季，积压在雅戈尔全国各地卖场里的西服、衬衫就要打折压价出售，2001 年，雅戈尔仅衬衣一项就累计积压上亿元资金，每年损失超过亿元。

面对严重的库存问题，雅戈尔高层请来了某著名咨询公司为自己诊断，该公司通过对市场、消费者需求调研以及对行业竞争状况、竞争对手策略和企业内部资源、组织、流程等进行了深入分析，开出了一剂以信息化为手段，全面建设企业营销网络、建立企业的营销分析、计划、执行和控制体系的处方。

按照该方案，雅戈尔拿出了上亿元的资金和中科院合资成立了中雅软件公司，以保证使用信息网络打通服装供应链上的每一环节，从而实现各种市场信息可以及时反馈到企业管理总部，确保企业制订正确的营销组合策略，包括产品策略、价格策略、渠道策略、品牌策略、促销策略等；双方合作的愿景就是为推动雅戈尔集团整条供应链的整合，做到信息的全程透明，实现生产和市场变化之间最大程度的吻合。

目前，全国最大的营销渠道已经成为雅戈尔的核心竞争力之一，这个营销网络不但可以销售雅戈尔自己的西服，而且已经有外国品牌希望利用这些渠道进入中国市场。而雅戈尔却把自己要发展的核心竞争力定位在了营销渠道、品牌、生产配送体系和开发新品能力等四个方面。

第四节　分销渠道管理

在选择了销售渠道的模式并确定了具体的分销商之后，生产企业还应对其销售渠道进行管理，对中间商进行激励、评估和必要的调整。

一、对中间商的激励

分销渠道由各渠道成员构成，各个渠道成员都会为了共同的利益而努力工作。但是，由于各渠道成员是独立的经济实体，在处理各种关系时，会过分强调自己的利益而忽略大局。因此，对于选定的中间商，必须尽可能调动其积极性，用行之有效的手段对其进行激励，以求得最佳配合。

1. 合理分配利润　企业要充分运用定价策略和技巧，考察各中间商的进货数量、信誉、财力、管理等诸因素，视不同情况，分别给予不同的折扣和让利。同时，企业的定价策略也应充分考虑市场需求和中间商的利益，根据实际情况的变化随时进行调整。

2. 协调生产企业与中间商的关系　生产企业要与中间商结成长期的合作伙伴关系，就要不断地协调二者之间的关系。

3. 授予独家经营权　这种做法固然会影响市场覆盖面，但可获得中间商的积极合作。中间商将更乐于在广告、促销等方面投入资金，以独享所获的利益。况且，如果独家分销商选择得当，并不会对实际销售量产生太差的影响。

4. 开展各项促销活动　企业可利用广告宣传推销其产品，尤其是新技术产品，为中间商培训人员就显得十分重要。

5. 资金资助　中间商一般都期望生产企业能够给予他们一定的资金资助，这可促使他们放手进货，积极推销产品。

二、对中间商的评估

生产企业必须定期评估中间商的绩效是否达到某些标准。这些标准包括销售指标完成情况、平均存货水平、向顾客交货的快慢程度、对损坏和损伤商品的处理、与企业宣传及培训计划的合作情况以及对顾客的服务表现等。在这些指标中，比较重要的是销售指标，它表明企业的销售期望。企业可公布对各个中间商的考核结果，目的在于鼓励那些销量大的中间商应继续保持声誉，同时鞭策销量少的中间商要努力赶上。企业还可以进行动态的分析比较，从而进一步分析各个时期各中间商销售状况。如果某些中间商的绩效低于标准，应查找其原因，采取相应的措施。

三、对销售渠道的调整

为了适应多变的市场需求，确保销售渠道的畅通和高效率，要求企业对其销售渠道进行调整或改变。

（1）企业可以增减分销渠道成员，这是指在某一分销渠道里增减个别中间商，而不是增减这种渠道模式。分析增加或减少某个中间商，将对产品的销售、企业的收益等带来何种影响，其影响程度如何。例如，水星家纺在增加专卖店时，就会考虑这样做会给企业带来多大的盈利，这种调整是否会引起销售渠道中其他成员的反应。

（2）企业也可以增减分销渠道。这是指增减某一渠道模式，而不是指增减渠道里的个别中间商。采取这种方式时，也要对可能产生的直接、间接反应及经济效益进行广泛的分析。例如，某销售渠道销售本企业的某种产品，其销售额一直不够理想，企业可以考虑在目标市场上或某个区域内撤销这种渠道模式，另外增设一种其他的渠道模式。

（3）企业还可以调整整个分销系统。这是指对企业原有的销售体系、制度进行通盘调整。此类调整难度较大，它不是在原有销售渠道的基础上进行完善，而是改变企业的整个销售系统，将会引起市场营销组合的一系列变化，如导入案例中的杉杉集团。

增减分销渠道成员属于结构性调整，其着眼点在于增加或减少某个中间商；增减分销渠道和调整整个分销系统属于功能性调整，其目的在于将销售任务在一条或多条销售渠道的成员中重新分配。销售渠道是否需要调整，调整到什么程度，应视具体情况而定。

☞ 思考题

1. 什么是分销渠道？它有哪些功能？
2. 分销渠道有哪些类型？
3. 试比较直接分销与间接分销的优缺点。
4. 选择分销渠道宽度的模式有哪些？
5. 选择分销渠道模式时应考虑哪些因素？

☞ 案例分析

比娜顿——渠道商的密切合作是成功的保障

1965年，意大利的卢西阿诺·比娜顿和吉乌里阿娜·比娜顿两兄妹白手起家，在威尼斯北部的特拉维索市创办了一家小型企业，开始生产混纺羊毛衫。在不到20年的时间里，这家小企业就发展成为在多个国家拥有投资、产品种类千余种、特许经销店3000多家、年销售额超过5亿美元的大型商业帝国。

公司的成功主要在于与各级分销商良好的沟通协调方面。公司每年推出的产品种类和花色都要根据市场需求的变化进行调整。具体的做法大致包括以下三个阶段。

第一个阶段称为"基本选择"阶段。在每个销售季节到来的 7 个月前，公司在充分进行市场调研的基础上，设计出大约 600 种不同花色的产品，然后组织公司设计、生产，对销售部门的经理和代理商们举办预先展示会，要求他们对 600 多种产品的市场前景做出分析和预测，其中约有 1/4 的产品要被淘汰。剩下的产品每种只生产少量的样品，由地区经理们展示给代理商，再通过他们介绍给零售商。各零售商根据公司提供的样品，提出订货要求。这个过程大约持续 2 个月。订单生产经过安排，可以保证每个商店在销售季节开始时得到订货数量的 80%~90%，其他部分则在销售季节中陆续送到。

第二个阶段称为"闪光采集"。当销售季节开始后，若发现顾客提出商店买不到的样式和颜色组合，公司可以立即予以补充。当然，公司在决定推出这些新的花色品种时，要听取各个代理商和零售商的具体意见和要求，进行综合分析。

第三个阶段称为"再增花色品种"。在进入销售季节较晚的时候，若某些产品脱销，公司可接受客户追加的订单，并迅速组织交货。从公司接受新增订单开始到完成交货，一般需 5 周时间；对于某些特别产品 7 天内就可以完成交货。

在每个销售季节的销售总额中，"基本选择"阶段确定的产品占 80%，后两个阶段增加的产品约各占 10%。尽管这种从销售季节开始前到开始后进行的持续的动态的产品组合调整给公司内部管理，特别是部门间的协调带来了不少困难，但却增强了企业产品适应顾客需求的能力，同时也为零售商销售公司的产品提供了有利条件。

通畅的分销渠道是沟通生产者和顾客的桥梁，任何一家生产型企业的蓬勃发展都离不开高效的分销网络。比娜顿公司正是凭借其在世界各地构筑起来的由 70 多家代理商、3000 多个零售店组成的庞大销售网络，将产品顺利打入国际市场。

对代理商来说，他们要负责招聘和帮助培训商店经营人员；向客户展示比娜顿的样品，将各商店的订单集中起来，反馈给公司；监督检查各商店的销售和定价情况。比娜顿与代理商的关系是以信任为基础的，很少有代理商因为未达到公司目标而被替换掉。

☞ 案例讨论

1. 比娜顿公司采取的是何种分销渠道策略？
2. 比娜顿公司成功的关键是什么？

第十二章 纺织品服装的零售策略

【本章学习目标】

1. 了解纺织服装产品的零售概念及特征。
2. 了解纺织服装零售业的变革及发展趋势。
3. 理解零售店中买手的作用及种类。
4. 掌握纺织品服装零售店的选址及零售技巧。

【引导案例】

新零售成服装行业风口

2015 年，优衣库曾在澳大利亚推出了一套名为"Umood"的智能选衣系统，可以根据顾客的情绪来推荐服装款式和颜色。不过，因为其无法取代传统试衣功能，在推行数周后就下线了。

事实上，在纺织服装新零售到来之际，国外各大品牌也都希望能靠"智能"吸引消费者的注意：美国高档百货连锁 Nordstrom 就用聊天机器人取代了线上线下的商店导购；新兴设计师配饰品牌 Rebecca Minkoff 推出了智能欢迎墙，让顾客自主选择饮料和衣服成为可能。

在国内，上海试衣间信息科技有限公司旗下品牌好买衣在今年的天猫"6·18"活动服装专场，推出了专门为用户创建虚拟模特"MeDel"的 APP。它能够还原用户的身材数据和脸部样貌，使用户无论在线上还是在线下任意渠道都能使用虚拟试衣体验，寻找符合自己身材和自己消费需求最贴合的服装。

天猫相关负责人表示："新零售体验的落地，需要有强大的技术支持，这次和好买衣虚拟试衣技术联手助推"6·18"，在打通线上线下全新消费场景，依靠个性化推荐等大数据改变用户与品牌的交互方面得到了更有价值的启发和收获。好买衣新模式对用户价值的聚焦，也正是天猫所重视的资源。只有实现全渠道融合，才能让服装这个非标品类为用户提供更精准、更个性、满意度更高的智能体验。"

只要消费者通过这个虚拟模特"MeDel"不断试穿各种款式的服装，智能的虚拟试衣技术所得到的大数据确实可以帮助品牌方更快地打通线上线下的会员资源，为目标用户建立一个专属的个性化购衣模式。好买衣 CEO 黄仲生先生表示：我们和 C&A 在新零售解决方案上一拍即合，进行这次"科技+时尚"跨界合作。现场用户通过好买衣交互大屏所生成的虚拟形象，可以从线下购物切换到线上网购，自己的虚拟形象扫码就可以带走，所有互动数据也可共享给 C&A 的线上和线下渠道。也就是说，只要用户今后在品牌任意销售渠道使用虚拟试衣体验，就可以对每一个终端用户做精准的全渠道营销。这样一种与用户深度链接的方式是现有的任何 CRM 会员系统都无法实现的。

零售是分销渠道的最后一个环节。由于纺织服装行业的终端消费品数量巨大，消费者购买行为千差万变，做好纺织品服装零售是企业营销者、中间商孜孜以求的目标以及营销学家、经济学家最为关注的课题。

第一节　零售概述

一、纺织品服装零售的概念

纺织服装产品零售是指向最终消费者（个人或社会团体）提供所需纺织服装产品及相关服务，以供其最终消费之用的全部活动。从事这种销售活动的组织和个人称为零售商。

零售活动不仅向最终消费者出售商品，同时也提供相关服务，如熨烫、维修缝补、清洗等。多数情形下，顾客在购买商品时，也买到了某些服务。

零售活动不一定非在零售店铺中进行，也可以利用一些使顾客便利的设施及方式，如上门推销、邮购、网络购物等，无论商品以何种方式出售或在何地出售，都不会改变零售的实质。

零售的顾客不限于个别的消费者，也可能是非生产性购买的社会团体，如公司购买体育服装，以供员工开展体育活动使用。因此，零售活动提供者在寻求顾客时，不可忽视团体对象。在我国，社会集团购买的零售额平均达 10% 左右。

二、纺织品服装零售的特征

零售是贸易过程的终点，处于生产者与消费者之间中介地位的终端，它的上一环节一般为批发。与批发贸易相比，零售贸易的主要特征如下。

1. 交易对象为最终消费者　消费者从零售商处购买纺织服装产品的目的不是为了用于转卖或生产所用，而是为了自己消费。交易活动在营业人员与消费者之间单独、分散进行。

2. 交易量零星分散，交易次数频繁　零售贸易本身就是零星的买卖，交易的对象是众多而分散的消费者，这就决定了零售贸易的每笔交易量不会太大；与之相适应，零售贸易的频率就特别高。正是因为这个特点，零售商必须严格控制库存量。

3. 受消费者购买行为的影响比较大　零售贸易的对象是最终消费者，而消费者的购买行为具有多种类型，大多数消费者在购买商品时表现为无计划的冲动型或情绪型。零售商欲达到扩大销售之目的，特别要注意激发消费者的购买欲望和需求兴趣。为此，零售商可以在备货、商品陈列、广告促销等方面下功夫。

4. 零售网点规模大小不一，分布较广　由于消费者的广泛性、分散性、多样性、复杂性，为了满足广大消费者的需要，零售网点无论从规模还是布局上都必须以满足消费者需要为出发点，适应消费者购物、观光、休闲等多种需要。

5. 经营品种丰富多彩、富有特色　消费者在购买商品时，往往要挑选，"货比三家"，以买到自己称心如意、物美价廉的商品。为此，要求产品品种丰富、富有特色。

第二节　零售组织形式

一、零售组织的分类

零售组织虽然与零售商概念相近，但还是有些区别。零售商更多的是指一个独立核算的盈利机构，而零售组织则强调这一机构所进行的零售活动的组织方式。例如，百货商店、超级市场、便利店可以被称作不同的零售组织形式，但一个零售商可以同时拥有多家百货商店、超级市场或便利店，或同时拥有三种经营形式。

由于零售组织形式繁多，划分的标准也不统一。目前，对零售组织的分类主要有两种方法：按照零售组织的目标市场及经营策略不同划分，如图 12-1（1）所示；按照是否设立门店划分，如图 12-1（2）所示。

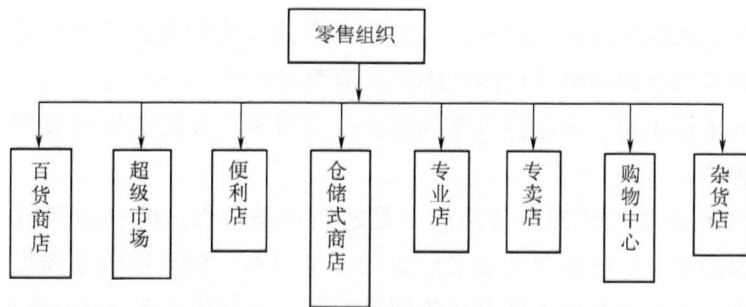

(1) 按照目标市场及经营策略划分零售组织

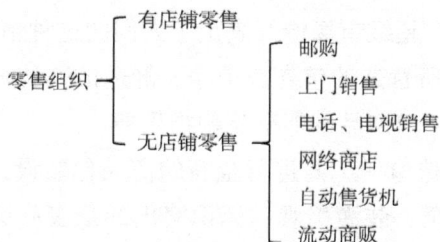

零售组织
- 有店铺零售
- 无店铺零售
  - 邮购
  - 上门销售
  - 电话、电视销售
  - 网络商店
  - 自动售货机
  - 流动商贩

(2) 按照是否设立门店划分零售组织

图 12-1　零售组织的分类

二、纺织品服装零售业的发展及变革

零售业中的某些变化要提升到重大变革的高度，必须满足三个条件。一是革新性，即这一变化应产生一种全新的零售经营方式、组织形式和管理方法，并取得支配地位；二是冲击性，即新的零售组织和经营方式将对旧组织和旧方式带来强烈的冲击，同时也影响顾客购物方式的变化和厂商关系的调整；三是广延性，即这场变革不是转瞬即逝，而是扩展到一定的空间、延续到一定的时间。从这几个方面考察，零售业历史上曾出现过四次重大变革。

（一）百货商店的诞生

零售业的第一次重大变革是以具有现代意义的百货商店的诞生为标志的。学术界称为"现代商业的第一次革命"，足见其划时代的意义。当时百货商店被称为具有革新性的经营手法，诸如明码标价和商品退换制度；店内装饰豪华，顾客进出自由；店员服务优良，对顾客一视同仁；商场面积巨大，陈列商品繁多，分设若干商品部，实施一体化管理等。虽然现在看来十分平常，但这些改革对当时传统零售商来说，已是一个质的飞跃。

（二）超级市场的诞生

经济危机是超级市场产生的导火线。20 世纪 30 年代席卷全球的经济危机使得居民购买力严重不足，零售商纷纷倒闭，生产大量萎缩，店铺租金大大降低，超级市场利用这些租金低廉的闲置建筑物，采取节省人工成本的自助购物方式和薄利多销的经营方针，实现了低廉的售价，因而受到了当时被经济危机困扰的广大消费者欢迎。

超级市场的诞生标志着一场零售革命的爆发，其对零售业的革新和发展以及整个社会的变化带来了以下影响。

1. 开架售货方式流行　开架售货尽管不是超级市场首创，但它却因超级市场而发扬光大，作为一个重要的竞争手段不仅冲击了原有的零售形态，而且影响了新型的零售业态，后来出现的折扣商店、货仓式商店、便利店等都采取了开架自选或完全的自我服务方式。

2. 人们购物时间大大节省　随着女性工作时间增多，闲暇时间减少，人们已不把购物当作休闲方式，要求购物更方便、更快捷，超级市场恰好满足了人们的这种新要求。

3. 舒适的购物环境普及　超级市场所营造的整齐、干净、舒适的购物环境，取代了原先脏乱嘈杂的集贸市场，使人们相信购买任何商品都能享受购物乐趣。

4. 促进了商品包装的变革　开架自选迫使厂商进行全新的商品包装设计，展开包装、标识等方面的竞争，出现了大中小包装齐全、装潢美观、标识突出的众多品牌，这也使商场显得更整齐、更美观，造就了良好的购物环境。

（三）连锁商店的兴起

连锁商店是指经营同类商品、使用统一商号的若干门店，在统一总部的管理下，采取统一采购或授予特许权方式，实现规模效益的经营组织形式。

连锁商店是现代大工业发展的产物，是与大工业规模化的生产要求相适应的。其实质就是将社会化大生产的基本原理应用于流通领域，达到提高协调运作能力和规模化经营效益的目的。连锁组织内各成员由同一资本统一管理，实行标准化管理制度，各商店店名相同，经营的商品种类相同，商店的建筑、铺面的布置和商品的陈列也相同，在定价、促销、营销方式、广告宣传、销售服务等方面也有统一的规定。商店实行统一进货，降低了经销成本，商品售价也较低，加之经营灵活、分布广泛，因而有广阔的市场。

（四）网销店的兴起

网络技术引发了零售业的第四次变革，它甚至改变了整个零售业。它的影响绝不亚于前三次生产方面的技术革新对零售业影响的深度和广度。这种影响具体表现在以下几方面。

（1）打破了零售市场的时空界限，店面选择不再重要。店面选择在传统零售商经营中，曾占据了极其重要的地位，传统零售企业经营成功的首要因素归结为：选址、选址、还是选址。而在信息时代，网络技术突破了这一地理限制，任何零售商只要通过一定的努力，都可以将目标市场扩展到全国乃至全世界。对传统商店来说，地理位置的重要性将大大下降。

（2）零售方式发生变化，新型业态崛起。信息时代，消费者将从过去的"进店购物"演变为"坐家购物"，足不出户，便能轻松在网上完成过去要花费大量时间和精力的购物过程。一种崭新的零售组织形式——网络商店应运而生。而传统零售商为适应新的形势，也将引入新型经营模式和新型组织形式来改造传统经营模式，尝试在网上开展电子商务，结合网络商店的商流长处和传统商业的物流长处综合发挥最大的功效。

（3）零售商内部组织面临重组。信息时代，零售业不仅出现一种新型零售组织——网络商店，同时传统零售组织也将面临重组。无论是企业内的还是企业与外界的，网络技术都将代替零售商原有的一部分渠道和信息源，并对零售商的企业组织造成重大影响。这些影响包括业务人员与销售人员的减少，企业组织的层次减少，企业管理的幅度增大，零售门店的数量减少，虚拟门市和虚拟部门等企业内外部虚拟组织盛行，这些都迫使零售商进行组织的重整。

（4）经营费用大大下降，零售利润进一步降低。零售商在网络化经营中，内外交易费用都会下降。就一家零售商而言，如果完全实现了网络化经营，可以节省的费用包括企业内部的联系与沟通费用，企业人力成本费用，避免大量进货的资金占用成本、保管费用和场地费用，通过虚拟商店或虚拟商店街销售的店面租金费用，通过网络进行宣传的营销费用和获取消费者信息的调查费用等。另外，由于网络技术大大克服了信息沟通的障碍，人们可以在网络上漫游、搜寻，直到最佳价格显示出来，因而将使市场竞争更趋激烈，导致零售利润将进一步降低。

三、纺织服装零售的发展趋势

我国零售业经过改革开放后几十年的快速发展，逐渐建立起了多元化的、具有中国特色的零售业格局。在这一时期，国外的零售商纷纷登陆中国的零售业，国际零售商的加入，增加了零售业的竞争，同时也促进了我国零售业的发展。在很长的一段时期内，我国经济仍将会处于一个高速的增长期，零售市场还有相当大的发展空间，竞争也会相当激烈。在世界服装服饰名牌及著名零售商的加入情况下，我国纺织服装零售业正形成如下发展趋势。

1. 购物环境舒适化　消费者生活水平和文化素质的提高，对购物环境的要求也越来越高，这已经成为零售商的共识。舒适的环境可以为消费者提供一个赏心悦目的空间，激发消费者的购买欲。

2. 生产销售一体化　传统的服饰零售店往往只具有单一的零售功能，现代大型的服饰零售商通常都具备产品开发、品质控制、品牌开发、市场营销等功能，形成了一条龙的经营态势。一体化的实行，不仅减少了流通环节，降低了经营成本，也使市场的信息能更快地转化为经营决策行为，加速了产品的上市时间和货品的周转速度，提高了竞争力。如许多跨国商业集团，通过建立全球采购中心，扩大采购规模，来引导和控制生产企业，降低商品采购成本，提高商品价格竞争力和市场反应能力。

3. 信息技术的大量应用　为了提高零售系统的柔性、提高产品组合的适应性以及零售服务水平，信息技术将会广泛应用于零售管理、零售过程及零售决策。如虚拟零售网络将会使零售服务无形化，而商品实体的配送过程及顾客需求的信息处理将会成为零售的主要业务。

4. 国外名牌与国内品牌互补共存　现在走在各大城市的服装专卖店，就宛如到了巴黎的时装中心。许多世界名牌服装都纷纷登陆中国零售市场，为中国服装零售市场带来了时尚的气息，同时也给国内的服装商家带来激烈的竞争。

5. 网上购物　职业妇女的工作越来越繁忙，几乎没有多少时间去商场购物。因此，零售商努力想办法向这些"忙于工作的顾客"销售自己的产品，网上购物以很快的速度持续增长。

6. 服装买手的兴起　20世纪90年代，"买手"一词第一次被引入中国。买手以取得利润和满足消费者的需求为目的，负责从服装生产商或者服装批发商等供应商手中挑选服装产品，然后由服装零售商销售，是连接服装供应商与零售商的桥梁。零售企业买手的表现对企业的成功至关重要，买手进的货如果好销，就会"货如轮转"；如果不好销，就造成千万商品积压，企业效益下降，顾客也渐渐离去。因此，服装买手的采购行为是影响零售企业是否盈利的重要因素。

第三节　零售的买手策略

20世纪90年代，一批没有受过良好纺织品服装专业教育的人，凭着胆量和运气，有选择地批发家纺产品或服装进行销售，并尝到了甜头。起初他们是盲目的，但几年来的实战使他们获得了中国最初、最本土的纺织品服装市场与营销经验，他们靠着市场与设计师的悬殊落差获得了不少利润，这些人成为国内纺织服装行业最早的买手。

小案例 12-1　连卡佛买手店

连卡佛（Lane Crawford）是亚洲首屈一指的专卖店，面向大中华地区销售品类繁多的连卡佛商品。连卡佛在香港、北京、上海和成都的专门店云集了来自世界各地的女装、男装、鞋类、配饰、内衣、珠宝、化妆品以及家居时尚用品，彰显独特品位。

连卡佛采取中央买手制，集团旗下拥有近百名专业买手为其在全世界搜寻合适的商品，保证40%以上的商品在当地店内是独家销售的。买手对市场的精准洞悉，直接影响了商品的周转率、库存成本和运转灵活度，是企业的核心竞争力。连卡佛也采取将买手的收益与商品销售额直接挂钩的激励模式，以确保在提升买手的时尚敏感度和商品鉴别能力的同时，也能降低集团的经营风险。

买手是从中间商市场分离出来的一个独特的群体，买手的工作是零售行业最复杂、最严格的同时也是最有价值的工作之一。买手的主要目标是为零售商服务，挑选和采购产品是一个买手最基本的工作。

一、纺织品服装买手概述

国外的学者认为服装买手就是各类服装服饰的专业买家。服装买手并不同于一般意义上的采购员，这是由服装采购的目的和服装的特殊性决定的。

（1）服装买手的采购是为了销售，为了盈利，服装买手是服装产品流通渠道中的推动者，其工作的原则是选择能够销售出去的商品。

（2）服装的特殊性也决定了服装买手职业的特殊性。服装的价值不仅体现于实体，更强调实体背后传达出的无形感知价值。因此，采购服装不仅是挑选服装，还包含品位、价值观、社会观的选择和体现。随着服装短周期、小批量、多品种趋势的愈加显著，服装买手的工作也越来越重要，甚至可以说服装买手是决定零售商是否盈利的关键。

二、纺织品服装买手的职能

纺织品服装买手的职能主要包含以下五个方面。

1. 寻找供应商　供应商的选择决定了此后交易过程的顺利程度。比如供应商地理位置的远近、协商产品的调换条件、价格、能否成为长期合作伙伴等。

2. 选择产品　这是买手采购工作中最重要的一个环节，它直接决定所购产品的销售情况。买手要决定产品种类、数量、上市时间。

3. 定价　定价分为两个阶段：一是，新品上市的零售价；二是，促销商品的折扣价。买断商品一般由买手们规定产品的销售价。但对于各级品牌代理商范畴的买手们，不具有定价职责，因为产品价格是由生产商统一规定。

4. 参与广告宣传活动　买手应参与服装销售过程中的促销活动。如时装广告、服装销售促进、视觉营销、公共关系等。

5. 信息反馈　买手不应仅仅只对一个季度的产品负责，买手还影响企业的长期利润。因此，对于前一盘货或者几盘货信息的搜集整理和总结就为买手此后的工作提供了依据和保证。

三、纺织品服装买手的分类

目前，国内市场上的买手按照其服务的业态性质，可以分为零售买手和品牌买手两类。

（一）零售买手

根据买手所服务的中间商不同，零售买手又分为店铺买手、代理商买手、百货公司/超市买手。

（1）店铺买手主要从店铺里的店长或者销售人员中培训出来，他们只负责自己品牌的进货，协调零售、市场推广、视觉营销等工作。由于单店设置买手成本高昂，这种操作模式只适用于奢侈品品牌。不过国内很多优秀的店长和销售人员自己实质上也一直演绎着买手的角色。例如，近年来盛行的买手店，其店长经常要去国外时尚都市搜集一些符合自己店铺定位的新款服装。

（2）代理商买手往往经营一个或多个品牌，买来的均是已经设计好的品牌产品。买手既不组织生产，也不负责产品开发，而是向品牌总部订货。此时，买手的工作主要包含组货、商品管理和销售跟踪，有时还要做市场推广、店铺陈列等工作。例如，美特斯邦威每年在上海总部开的订货会，代理商买手都会应邀来参加，通过现场实物参照结合 SAP 订货系统的协助，实施订货。

（3）百货公司/超市买手分为两类。一类是为百货公司或超市引进成熟品牌，进行买断式经营的买手，其主要工作是与各种有品牌的制造商或代理商进行沟通，决定引进什么样的品牌，买进什么样的货，买多少等。另一类是为百货公司或超市自有品牌采购货品的买手，这种买手与品牌买手的职能相似，要兼顾产品开发、商品规划、成衣采购的职能，例如，华润万家超市旗下的自有品牌服装 Victor & Victoria 以及沃尔玛推出的主要面向中产阶层的全新服装品牌 Metro 7。

（二）品牌买手

直接或间接控制生产加工环节和零售系统的品牌商制度下的买手，称为品牌买手。现在，国内市场上的品牌主要可以归为两种类型——供货型品牌和直销型品牌。

供货型品牌主要是依靠代理商开发各区域市场，品牌企业的主要工作是经营工厂的生产加工环节，或将订单外发加工。在这种企业里，由于订货权在代理商手中，品牌买手的职责仅限于商品企划、款式开发和组织生产。

直销型品牌是指由品牌企业自身直接控制零售环节，不依靠代理商或加盟商拓展市场的品牌。现在国内企业中的雅戈尔、罗莱家纺等都是这种类型的企业。在这种企业中，品牌买手除了要具备在供货型品牌中的职能外，另一个重要工作是配合销售部门监控销售数据并做出快速反应，以实现销售的最大化和库存的最小化。买手在这种经营模式下不仅要具备产品开发的功能，而且需要兼顾销售的后期配合。

四、影响纺织品服装买手购买行为的因素

（一）买手、消费者、企业之间的关系

纺织服装商品经过原料供应商、制造商、批发商、零售商，最终流通到消费者手中。买手在纺织品服装商品的流通过程中扮演着中间人的身份，其上游是成衣供应商，下游是零售商或最终消费者。品牌买手在此过程中，不仅负责采购还要涉及企业的产品研发。

买手在采购过程中，一直扮演着双重角色：一方面是消费者，作为实施服装采购行为的个人，买手的行为与消费者购物的行为相符合；另一方面，作为品牌公司的一员，买手又代表采购企业，具有企业行为的特点。因此，买手的采购过程兼具消费者购买和企业购买的特点。买手、消费者、企业的关系如图 12 - 2 所示。

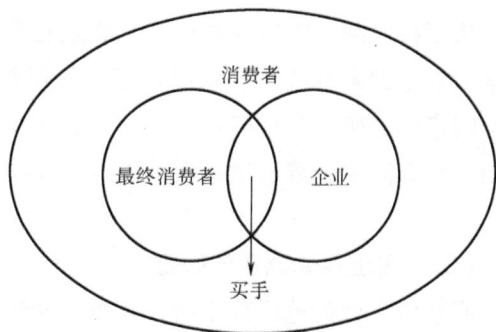

图 12 - 2　买手、消费者、企业的关系图

（二）影响买手采购行为的因素

由于买手的双重身份，影响买手采购行为的因素也有很多，主要包括三大方面。

1. 企业内部因素　品牌买手为品牌服装公司服务，买手要在内部因素的诸多限制下实施采购工作。比如，品牌定位、促销策略、商品陈列、资金预算、采购政策、公司的兼并或收购、管理决策以及公司其他部门的业绩等。买手必须对公司的内部各因素有清晰的认识，才能保证采购的产品符合企业的战略规划。

2. 外部环境因素　为保证买手采购的产品畅销，买手必须对当今社会的经济状况、外部市场环境非常熟悉。知晓竞争对手的采购计划，了解来年的流行趋势，掌握目标消费群体的需求，熟悉供应商的能力，甚至要对当地市场的气候环境非常熟悉。

3. 买手个人因素　买手作为一名消费者，在购物时难免会受到个人审美观、个人喜好、个人情感以及工作经验的影响。但作为一名优秀的时尚买手，不仅要有良好的审美观、敏锐的眼光，更要能在实际操作中站在公司和最终消费者的角度考虑问题，杜绝个人喜好。这也是买手与消费者的最大区别。从决策学的角度来说，就是买手的理性决策应该多于感性决策。

第四节　零售店面策略

一、零售企业店址的选择

（一）店址的区位选择

服装店所处的地区和具体位置的选择是很重要的。店址一旦确定，其潜在顾客和潜在的竞争者也就大致确定，因而店址在一定程度上决定着商店对商品、价格、促销、服务等的选择。

为了确定服装店应处的地区，必须对市场有关需求因素和供给因素进行分析。这里需求因素主要考虑家庭收入、家庭规模、年龄构成、人口密度、人口流动性、地区寿命周期等。供给因素的分析主要是店均面积、职工人均营业面积、商店数量增长速度、竞争者的实力等方面。只有需求因素、供给因素以及产品本身相协调，才能有一个好的利润。

（二）店址具体位置的确定

服装店应处的地区确定后，就可以来确定服装店的具体位置。比如所处的地点是空置的房屋，还是停业的商店，之前经营的产品类型及为什么停业等都要了解清楚。

某一地址的客流量是其潜在销售额的重要保证。但客流量也不是唯一因素，还要分析确定客流中的顾客是否属于潜在销售对象。例如，有两个地址供高档皮草服装店选择，一个在市中心商业区；一个在较偏远的皮草商业群。虽然中心商区客流量大，但较偏远的皮草商业群里期望类型的客流量更大。

选址周围邻店对即将开的新店有无益处，取决于邻店的类型。如果周围的邻店与自己经营的商店的商品类型能够很好地和谐兼容，那么相互间就可以相互促进、共同受益，客流量都会增大。

选址还要考虑商圈的规模，商圈是商店销售力量所波及的地区或商店的顾客所居住的地区。商圈其实没有清晰的界线，它实际上是距离不同的住户的需求圈。需求圈有主圈、次圈和边际圈之分，其中主圈是最接近商店并拥有高密度顾客群的区域，涵盖商店顾客的绝大部分。次圈位于主圈的外围，包含一小部分顾客，顾客较为分散。边际圈又在次圈的外面，其顾客是偶然的、零散的。

只有对商圈有了把握，熟悉商店所存在的市场机会的大小以及消费者的需求状况，才能更好地、更有针对性地经营商店。

二、纺织品服装零售店环境设计

（一）纺织品服装店外观

服装店的外观，主要是指服装店的外观造型、结构、招牌、店门装饰、橱窗陈设等。服装店外观是给消费者购买活动中首要印象的客观事物，往往会影响消费者的消费感受，对经营效果产生微妙的影响。好的商店外观就像是好的广告，不仅会招徕顾客，还会使顾客信任商店，对商店产生好感，激发其购买的欲望。

当消费者置身于不熟悉的商业中心时，往往是通过门面来选择判断商店的。门面的设计要与所售商品的文化相联系，需要向消费者传递积极进取、高贵或朴实无华等形象，如图 12-3 的意大利 PRADA 店铺就显得高贵典雅，符合其奢侈品的身份和地位。

图 12-3　意大利 PRADA 店铺外观

小案例 12-2　PRADA（普拉达）——将品牌体验转化为品牌忠诚

意大利奢侈品牌 PRADA 注重品牌与顾客之间的互动行为过程，通过令人耳目一新的品牌标识、店铺，鲜明的品牌个性，丰富的品牌联想，充满激情的品牌活动来让顾客体验到时尚、新颖、高水平的服务，从而使消费者与品牌建立起强有力的关系，达到品牌的忠诚。

终端是品牌和消费者直接接触的场所，消费者在终端的体验因素在相当程度上决定了品牌在其心中的价值。1999 年，PRADA 实施了一项研究计划，通过创造新的零售方式，使消费者获得更好的购物体验。按照该计划，PRADA 分别在伦敦、旧金山、纽约建设 Epicenter。Epicenter 由普立兹建筑奖得主——荷兰建筑大师 Rem Koolhaas 亲自操刀。Epicenter 诠释了一种全新的购物空间概念，它不约定俗成，超越了传统的精品店设计理念。当普拉达"淡绿色精品店"的全球网络正在迎接日益增加的消费者时，普拉达的 Epicenter 旗舰店则成为当地独特的地标性建筑，进一步体现普拉达产品与品牌的经典和优雅。

纽约 Epicenter 旗舰店毗邻百老汇和 Mercer 街区，通过外界台阶的起伏变化，旗舰店与纽约市中心繁华的街道相映成趣。这家面积为 23000 平方米的巨型豪华商场，充满科技与人性化的崭新风格，集购物、娱乐、观光等诸多功能于一身，为消费者提供无与伦比的美好体验。例如，整个卖场可以变成一个戏院，人们可以在这里演讲或看戏剧。

Epicenter 东京店同样别具匠心。其设计理念源自于晶莹剔透的水晶，拥有由数以百计的菱形玻璃框格构成极具现代感的幕墙，堪称前沿科技与巧夺天工的设计手法的完美结合。2003 年，该店铺一开业，就成了东京著名的时尚景观。不只是普通消费者，很多明星都会像朝圣一样来参观这家著名的旗舰店。难怪普拉达打出这样的宣传口号：买不起普拉达，起码可以到普拉达来旅游!

如果说华丽的店铺令普拉达声名鹊起，其促销活动更是吸引了无数眼球。每当季节流转，普拉达都会在店铺中举行特别的推广活动，向媒体和顶级客户展示最出色的新产品，通过这些意见领袖，更好地引导潮流。此外，普拉达还超越了店铺为品牌服务的传统认知，通过体验活动，使店铺和品牌互动起来，实现双赢。

（资料来源：销售与市场，第一营销网）

（二）纺织品服装店内部装饰与布局

纺织品服装店内部装饰包括货架、墙壁、地板、天花板、空间布置，以及照明、音响、温湿度的控制等内容。理想的商店装饰对消费者的感觉器官有着较强的刺激力，使消费者在观赏和选购服装的过程中，感到优雅、舒适、和谐，始终保持愉悦的心情，从而较易促成购买行为。如图 12 - 4 罗莱家纺的内部装饰与布局，给人一种温馨舒适的视觉感受。

图 12 - 4　罗莱家纺的内部装饰与布局

店内部布局要合理。商店面积应该在售货区、存货区、店员用地、顾客用地之间进行合理分配。售货区是用来陈列商品的，应占比较大的比例；存货区是存放商品用的，视商品的种类来确定，例如鞋店的存货区面积占比要比纺织服装的存货区大；店员用地要严格控制；为顾客提供的休息区、试衣间、走廊等场所应考虑充分以满足顾客的需求。

（三）纺织品服装产品陈列

商品是无声的推销员，它主要通过消费者的视觉通道进入记忆过程，达到参观浏览、选择购物的目的。

消费者购买商品时，选择性较强，很多人更希望获得较多的选择对比的机会，以便对质量、款式、色彩和价格方面进行细致的比较。纺织品服装陈列可以将产品的特点充分展示给消费者，激发其购买兴趣和欲望，促成购买行为。

服装陈列应满足消费者多种心理需求，才能激发消费者心理效应，达到期望的经济效益和预期的社会效果。服装陈列有四项基本原则。

1. 醒目化　要求服装在陈列中形象突出，使顾客可随意看到、触摸到，并引起顾客的注意，特别是新款服装的陈列更应该凸显其醒目化的要求。

2. 丰富感　柜台陈列的服装要丰满、多样、整齐有序，使顾客感觉服装种类齐全，选择余地大，能满足自身需要。

3. 吸引力　陈列的服装除了要醒目化外，还要彰显服装的特点，使顾客一眼便对服装有直观感受、吸引顾客的注意力，所以服装陈列是一门艺术，手法要新颖，构思需巧妙，目的需明确。

4. 说明性　陈列的服装要有简要醒目的文字说明，如面料的种类、价格、货号、规格、产地、品牌等，方便顾客全面了解商品。

（四）纺织品服装店橱窗设计

橱窗是一种重要的广告形式，也是商店外貌装饰的重要方式，它是商店的眼睛，以商品为主体，通过布景等道具以及装饰的衬托，配合灯光、文字说明，进行商品介绍和商品宣传的综合艺术表现形式。一个主题鲜明、风格独特的橱窗设计，不但与整个商店建筑结构和内外环境相辅相成，起到美化的作用，还可以形象地向顾客推荐商品，促进销售。

三、纺织品服装零售店店员推销策略

在购买活动的不同阶段，消费者会形成不同的心理反应，而这些不同的心理反应，会决定其购买活动，这就要求纺织品服装店的店员在服务过程中要仔细观察，采取相应的方式、方法和技巧有意识地启发诱导，加速消费者购买的实现。店员在推销过程中要注意自己的仪表、语言以及推销技巧。

店员的仪表是吸引消费者，赢得顾客信赖的主要因素。在接待顾客时，举止得体、言谈礼貌的店员，能很快取得顾客的信任，愿意听取店员的建议。

店员通过语言与顾客进行信息和感情的交流，使用不同的语言表达，会收到不同的效果。准确、生动的语言，不仅给消费者以好感，而且能够提供更多的成交机会。店员的语言要求称谓准确，询问言表一致，多说商量、委婉的话，多说关心、确切的话；不说粗暴、顶撞的话，不说讽刺、挖苦的话，不说命令式的话。

店员的推销技巧与消费者购买活动中的心理活动阶段是相适应的，店员要善于分析消费者的购买意图，根据消费者的穿着打扮，判断其身份和爱好；善于从消费者的言谈举止，分析判断其个性心理特征。

☞ 思考题

1. 零售组织如何分类？
2. 纺织服装零售业经历了哪几次变革？
3. 简述纺织品服装买手的职能。
4. 纺织品服装店铺选择应注意哪些事项？
5. 纺织品服装店装潢设计应考虑哪些因素？

☞ 案例分析

芝加哥耐克城的设计

芝加哥耐克城（Nike Town Chicago，NTC）是耐克公司广告语"Just Do It"的体现。NTC是美国各地其他耐克城的一个代表，反映了商店场景的设计在塑造商店气氛方面所起的作用，为顾客提供了与品牌之间的最佳沟通方式，使耐克品牌更富生命力。

NTC陈列展示耐克所有产品，商场里每个设计环节都在刺激顾客的购买欲望，引起顾客对耐克品牌的好感。但是，这里的商品价格相当高，比其他店里同样花色的商品要高出很多，这是由于有设计的费用。NTC的店面设计在于塑造品牌，而不是必须卖出商品，特别是它不同其他耐克店和耐克经销商竞争。

当消费者进入NTC，他们会吃惊地发现大量的陈列商品。一楼给人一种身在户外的感受，让人觉得像是走在小镇的购物区内，街上鹅卵石铺路。名人的塑像和画框中的照片、大型鱼缸、反射水和水下景物的水池、摆放商品的柜子以及各种各样的纪念品纷纷映入眼帘。穿过前厅，迎面是耐克体育明星的签名照片和一排展示的运动鞋，上面的横幅上写着"没有终点线"。店堂的照片、著名运动员的塑像、篮球及各种运动的背景声，这一切回荡着"触摸辉煌"的主题。

在二楼，迈克尔·乔丹的巨幅照片让消费者感到了自己身材的矮小，因为乔丹好像"飞人"的姿态正腾空入云。二楼还有半个篮球场地，可以听到芝加哥公牛队的入场音乐。虽然二楼也有其他运动展品，但最突出的还是篮球、迈克尔·乔丹和其他超级明星。游人甚至可以像查尔斯·巴克利和朋尼·哈得威那样把手放到篮筐中。

在三楼，消费者可以俯瞰店堂，能看到充气的乔丹帐篷——"飞人"的圣坛，而儿童帐篷也在三楼，另外还有展品展现耐克品牌的历史。门把手和栏杆设计均采用了耐克那鲜明跳动的标志，NTC通过这些细节以及乔丹的巨幅照片使耐克品牌得以具体体现。顾客通过亲历商场而产生了自己与品牌之间的关系。

☞ 案例讨论

芝加哥耐克城在外部、内部空间及陈列设计方面有哪些特点？

第十三章　纺织品服装的促销策略

【本章学习目标】

1. 掌握纺织服装行业促销的方法及促销组合。
2. 理解广告促销的媒体选择及促销效果。
3. 理解销售促进的促销对象及方法。
4. 掌握公共关系营销的四种途径。
5. 了解人员推销在促销中的作用。

【引导案例】

耐克的促销组合策略

位于美国俄勒冈州的耐克公司，是全球著名的体育用品制造商。该公司生产的体育用品包罗万象，如服装、鞋类、运动器材等。但耐克并不真正生产鞋子，公司的重点是创新并与顾客进行沟通。公司经常在专业和大学比赛的间歇的广告中投资，有的是黄金档节目，针对大多数成年人；有些是深夜节目，主要是针对年轻人。此外，诸如《图文体育》《人们》《跑步者的世界》《魅力》《网球》《健康之友》等印刷媒体中也常见耐克的广告。

耐克产品与大学体育队的关系，使得耐克成功地在顾客中建立起了产品忠诚度。大约50%的职业棒球运动员穿着耐克的运动鞋，大多数尖子大学的橄榄球队穿耐克鞋。

耐克公司早在1972年就与一个篮球运动员签订了协议，让他在比赛时穿耐克鞋。1983年耐克公司在田径运动方面的促销活动从一般运动员转向超级明星，从小额赞助转向了电视商业广告。耐克的目标是要签署几位一流的、有重大影响的运动员，迈克尔·乔丹就是最佳人选。飞人乔丹计划，可以说是有史以来最为成功的推销计划。在一年之中，飞人乔丹计划帮助耐克公司创造了一亿多美元的销售额。

此外，耐克曾经多次组织活动来表明他们对社会责任的关注。例如，1993年耐克和全美男孩女孩俱乐部一起组织了一个名为"儿童运动"的活动，活动的目的是促进青少年健身运动活动的发展。耐克还在他的一种户外鞋子上使用可回收的材料，目的是为了保护环境。

从1995年起，耐克举办的青少年篮球对抗赛（也称作耐克巅峰赛 NIKE Hoop Summit）每年4月上旬前后举办。对阵双方分别为：由高中毕业生组成的全美青年选拔队和19岁及以下非美籍球员组成的国际青年选拔队。这项赛事每年都会吸引众多NBA球探及大学球队的代表，通常有的球员会在参加完耐克巅峰赛后不久就要决定加盟哪所大学。

自20世纪90年代美国民间发起"抵制血汗工厂"运动以来，耐克也一直在致力于改善代工厂中的劳工状况，在所有合约工厂中彻底消灭加班现象。

促销策略、产品策略、定价策略和渠道策略一起构成了营销组合的4P战略。有些纺织品服装公司在其产品扩散过程中并未采取有力的促销措施，尤其是一些产品创新型公司和在产品式样方面具有创新风格的公司。他们认为可以依靠其产品的特色来吸引消费者的注意，因而采取的是"酒香不怕巷子深"的营销策略。然而，在一些特定的时点，比如在经济衰退期，如果不采取积极主动的促销策略，即使再知名的公司也是很难成功的。

对于大多数的纺织品服装公司来说，从服装流行式样和主流消费市场上吸引顾客注意的主要方法就是促销。促销的目的就是宣传公司，"告知并说服"消费者，树立企业和产品在市场上的形象，以此扩大企业及其产品的影响力并促进产品的销售。

第一节　促销概述

一、促销的含义

促销是指企业通过人员或非人员的方式，将产品和劳务的信息传递给顾客或用户，引起顾客的购买兴趣，刺激顾客的购买欲望，实现购买行为的活动。因此，促销是一切与消费者或外在公共关系相联系的沟通过程。

沟通中的很多思想观点来源于军事，但是同样适用于销售。在销售工作中，如果工作人员没有很好的沟通能力，将会导致其失去顾客、失去生意。尤其是对于纺织服装产品，促销能快速提高品牌形象，提高顾客购买时的自信和穿着时的满意程度。

图13-1是一个基本信息沟通模型，在这里，输送者（Sender）就是一个纺织品服装公司，编码者（Encoder）是那些委托设计和传递信息给消费者的机构，比如广告公司或者是促销中介。信息解码（Decoding）包含了解释信息背后的观点，信息接受者（Receiver）是实际

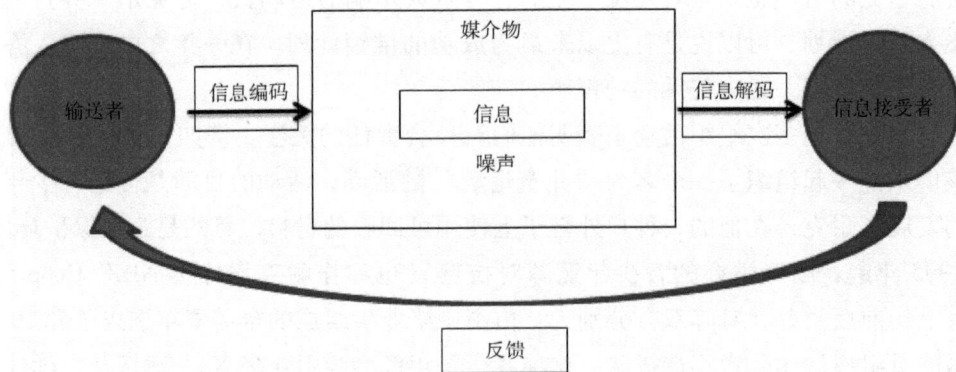

图13-1　基本信息沟通模型

的顾客或者外部其他公众。噪声（Noise）代表了围绕信息且能扭曲信息的其他干扰项，干扰者也同样会影响信息的传递。理解沟通过程对促销程序的设计大有帮助，而且同时可以用来解释竞争者采取的各项行动。

沟通中的经典案例是美国贝纳通（Benetton）公司广受争议的系列广告，如图 13 - 2 所示。这些广告引起了轩然大波，但是贝纳通公司则坚称他们的信息是针对特定的目标人群（即接受者），而接受者在对一般公众解释时自然有自己独特的沟通方式。

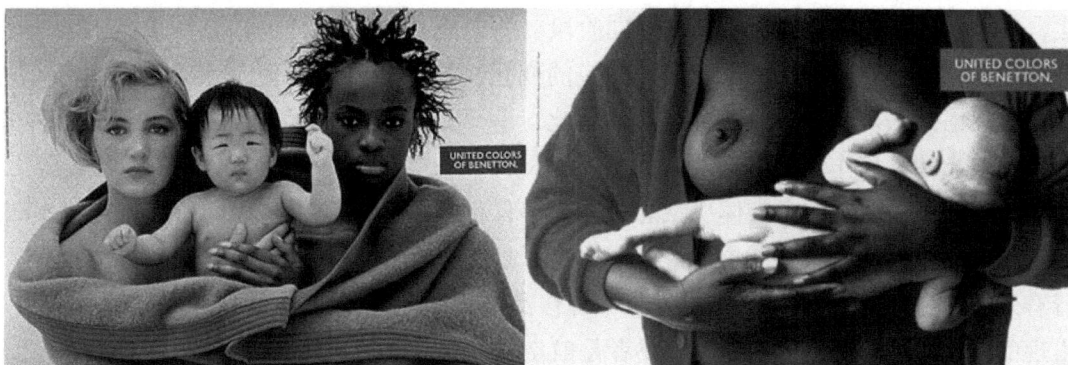

图 13 - 2　贝纳通公司备受争议的广告

二、促销计划的重要性

纺织品服装公司促销计划的潜在含义就是要知晓消费者的购买行为及购买过程，尽管很多公司依然把大部分的促销预算用在 B2B（Business to business）的促销上，如制造商——零售商。但是随着人们品牌意识的逐渐加强以及对产品质量的日趋关注，消费者在营销中的重要性不容小觑。这也使得近年来很多家纺及服装企业把促销精力投在 B2C（Business to customer）上。

促销并非在成品以后进行，实际上，当纺织品服装营销者在进行市场细分及市场定位时就要考虑未来消费者的行为，这样才能保证信息和媒介的有效释放，即为未来促销过程的顺利实施打好基础。促销方式的选择和消费者决策过程之间的关系可以用基本的"AIDA"模型进行解释。

A（Awareness）：顾客开始注意到一种新的式样的存在，一般是从服装服饰杂志上知晓。

I（Interest）：顾客想了解关于这种式样的更多的信息。

D（Desire）：顾客开始主动搜索产品信息，并评估产品，如价格、材质等。

A（Action）：试穿并实际购买。

因为不同的步骤顾客需要的信息是不同的，所以四个步骤要求不同的沟通水平，这对营销者来说是一个挑战，要求营销者知晓在何种情况下采取何种促销方式、促销政策以及如何进行促销。

三、促销方法和促销组合

在市场营销理论中，促销概念有广义和狭义之分。狭义的促销仅指销售促进，而广义的促销则包括销售促进（Sales promotion）、广告（Advertising）、人员推销（Personal selling）和公共关系（Public relations）四大促销组合工具。

每种促销形式都有它的长处和不足（表13-1）。其中广告的宣传面广，但实际效果却并不一定理想；人员推销对于成交很有利，但费用很高。在实际决策中，由于市场状况在不断变化，产品本身也在经历生命周期的不同阶段，所以企业的产品特色和营销重点随着市场需求的变化和营销战略的调整，也应发生相应的变化，这些变化就促使企业有目的、有计划地把这四种促销方法调配起来，综合运用。因此，一个公司的总体营销计划一定是这四种方式中的一种或几种，称作促销组合（Promotion mix）。

促销组合决策体现的是整体决策思想，要确保促销组合与公司整体的营销组合（Marketing mix）相适应，促销应该是在价格（Price）、地点（Place）、产品（Product）方面与顾客进行有效的信息传递，如LV、Burberry等奢侈品应该设计符合奢侈品风格的信息沟通特点，其出现的地点也应该是Monocle杂志或者是航空公司的头等舱等，以此彰显其位居高端的品牌形象。

表13-1 促销组合中不同促销方式的比较

促销方式	优点	局限性
广告	营销者能够掌握信息的内容、出现的时间以及接触的人群	价格较高 可靠性较低，有可能会被顾客忽视
销售促进	刺激零售商支持产品 建立零售商和顾客之间的刺激 鼓励迅速购买并试用新产品 对价格敏感者提供价格导向的刺激	短期行为，关注的是短期的销量而不是建立品牌忠诚度 内部竞争可能会导致这种促销陷入困境
公共关系	价格较低 可信度较高	对信息没有控制力，不能保证信息传递的途径 难以追踪其影响后果
人员销售	与消费者直接沟通，销售人员可以灵活掌控信息沟通过程 销售人员可以及时得到顾客的反馈信息	与顾客接触的成本较高 不同销售人员传递的信息不同，很难保证其一致性 销售人员的可信度很大程度上取决于公司的整体形象

第二节　广告策略

广告有广义和狭义之分。广义广告包括非经济广告和经济广告。狭义广告仅指经济广告，又称商业广告，是指以盈利为目的的广告。商业广告是商品生产者、经营者和消费者之间沟通信息的重要手段，是企业占领市场、推销产品、提供劳务的重要形式。广告目的是扩大产品销售、提高企业的经济效益。

一、广告的含义和作用

广告是广告主以促进销售为目的，通过特定的媒体，支付费用的大众传播行为。广告不同于一般大众传播和宣传活动，主要表现在以下方面。

（1）广告是一种传播工具，是将某一项商品的信息，由这项商品的生产或经营机构（广告主）传送给一群用户和消费者。

（2）做广告需要付费。

（3）广告进行的传播活动带有说服性。

（4）广告有目的、有计划，是连续的。

（5）广告不仅对广告主有利，而且对目标对象也有益处，它可使用户和消费者得到有用的信息。

广告是纺织品服装公司进行促销活动的视觉传播部分，这是一种非人员的沟通方式，可见范围远远大于其目标顾客，比如城市公交车上的车体广告，其目标受众的范围相当广泛。

广告对消费者决策的作用非常重要。因为它能塑造消费者的产品或品牌意识、树立品牌形象、为消费决策提供信息并影响消费者的购后行为。当消费者购买纺织品服装时，他们购买的是一种形象，好的形象会促进消费者的购买，而差的形象会阻碍消费者的购买决策。

尽管广告是一种非常重要的促销工具，但是中国的服装制造商并未充分利用广告的功效，在广告方面的支出一直低于欧美日等发达国家。不过，随着消费的扩大，企业的广告宣传力度也在不断地加大，尤其是知名品牌服装，加大了广告在其品牌建设中的重要性。比如"七匹狼"产品的诉求对象是奋斗中的男性，它把奋斗中的男性所经历的那份沧桑，那种独具魅力的成熟，透过产品广告尽情地宣泄出来。

二、广告媒体

广告的传统媒体有六大类：电视、广播、报纸、杂志、户外广告和直邮。近年来，随着互联网的快速发展，互联网已经成为一种广告新媒介。每种媒介各有其特点，在时间性、灵活性、视觉效果、传播面、成本等方面也相差甚远，各有千秋。了解不同媒体的优点和局限性，对正确地选择广告媒体十分重要。表13-2是传统广告媒体的优点与局限性比较。

表 13 - 2　传统广告媒体的优点与局限性比较

媒体	优点	局限性
电视	最有创造性和灵活性 中央电视台是性价比最高的媒介 闭路和卫星电视使得广告商能以较低的价格触及特定群体 有较高声望 能展示产品的应用 能产生娱乐和刺激效应 信息有很好的视觉、听觉效果	除非频繁播放，否则信息很容易被忘记 观众的记忆呈碎片状 绝对价格较高，小企业承受不起 观众看电视的时间在逐渐减少 观众总是频繁换台来避开广告 广告价格越来越高，导致每个广告的时间变短
广播	能很好地选择目标听众 可以随身携带 可以使用地方特色 价格相对较低 广告持续时间短，会随着市场的变化随时更换 使用声音和音乐效果，能充分发挥听众的想象力	听众容易注意力不集中 不适合必须观看或展示的产品 听众较少，广告要投放到多个电台，且频繁播出
报纸	市场覆盖面广，受众广泛 可以灵活使用颜色和广告版面大小 可以把地方零售商和国家广告商结合 传达信息及时	人们看报纸的时间较少 青少年很少看报 寿命短，很少有人会看第二遍 印刷不精美 读者指向性不高
杂志	专业杂志可以有较高的目标市场指向性 寿命长，读者传阅情况好 印刷精美，视觉效果好 能提供详细的产品信息	价格较高，尤其是单价较高 发行周期长，传播不及时 传播不广泛，广告主需向多个杂志买广告位
户外广告	接触面广，成本低 是其他媒介的补充 处于交通要道的广告触及率更高 地点灵活	难以解释广告内容 难以度量广告受众 有些群体可能会不喜欢或引起争议 难以针对特定的细分市场
直邮	可以选择目标受众 可以多次发布信息 广告效果易于测量	价格较高 必须经常更新 可信度不高

1. 电视（Television）　由于电视广告一次可达的范围很广，因此，电视是广告业的首选媒体。在20世纪60年代，英美国家的内衣系列，尤其是胸衣和内裤主要靠电视广告进行宣传推介。不过电视广告的成本较高，在欧洲，一段30秒钟的广告费用在300000~750000欧元。中国中央电视台黄金时段的广告收费是每15秒为94800~252000元。

2. 广播（Radio）　广播广告可以追溯到1922年的美国，广播广告最大的优点是其灵活性很高，可以随时更改。由于纺织品和服装要求强烈的视觉效果，因此广播并不是一个有效的广告媒介。

3. 报纸（Newspaper）　对于地方性广告来说，报纸是最好的媒介，可以获得最快的反应速度。现在有许多报纸同时提供在线报纸以供更多的消费者阅读，这对消费者的视觉冲击也是很有成效的。

4. 杂志（Magazine）　对于纺织品服装来说，出版物成为越来越流行的广告媒介，贸易出版物经常包含一定数量的商业广告，专业的服装杂志如"Vogue""瑞丽""昕薇"等总是能够针对其目标市场的需求。现在的服装广告商的思维更为活跃，他们甚至会在非服装服饰出版物上刊登广告以针对其目标顾客。例如，乔治·阿玛尼在经济学家（The Economist）杂志上的广告触及到了25~50岁的目标消费人群。

5. 户外广告（Outdoor advertising）　对纺织品服装产品来说，户外广告牌和海报也逐渐成为流行的广告媒体，它是一种性价比很高的增强品牌意识的广告策略，而且还可以创造很高的公众影响力。

6. 直邮（Direct mail）　直邮能够精确地帮助潜在顾客找到相关产品。Next和麦考林就非常有效地使用了这一广告媒介。在英美国家，由于水电气以及银行账单仍以信件的方式投递，人们对信件依然有较高的关注度。但在今天的中国，随着网络媒体的发展，人们对传统信件的关注度越来越低，大部分直邮信件都被当作垃圾一样丢掉了。

7. 广告新媒体——互联网（Internet）　互联网的使用使得营销者能够以一种新奇的、刺激的方式到达其目标客户。近些年来，互联网广告的发展速度很快，成为全球增长最快的广告媒介。

互联网广告主要有以下几个方面的优势：第一，它能够到达目标市场的细枝末节；第二，由于网站可以跟踪广告被点击的次数，广告主可以据此测度顾客对广告信息的反应；第三，网络广告可以是交互式的，即消费者可以亲身参与到广告活动。

除以上广告媒体外，由于买家在整个市场营销过程中的主导作用，B2B类型的广告在纺织品服装营销中扮演了一个非常重要的角色，尤其是在服装领域。B2B类型的广告包括国家或国际范围的展销会以及生产商为零售商提供的销售支持等。

表13-3是2013年英国主要服装零售商各类广告媒体消费比例，由该表可以看出，杂志所占的比例最高，有两家公司Miu Miu Fashions和House of Fraser Plc杂志广告甚至占到100%。第二选择较多的是电视广告，奢侈品牌Hugo Boss Fashions中有99%的广告选择了杂志。

表 13 – 3　英国主要服装零售商各类广告媒体消费比例（2013 年）

广告媒体	电影 （%）	直邮 （%）	互联网 （%）	户外 （%）	杂志 （%）	广播 （%）	电视 （%）	总计 （%）
Shop Direct Home Shopping Ltd	—	—	—	—	39	—	61	100
Marks & Spencer	—	8	17	—	71	2	2	100
Asda Stores Ltd	1	—	1	21	42	4	31	100
Debenhams Plc	—	4	1	—	18	—	77	100
Next Plc	—	1	—	1	93	5	—	100
Tesco Plc	—	—	7	33	27	—	33	100
H&M Hennes Fashions	—	2	—	40	40	—	18	100
Sainsbury's Supermarkets Ltd	—	3	1	1	59	—	36	100
Matalan Ltd	—	29	3	—	63	—	5	100
JD Williams& Co Ltd	—	29	—	1	24	4	42	100
TKMaxx	—	—	—	—	27	—	73	100
River Island Clothing Co Ltd	10	—	1	50	39	—	—	100
Burberry Ltd	—	—	1	67	32	—	—	100
Bhs British Home Stores	—	—	—	—	63	—	37	100
Clarks International Ltd	7	—	4	16	66	—	7	100
New Look Fashion Stores	—	—	3	8	88	1	—	100
Rohan Designs Ltd	—	99	—	—	1	—	—	100
Redcats UK	—	20	—	—	5	—	75	100
John Lewis Partnership	—	—	—	13	87	—	0	100
Mango Retail	—	—	—	7	18	—	75	100
Dorothy Perkins	—	—	—	—	2	—	98	100
Crew Clothing Co	—	97	1	—	2	—	—	100
Evans Ltd	—	—	—	8	18	—	74	100
Wm Morrison Supermarkets Plc	—	7	—	—	49	—	44	100
Miu Miu Fashions	—	—	—	—	100	—	—	100
House of Fraser Plc	—	—	—	—	100	—	—	100
Hugo Boss Fashions	—	—	1	—	99	—	—	100
French Connection Group	—	—	—	27	73	—	—	100
Levi Strauss UK Ltd	—	—	1	16	83	—	—	100
Uniqlo	31	—	—	16	53	—	—	100
Total of the retailers above	1	7	3	10	47	1	31	100

三、广告目标

广告目标是指企业进行广告活动所要达到的目的。确定广告目标是为整个广告活动定性的一个环节。可供企业选择的广告目标可分为以下三类。

（一）以提供信息为目的的开拓性广告

企业通过广告活动向目标沟通对象提供某种信息。比如告诉目标市场有一种新产品即将上市行销，介绍该产品的用途或使用方法等，这种广告的目的在于建立基本需求，使市场了解并需要某类产品。开拓性广告主要用于新产品的导入期，比如雅戈尔的 HP 整理棉免熨衬衫、VP 免熨处理工艺以及 DP 免熨衬衫在上市之初，皆是通过广告向世人展示其衬衫的特点，给人耳目一新的感觉。

（二）以诱导购买为目的的诱导性广告

企业通过广告活动建立本企业的品牌偏好，改变顾客对本企业产品的态度，鼓励顾客放弃竞争者品牌转而购买本企业品牌，劝说顾客接受推销访问，诱导顾客立即购买。这种以劝说、诱导、说服为目标的广告，叫作诱导性广告（或说服性广告）。

诱导性广告一般在产品进入成长期和成熟前期使用，主要宣传本企业产品的特点和优势以及与竞争对手产品的不同点，激发顾客对产品产生兴趣，增进选择性需求，树立品牌偏好，争取潜在顾客。

（三）以提醒顾客使用为目的的提示性广告

企业通过广告活动提醒消费者在不远的将来（或近期内）将用得着某产品，如秋季提醒人们不久将要穿御寒衣服，夏季来临之前的丝袜广告等，并提醒消费者可到何处购买该产品。以提醒、提示为目标的广告，叫作提示广告。这种广告的目的在于使消费者在某种产品生命周期的成熟期甚至衰退期仍能想起这种产品，强化产品在顾客心目中的形象。目的是提醒顾客记住该产品，形成购买习惯和品牌忠诚。

四、广告实施过程

广告实施过程对于广告的效果至关重要，纺织品服装公司可以自行设计广告，也可以请广告公司代为设计广告。目前随着纺织服装业国际化进程的加快，越来越多的公司开始寻求大的广告公司代为设计。

广告公司根据其规模和类型的不同有很大区别，有些公司专注于创意型广告的设计，即所谓的"热店"（Hot shops）。而有些公司关注的则是广告背后的问题，比如购买何种广告媒介，在报纸、杂志以及其他类型的广告媒体上购买相应的广告位的花费等。

广告活动的运作包含了一系列的步骤，虽然不同的公司在实际操作中采取的步骤不尽相同，但是普通广告一般包含八个关键步骤。

（1）识别目标受众（Identify the target audience）。

（2）确定广告目标（Define objectives）。

（3）确定广告主题（Decide campaign issues）。

（4）预算分配（Allocate budget）。

（5）媒体计划（Media planning）。

（6）广告设计（Creation of campaign）。

（7）广告实施（Implementation）。

（8）控制（Control）。

小案例 13 - 1　奢侈品牌路易威登（LV）的广告策略

在时尚界，提起奢侈品牌 LV，可谓是人尽皆知。和众多大牌一样，LV 有着源远流长的历史，而且 LV 的每一代后继者都不断地为品牌增加新的内涵。至今，已有六代 LV 家族的后代为其工作过。在广告策略方面，LV 更是有自己独到的见解。

（1）口口相传。曾经有报纸杂志报道说泰坦尼克号沉没海底数年后，一件从海底打捞上岸的路易威登硬型皮箱，竟然没有渗进半滴海水。这个报道通过人们的口中和报刊杂志予以传播开来，足以让人们了解路易威登的品质质量及其价值。

（2）纸质广告。路易威登选择的是一些专门的媒体，比如高档杂志、高档俱乐部的会刊或者是高级会所的会刊上刊登其产品广告，而这些杂志会刊都是奢侈品牌的选择目标。

（3）终端视觉广告。奢侈品终端的视觉传达通过店堂的内外装修、商品陈列、商品的包装、店员着装、橱窗等多种载体来实现。当你逛街路过路易威登的专卖店或旗舰店时，总是能够看到它那华丽而又时尚，精致而又大气的橱窗。就算很多人消费不起，但也过了一把"眼瘾"。

（4）明星效应。在 2013 年年底，全国最大电商网站公布了 2013 年"娱乐经济排行榜"影响力榜单，公布范冰冰一人就带动了该网站近 5 亿元成交额，2013 年路易威登任命范冰冰成为路易威登中国区形象大使并且成为最经典的 Alma 系列的手袋的代言人。

（资料来源：LV 市场营销的策略分析 http：//www. docin. com/p - 1834460091. html）

五、广告效果的评估

广告效果最有效的衡量指标是广告活动对顾客的影响，即广告信息通过广告媒体传播之后，对顾客产生的所有直接和间接的影响总和。从狭义上来说，广告效果指的是广告取得的经济效果，即广告达到既定目标的程度，就是通常所说的促销效果。从广义上说，广告效果还包含了心理效果和社会效果。营销学中对广告效果的评估一般是指对广告经济效果的评估。许多企业对广告促销效果进行评估时主要使用以下四个指标。

1. 销售增长率　销售增长率是指广告实施后的销售额相对广告实施前所增长的比率。增加的比率能在一定的程度上反映出广告在促进产品销售方面所发挥的作用。该指标的计算方法是将销售额的增长情况与广告费用的投入相比较，以此反映实施广告对产品销售的直接效果。销售增长率计算公式为：

销售增长率=(广告实施后的销售额－广告实施前的销售额)/广告实施前的销售额×100%

2. 广告增销率 广告增销率是指在一定时期销售额增长的幅度与同期广告费投放增长幅度的比率，该指标反映销售变化对广告费用变化的反应程度。广告增销率计算的公式为：

广告增销率=销售增长的幅度/同期广告增长的幅度×100%

3. 广告费占销率 广告费占销率是指一定时期内企业广告费的支出占企业同期销售额的比率。广告费占销售额的比率越少，表明广告促销的效果就越好。广告费占销率计算公式为：

广告费占销率=广告费支出/同期销售额×100%

4. 单位广告费收益 单位广告费收益是以平均每元广告费所带来促销的收益，以此评估广告费的使用效果。单位广告费收益的计算公式为：

单位广告费收益=销售增长额/同期广告费用

广告心理效果也称为广告本身效果评估，是指并非直接以销售情况的好坏评判广告效果的依据，而是以广告到达目标受众、知名度、消费者偏好、购买意愿等间接促进产品销售的因素作为依据来判断广告效果的方法。

广告社会效果评估相对较难，因为社会效果涉及的受众范围广，内容复杂，影响也是长期性的。

第三节 销售促进

一、销售促进的含义

销售促进亦称营业推广，是指在一个比较大的目标市场中，为了刺激和鼓励需求而采取的、能够迅速产生鼓励作用的促销措施。

科特勒（1999）认为："销售促进包括各种多数属于短期性的刺激工具，用以刺激消费者和贸易商迅速和较大量地购买某一种特定的产品或服务。"

由以上定义可以看出，销售促进是指能有效地刺激顾客购买、提高促销效率的一切活动。它包括的范围较广，界限不如广告、人员推销和公共关系清晰，是一种实践中行之有效的辅助性的促销措施。

二、销售促进的类型

在纺织服装业中，销售促进主要分为三大类：一是针对行业部门的整体销售促进，意在提高行业影响力；二是针对零售商的销售促进，目的是鼓励零售商积极囤货；三是针对顾客的销售促进，旨在提高顾客的品牌忠诚度。

（一）针对行业/设计师的销售促进

创办于 1983 年的英国时尚协会是一家由业内赞助商出资的非营利性有限公司，是伦敦时尚周的主办方。该协会同时还力求帮助英国设计师拓展其业务，并出版发行了指导时装设计师获得生意的《设计师真实档案》以及《设计师制作手册》等。英国时尚协会的目标是，联手业内投资人士，在全球范围内提升英国在时装设计界的地位，对推动英国服装销售发挥了很大的作用。

中国服装设计师协会（China Fashion Association，简称"CFA"）成立于 1993 年，对促进行业科技进步、品牌建设、国际交流合作和产业升级发展等方面也起到了积极的作用。中国服装设计师协会每年举办的中国国际时装周已经成为时装设计师和知名品牌发布流行趋势、展示创新设计以及树立品牌形象的具有国际影响力的时尚舞台。

此外，服装设计师也逐渐与其他组织联合促进产品销售，如著名服装设计师 Vivienne Westwood 和地球之友（Friends of the Earth）合作，制作了热带雨林秀（图 13 - 3），这场秀实现了两个目标，一是创立了两个品牌 Edina Ronay 和 Vivienne Westwood，二是树立了服装工业的环保意识。

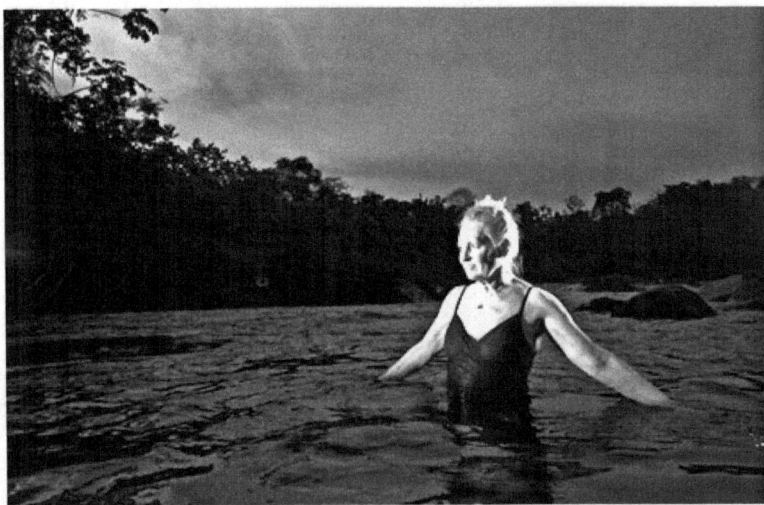

图 13 - 3　热带雨林秀

这种行业范围的促销活动的主要特点是其并不局限于某一特定的营销目标群体，如零售商或消费者。这种活动的主要目的是提高行业整体的知名度并建立纺织服装设计行业的行业意识。

（二）针对零售商的销售促进

针对零售商的销售促进有很多特殊的意图，其目的是促进零售商购进特定的产品系列或产品设计。传统的方式是针对购买者设计的时装秀，比如伦敦设计师秀对目标顾客的影响力是非常巨大的。从营销的角度来看，这属于"产品导向型"方法。

　　纺织服装的销售终端类型较多，如连锁店、百货商店等。对于不同类型的纺织服装终端企业，厂商销售促进方法也有很大的不同，采取的方式一般是打折、产品展示以及线下广告材料发放等。

（三）针对消费者的销售促进

　　传统上，针对消费者的销售促进是由零售商来实施的，后来由于设计师品牌和消费者品牌形象意识的逐步发展，零售商开始和设计师或制造商联合进行针对消费者的销售促进。此外，一些有强烈品牌意识的纺织品服装公司开始对消费者直接进行销售促进，最常用的针对消费者的销售促进方式有以下几种。

　　1. 价格促销（**Price – based promotions**）　在纺织品服装零售方面最常用的价格促销是提供优惠的价格折扣进行清仓并提高商店的人流量以促进潜在顾客关注应季新品。近几年来，服装营销者在价格促销方面有了更多的创新模式，对特定系列的商品在有限时间内进行价格优惠，这样在短期内可以提高产品的销量，但是这种方式如果频繁使用将会损坏产品的形象。

　　在纺织品服装零售中也经常采用折价优惠券（Money – off coupon）或折扣，能够起到很好的效果。百货公司经常会采用这种方法，比如"满100返20"，还有些公司承诺顾客在未来购买时能有5%的折扣等，目的都是为了促进消费者尽快做出购买决定。

　　2. 展览（**Displays**）　在服装零售工业中，展览是一种常用的销售促进手段，当然展览这种手段是产品导向而不是市场导向。两种常用的展览方式是橱窗展示（Window display）和店面展示（In – store display），展览的主要目的就是建立产品形象和店面形象，比如伦敦的Liberty商店在橱窗展示和店面展示方面以其独特的创造力而著称（图13 – 4）。

图 13 – 4　Liberty 的橱窗展示和店面展示

　　3. 试用（**Trial offers**）　试用的目的是为了吸引新的消费者或是刺激顾客的口头宣传。在纺织品服装工业中，尽管有些设计师会为了获得媒体促销或口碑相传而为高级客户提供试用装，但总的来说除了袜子、毛巾等小件商品会有试用装之外，服装很少有免费试用的。也有一些时装设计师会在时尚杂志上以极低的价格特供一些商品，如1993年3月，法国时装杂志艾丽（Elle）就特供了路易威登（LV）首席设计师尼古拉斯骑士（Nicholas Knightly）的一款衬衫，极大地刺激了 LV 产品的销量，并提升了品牌形象。

总之，对消费者进行销售促进的最大弊端在于只能在短期内提高商品的销量，如果时间过长或是数量太大，都会对公司形象产生毁坏性的影响。

三、实施销售促进应注意的事项

销售促进是一种促销效果比较显著的促销方式，倘若使用不当，不仅达不到促销的目的，反而会损害企业的形象。因此，企业在运用销售促进进行促销时，要注意以下问题。

（1）要根据目标对象来确定销售促进的方式，才能产生促销的效应，如留住老顾客和吸引新顾客采取的方式不同。另外，还要考虑产品的差异，如时装和奢侈品就要选用不同的销售促进方式，方能使促销活动获得成功。

（2）销售促进的期限要合理，时间过长，会让顾客习以为常，认为是一种变相降价，失去吸引力，甚至产生怀疑或不信任。时间过短，可能部分潜在顾客尚未发觉，因而不能挖掘到顾客，收不到促销的最佳效果。因此，销售促进的时间安排要合适，既要有"欲购从速"的吸引力，又要避免草率从事。

（3）严禁弄虚作假。在市场竞争日益激烈的今天，想要留住顾客，企业的商业信誉显得尤为重要。因此，企业在进行销售促进的过程中，要坚决杜绝自毁商誉的行为发生。在近年来的"双11"促销中，就有不少商家采取了先涨价再打折的不法行为，引起消费者的强烈不满。

（4）销售促进的费用要合理。尽管销售促进可以在短期内刺激销售量的增加，但这种增加要以一定的销售促进费用为前提。因此，企业要权衡费用与带来的经济效益之间的关系。

第四节　公共关系

公共关系（Public relations，简称"公关"）是指企业通过外部活动、谈判、宣传、战略性合作经营等，在公众心目中树立起良好的形象，在一定程度上改善市场环境，使企业能较顺利地在国内外市场上从事营销。

公共关系营销是 20 世纪 70 年代末脱颖而出的、极富有生命力的市场观念，也是"感性消费观念""明智消费观念""生态强制观念""社会公众利益观念"的综合。公共关系营销要求企业除了继续使用传统的促销手段之外，越来越重视把以提高企业形象和信誉为主要内容的公共关系促销活动，作为现代企业市场营销活动的重点手段来予以采用。

根据公共关系营销观念，企业在制订及实施其市场营销政策时，必须全面顾及企业利润、消费者需求和社会公益三方面的内容，忽视任何一个方面，都会给企业的发展带来严重影响。

一、纺织品服装公共关系的重要性

公共关系营销可能是纺织品服装最吸引人、最有价值的营销活动。世界上最著名的服装公共关系专家 Lynne Franks，被称为服装公共关系之母，曾帮助很多服装设计师取得了成功。

纺织品服装公共关系要求营销经理要与公共关系部门密切合作以确保有共同追求的目标，同时要与公司的其他促销活动相辅相成。由于公共关系的信息来自于第三方机构且是不需付费的广告，所以公共关系显得独立且有价值。

对于纺织品服装营销者来说，公共关系有一个很大的服务群体，其受众范围远远大于付费广告所能够到达的群体。比如，一个服装设计师的服装图片能够出现在一个国际知名人物如戴安娜王妃的背面，其创造的轰动效应将是非常可观的。

纺织品服装营销和公共关系的区别在于沟通对象不同，纺织品服装营销首先考虑的是消费者的需要和需求，以确保公司能够满足这些需求；而纺织品服装公共关系考虑的是如何与社会进行沟通，沟通对象应该定位于一个很大的群体而不仅仅是公司的目标顾客。

二、纺织品服装公司公共关系的管理

纺织品服装设计师、制造商和零售商所能选择的公关组织有企业内部的公共关系部门、公共关系自由职业者、专业纺织品服装公共关系公司、全套服务的广告中介公司以及非专业的公共关系公司。较大的纺织品服装公司一般会选择全套服务的代理机构进行公共关系营销，而小一些的公司则会选择专门的纺织品服装中介组织来进行公共关系营销。

内部公共关系部门是大多数纺织品服装公司所选择的公关方式，一旦有媒体部门如报纸杂志来公司咨询采访时，都可以由内部公共关系人士来与之进行沟通。例如，公共关系部门安排记者招待会、首场演出、表演和展览、公共旅行以及其他活动等。在一些大的公司，公共关系部门是独立的，但是在大部分企业中，公共关系只是营销部门的一个分支。

内部公共关系部门最大的缺点是当碰到一些大的事件时，可能会因资源不足以应对而产生公关危机，因此许多公司会选择一些公关自由职业者，这些自由职业者一般手里会有多个客户。在这种情况下，公司就可以在需要的时候能够找到相关的专家来进行公关，同时还不需要长期经营一个办公部门。

专业公共关系公司的优势是他们与各类贸易出口部门、重要服装杂志或报纸编辑有着千丝万缕的联系，同时他们还可以组织行业的公共关系活动，如时装秀等。

全套服务的中介机构能够把公共关系和其他的促销措施相结合，同时还可以提供研究咨询。更难能可贵的是，这些公司一般有大公司做支撑，比如大股东和财团。

三、公共关系活动类型

不论公司采用何种方法进行公关，公关经理都应该执行以下基本公关活动。

（一）媒体关系

公共关系协会对公共关系的定义指出，公关的核心是公司要与新闻媒体建立并保持良好的关系。这就要求这种关系的长期性和持久性，而不仅限为当有事件发生时的危机公关。

纺织品服装的公共关系部门还可以做一些努力来保证新闻媒介能为本公司写出比竞争对

手更有利的新闻稿件，这就要求公司要认真选择目标编辑，比如艾格零售商的目标编辑是年轻时尚杂志《Just Seventeen》的编辑。在中国，时尚杂志尚处于发展阶段，比较有名的时尚杂志有《瑞丽》《昕薇》《时尚芭莎》等，这些杂志对中国纺织品服装消费者的影响力也在逐步提高。

（二）宣传资料和资源

纺织品服装公共关系不仅包括及时告知公司最近的发展信息来培育公司声誉，同时也要包括一些渲染活动，比如制作一些针对媒体的新闻故事、社论等宣传资料。纺织品服装公共关系部门可使用的技巧很多，经常采用的有新闻稿、标题照片、个人访谈以及新闻发布会等。

（三）公司沟通

沟通包含与出版物的沟通和与人员的沟通，纺织品服装公关人员要确保公司沟通要有助于培养良好的公司沟通模式。人员沟通在公司的总体公关中也扮演着一个很重要的角色，这种沟通模式严重依赖于公司的介入程度，一个产业的公关代表也应该参与游说利益集团，比如环保人士可能会认为服装工业使用了化学染料而破坏了环境，这种情况下公关人员的主要任务就是通过专访大牌设计师，在电视节目上对上述问题做出技术层面的信息反馈。

（四）事件

事件促销是企业通过策划、组织和利用具有新闻价值、社会影响以及名人效应的人物或事件，吸引媒体、社会团体和消费者的兴趣与关注，以求提高企业或产品的知名度、美誉度，树立良好品牌形象，并最终促成产品或服务销售目的的手段和方式。如2010年6月17日，南京中脉远红在中国台湾组织参加旅游研讨的1000名经销商骑自行车，浩浩荡荡的自行车大军沿着淡水河自行车道前行，倡导低碳环保，引起中国台湾媒体广泛报道，受到了东森新闻、TVBS、《经济日报》《工商时报》等中国台湾媒体的热捧。该事件极大地提高了中脉远红在中国台湾的知名度。

再如巴黎时装周、米兰时装周、大牌企业的时装秀以及大牌设计师的服装秀等，这些大事件一般会被具有影响力的服饰杂志、日报以及电视新闻报道。目前服装秀已经从促销事件演变为艺术创造。

四、公共关系在整个纺织品服装营销中的作用

如果一个公司能够合理地进行营销计划活动，那么公共关系毫无疑问会对公司促销以及分销策略起到支撑作用。有时候，公共关系是与纺织品服装公司的活动相分离的，因为有可能会失控而有一定的危险性。公关宣传是其他付费类型沟通方式的一种补充，比如Levis牛仔裤的广告总是在媒体宣传之前投放，以确保消费者对其产品有足够的了解。纺织品服装公共关系也要求公众和媒体之间建立长期的关系，好的公共关系并不是单方面的沟通，而是要帮助公司在消费者心中树立良好的形象。

小案例 13-2 七匹狼的危机公关

2010 年 7 月 28 日北京市工商局公布了对服装的抽检结果，共有 65 种服装被曝出不合格，主要不合格项目为成分含量、染色牢度、甲醛含量、标识、pH、可分解芳香胺染料等。其中著名服装品牌七匹狼有一款女 POLO 领 T 恤衫被检出有毒物质。

七匹狼在事发后第二天就做出了回应。一是澄清，"被抽检的泉州市七匹狼体育用品有限公司生产的产品各项指标除氨纶成分略有超标外，其余各项指标均合格，证实不含任何有毒物质。"二是纠正，"关于氨纶成分出现不符合的情况，是一个新旧标准区别的问题。"三是说明，"截至 2010 年 5 月，此款产品已经全面停止在市场上的销售，现在市场上不存在此款产品。"

七匹狼在如此短的时间内做出了理性而具有说服力的声明，起到了在最大程度上挽救品牌形象的作用。该公司先牢牢抓住了"危机公关"的速度要素，在第一时间扭转了大部分人对此事的反面立场，接下来掌控了公关的方向，制订了公关步骤。更难能可贵的是，七匹狼对待此事一直处在一个"树立中国民族品牌健康形象、实事求是"的立场上，为更多的中国服装企业指明了方向，树立了榜样。

正是由于七匹狼公司的积极应对，事件正朝着明朗的方向转变——在 7 月 29 日，有 273 篇负面报道，并包含"有毒"报道若干篇，3 篇正面报道；7 月 30 日，有 172 篇负面报道，均指向"质量问题"，而"有毒"报道为 0 篇，还有了 59 篇正面报道。

（资料来源：危机公关见证七匹狼速度 [J]．纺织服装周刊，2010（29）：52）

第五节　人员推销

人员推销是指通过推销人员深入中间商或消费者进行直接的宣传介绍活动，使中间商或消费者采取购买行为的促销方式。它是一种最古老的促销方式。

一、人员推销的基本形式

（一）上门推销

上门推销是最常见的人员推销形式。它是由推销人员携带产品样品、说明书和订单等走访顾客，推销产品。这种推销形式可以针对顾客的需要提供有效的服务，方便顾客。但由于目前人们越来越注重个人安全和隐私，这种推销方式已经逐渐消失。

（二）专柜推销

专柜推销是指企业在适当地点设置固定门店，由营业员接待进入门店的顾客，从而推销产品。门店的营业员就是广义的推销员。现在的家纺及服装卖场有很多专业的导购员，不仅要懂得面料品种，而且要善于察言观色、揣摩顾客心理，满足顾客多方面的购买需求，为顾客提供较多的购买指导及服务。顾客也比较乐于接受这种方式。

（三）会议推销

会议推销是指利用各种会议向与会人员宣传和介绍产品，开展推销活动，如在订货会、交易会、展览会、物资交流会等会议上推销产品。这种推销形式接触面广、推销集中，可以同时向多个推销对象推销产品，成交额较大，推销效果较好。

二、人员推销的地位

像公共关系一样，人员推销也是促销组合的一部分。为了顾客能够自如地选购自己需要的产品，减少导购员带来的压迫感，纺织品服装零售终端并未配备太多的推销人员。许多大的服装公司如玛莎百货都设有自助服务方式，此外网购方式的发展也弱化了人员推销在促销组合中的重要性。然而人员推销在实施独家批发的商店中依然很重要。另外，在百货商场的特许经营店中，都配备有推销人员。

推销人员的关键作用就是告诉顾客相关的产品信息并影响顾客的购买决策。推销人员由于是要代表公司去面对消费者，其表现对公司是至关重要的，成功的推销人员会与顾客形成一个肯定的客户关系，而且会把顾客对产品的反馈意见及时传达到销售经理处。

三、人员推销过程

与其他的服装促销策略一样，人员推销的目的是与顾客进行沟通，告知顾客产品的特性并说服顾客购买，实际上的推销过程可以划分为以下几个阶段。

1. 方法/形成关系环节　这一阶段推销人员需要获得期望顾客的信任，这样顾客才会乐意接受推销人员的意见和建议。

2. 告知/讨论购买决策　推销人员需要帮助顾客形成需要，比如说，服装穿着的场合是休闲还是商务，然后据此告知顾客可以选择的系列、价格、适配性等详细信息以帮助顾客完成全套购买。

3. 展示　推销人员会向顾客展示纺织品或服装的特殊设计风格，可能同时还会借助一些特殊的促销手段。如果顾客试穿，推销人员应该给出得体的、乐于帮助的信息反馈，尤其当顾客是单独购物时更为重要。这是一个非常敏感的购物步骤，推销人员应当合理对待顾客的自我形象，不只是推销服装服饰，同时也要考虑顾客的自我形象。

当推销人员帮助顾客达到实际的购买决策时，销售就完成了。在这个时点上，如果购买决定非常明确，推销人员可以提出额外的购买决策，比如围巾等小的饰品。

☞ 思考题

1. 比较促销组合四个方面的主要特征。

2. 为一个著名纺织品或服装公司设计一个广告，说明要表现的关键点以及表现手法。

3. 挑选某种类型的商品，如游泳衣，研究其可能的促销方式。

4. 一家公司要把一种曾经"经典"的产品重新投放市场，如20世纪80年代的马海毛毛衫、唐装等，设计你认为可行的促销组合策略。

☞ 案例分析

"条件限制"的儿童商店经营方式

意大利的菲尔开办了一家7岁儿童商店，经营的商品全是7岁左右儿童吃穿看玩的用品，商店规定，进店的顾客必须是7岁儿童，大人进店必须有7岁儿童作伴，否则谢绝入内，即使是当地官员也不例外。商店的这一招不仅没有减少生意，反而有效地吸引了顾客。一些带着7岁儿童的家长进门，想看看里面到底"卖的什么药"，而一些身带其他年龄孩子的家长也谎称孩子只有7岁，致使菲尔的生意越做越红火。后来，菲尔又开设了20多家类似的商店，如新婚青年商店、老年人商店、孕妇商店、妇女商店等。比如妇女商店就谢绝男顾客入内，因而使不少过路女性很感兴趣，孕妇可以进妇女商店，但一般无孕妇女不得进孕妇商店；戴眼镜商店只接待戴眼镜的顾客，其他人只得望门兴叹；左撇子商店专门为左撇子服务，但绝不反对人们冒充左撇子进店。所有这些限制顾客的做法，不仅没有引起顾客的反感，反而都起到了促进销售的效果。

☞ 案例讨论

1. 这种看似不公平的促销方式为何容易取得成功？
2. 从本案例中得到的启示是什么？

第十四章　纺织品服装国际市场营销

【本章学习目标】

1. 了解纺织品服装的主要生产和消费市场。
2. 了解纺织品服装的贸易格局。
3. 了解我国纺织品服装的生产及消费现状。
4. 掌握我国纺织品服装行业的竞争优势。

第一节　纺织品服装国际市场概述

纺织品服装属于劳动密集型产业，随着发达国家产业结构的调整，新兴工业部门对经济的拉动作用明显超过了传统产业，多数的纺织工业生产发生了转移，生产地和出口国主要集中在不发达国家、发展中国家或工业化国家，这就使得发达国家在传统纺织品服装市场上的竞争优势减弱，进而转向能够提高科技含量和附加价值的高科技产品上。

一、纺织品服装的主要生产市场

纺织品服装贸易在全球商品贸易中占据着重要地位，在解决人们穿衣问题的同时也提供了大量的就业机会。世界上主要的纺织品服装生产国有以下几个国家和地区。

（一）美国

美国纺织工业中心集中在美国的南部诸州，如南卡罗来纳州、北卡罗来纳州、佐治亚州是美国主要的纺织工业基地，服装加工集中在加利福尼亚州和纽约等地。20 世纪 80 年代以来，美国的传统纺织服装业由于受到国际新兴工业国家以及南美和亚洲低工资国家巨大的竞争压力，开始呈现衰落态势，开始主动放弃科技含量低、生产过程中对环境污染严重的纺织产品，而普遍采用高新技术。同时，不断寻求一切能够提高劳动生产率、降低产品成本和增加产品效益的有效措施和手段，使美国始终处于世界纺织工业技术发展的尖端位置。

纽约是世界四大时装周的举办地之一，Michael Kors、Victoria's Secret、Marc Jacobs、Ralph Lauren、Calvin Klein、Vera Wang 等都是美国知名的服装品牌，尤其是 Victoria's Secret 的每年的维秘大秀已经成为女性内衣秀的盛会。

另外，美国还是世界棉花生产和出口大国，2017 年美国棉花产量位居世界第三，产量 410 万吨左右，其棉花的出口量占到全球棉花总出口量的 40% 以上。COTTON USA 是代表美国棉花的全球品牌，从纺纱、织布到服装，COTTON USA 近年通过各种新媒体如拍摄微电影等方式为美国的棉花进行品牌推广。

（二）欧盟

欧盟纺织服装的生产和贸易在欧盟经济发展中占有重要地位。2007 年欧盟大约有 17 万家纺织服装企业，就业人数约 247 万人，年销售额 2113 亿欧元。德国、意大利、法国、英国（2016 年全民公投脱离欧盟，目前正处于脱欧谈判中）是传统的纺织服装工业发达国家，这些国家不仅能生产高科技含量的纺织品服装、精密的现代纺织机械，而且还是世界高档时装的大本营。

德国的纺织服装企业绝大部分是中小企业，主要产品为丝、棉、化纤、毛线、工业用非织造布等。在过去的几十年中，德国传统的纺织服装行业规模总体呈现缩减的态势，生产逐年下降，就业人数逐年减少，已成为日渐衰退的夕阳工业。为了改善这种状况，德国加大了对技术及资本密集型纺织产品的开发和投资力度，开发出了一批技术含量高、既有个性化和高档化特点、又符合流行趋势和注重环保要求的产品。德国是著名的纺织机械生产国家，设备技术先进，可靠性强，价值高，其中以纺纱机、针织机和织布机等为主，也是全球纺织机械工业制造实力最强的国家。

纺织服装业是意大利经济的支柱产业之一，在意大利整个国民经济中占有重要地位。意大利多年以来形成的以时装设计师自主设计、创新品牌的文化底蕴和传统，是意大利纺织服装产业发展运行的坚固基础。意大利拥有众多世界著名的服装设计大师，其纺织服装产品以其独到的设计风格，高质量面料和尖端的加工工艺享誉世界，尤其是在顶级服装领域，拥有的品牌如 Giorgio Armani、Versace、Dolce & Gabbana、Valentino、PRADA、GUCCI 等；世界四大时装周之一——米兰时装周会在每年春季和秋季举行两次发布会，对未来的服饰流行趋势进行揭示。

英国属于欧洲老牌的纺织工业大国，也是工业革命的发源地。毛纺织业曾是英国工业革命前发展最强大的工业，到 18 世纪其棉纺织业迅猛发展，后期取代毛纺织业成为当时英国的中坚力量。随着工业化的继续发展，带动机械、冶金、煤炭等重工业的发展，而之后技术设备上的落后，再加上新兴资本主义国家的纺织服装业的发展，使得英国的纺织发展缓慢起来。尤其是近年的进口渗透现象明显，英国的纺织服装生产一直处于衰退中，但进口服装多集中在低价产品。不过高科技和高档的纺织服装自有品牌也不在少数，如 Burberry、Superdry、River Island 等，伦敦是四大时装周的举办地之一。

法国的纺织工业集中在北部、西北部和东部地区，约有 1000 多家企业，多数为中小企业，主要产品为面料、技术性纺织品等，近年致力于智能型纺织品的开发上。法国生产的多为高档产品，出口到全球各地。和意大利相似，其高级时装的盛名远播在外，拥有的品牌有 Karl Lagerfeld、Lanvin、Dior、Givenchy、Louis Vuitton、Chanel 等，巴黎是世界四大时装周的举办地之一。

（三）日本

日本是亚洲纺织工业最早兴起的国家，纺织工业对日本经济的振兴曾经发挥了巨大的作用。直到 20 世纪 60 年代，纺织服装业都是日本最大的工业部门，其纺织品出口额占当时日本出口总额的 50% 以上。20 世纪 60 年代起，随着日本工业中心的转移，纺织业逐渐萎缩。20 世纪 80~90 年代以后，日本的劳动力成本逐年增高，纺织业生产持续下滑，致使纺织服装就业人数明显减少。日本纺织工业放弃了"量产型、低价格、技术层次低"的产品，将其移往国外生产，在国内则集中资源生产附加值较高的高级流行成衣、服饰用品，以及工业用、汽车用、医疗用纺织品等获利较高的产品。

日本纺织业拥有强大的技术开发和产品策划能力，无论差别化纤维的开发，还是将纤维制成面料用于服装或其他制成品的应用技术能力，在世界上都是遥遥领先，从而使得日本纺织业在高端纺织品领域占据越来越重要的位置。

（四）印度

印度是南亚地区重要的纺织服装生产国，也是我国在南亚最大的贸易合作伙伴。印度的纺织服装业处于高度的分散状态，机器设备比较陈旧。在配额取消后，随着设备的更新，先进的、资本密集型的新型纺织服装产业迅速进行扩张。

印度纺织制成品的覆盖面很广，包括棉制品、化学纤维、毛制品、丝织品、黄麻制品、手织品、地毯、手工艺品及成衣。目前纺织业在印度国民经济中占有极其重要的地位，贡献了印度 GDP 的 4%、工业总产出的 14%、出口创汇的 11%。印度的棉花生产数量充足，价格低廉，2016/2017 年度产棉预测达到 641 万吨，成为全球最大的棉花种植地区，同时也是全球最大的黄麻生产国、第二大生丝生产国，印度充足的劳动力资源使之成为世界第二大纺织品和成衣生产国。

（五）中国

我国纺织服装工业的发展得益于改革开放以来的国内政治经济体制改革以及国际资本、技术的输入。1978~2007 年，服装工业总产值平均年递增速度达到 14%，服装产量也从 6.7 亿件增长到 2007 年的 512 亿件，以加工贸易形式为主；2009 年，随着我国劳动力成本的逐年上升，加工企业向东南亚的转移，使得我国的纺织服装产业加速转型；2016 年，纺织品服装贸易额 2906 亿美元，其中出口 2672.5 亿美元，占全国货物出口贸易额的 12.7%，形式仍以加工贸易为主。

二、纺织品服装的主要消费市场

（一）美国

美国是世界上最大的纺织品服装消费市场。2016 年，美国服装进口量 276.9 万吨，进口金额 4398 万美元。据统计，2016 年美国服装进口主要来自中国、越南、洪都拉斯和印度尼西亚，进口量分别占美国服装进口总量的 34.93%、12.46%、8.15%、4.74%。近两年美国自中国的服装订单开始向东南亚国家，特别是向越南转移，同时美国对纯棉服装的进口也呈现小幅下降趋势，化纤和混纺服装是美国服装进口的主要产品。

在购买服装时，美国消费者最关心的是价格和品牌。据统计，美国服装市场上，国家级名牌商品占市场零售额的 48%。服装零售的形式以线下为主，但线上销售额呈逐年增加趋势，2016 年美国服装市场（包括线上和线下）的总价值为 2000 亿美元，其中仅亚马逊就占到了 34 亿美元，可见消费形式也在发生改变。

（二）欧盟

欧盟的纺织服装市场从整体上可以分为两个消费档次：德国、法国、意大利、英国等发达国家属于第一个档次，对纺织服装的品质要求较高，消费数量较大；其次是希腊、葡萄牙、爱尔兰等国家，国民收入水平较低，纺织品服装消费相对较少。

据英国著名市场研究公司 Verdict 的报告表明，欧洲人在服装上每花 5 英镑，其中就有 4 英镑来自意大利、英国、德国、法国、西班牙和荷兰。意大利人的服装开销近年来一直居欧洲之首，葡萄牙、爱沙尼亚等国家的纺织服装消费也在不断增加。

另外，欧盟各国的纺织品服装消费又各有其特点。法国人对服装服饰的时尚性要求很高，无论男女老幼，都衣着得体，搭配适宜；轻松、休闲、宽松是意大利人日常服装的主要特点；德国服装更注重简洁、朴素和严谨，随着纺织服装绿色消费的兴起，德国消费者对面料色质和偶氮染料等技术指标的要求明显提高。

（三）日本

日本是一个高度信息化、消费成熟化的国家。作为全球最具实力的消费市场之一，日本一直领先于亚洲其他各个国家市场。但最近 10 多年，日本纺织服装销售整体不景气，流行趋势的变化、消费者收入差距的逐步拉大以及人口年龄层次的增多都对企业未来营销策略造成深刻影响。

（四）韩国

韩国的纺织品服装消费市场分布非常广泛，除了连锁店、专卖店，还有很多大型市场。如首尔的东大门纺织品服装市场，每年约有 12 万人次的外国游客光临，像这样规模的纺织品服装批发零售市场，韩国至少有 30 多个。

不同年龄段的韩国消费者在购买服装时呈现出不同的特点。40~55 岁年龄段的消费群体中，年花销金额约 495 美元；而 55 岁以上的消费群体年平均购置服装的金额约为 148 美元。另外，婴幼儿和 30 岁左右的消费群体，年均分别购置外衣 8.4 件和 8.1 件，购买数量最多。目前，韩国的服装消费两极分化日益加深，来自亚洲的低档服装产品和来自欧洲的高档产品在市场上都占有优势。

（五）中国

随着我国城镇居民可支配收入的逐渐增长，人均服装消费支出逐渐增加，人均衣着的支出从 1995 年的 202 元增长至 2011 年的 1024 元，而居民人均消费服装数量也从 1995 年的 5.37 件，2016 年人均衣着支出为 1203 元，人均服装数量 9.82 件，服装消费数量和金额的迅速发展使得我国服装消费市场迅速扩大，服装消费的结构也在从数量向质量上转变，进而推动服装产业的升级。

对我国的消费市场进行调查得到："40 后"和"50 后"步入老龄消费层，对时尚的敏感度较低，相对关注价格较多；"60 后"和"70 后"，目前国内市场的主力消费群，追求品牌、品质和性价比；"80 后"既有"70 后"传统消费的特征，又有"90 后"的消费特征；"90 后"更青睐的是设计师品牌、国际奢侈品品牌年轻系列产品、以传播生活方式为主的品牌。

第二节　纺织品服装国际贸易格局

国际纺织品服装贸易是全球最为传统的商品贸易，长期在国际商品贸易中占据重要地位。

一、纺织品国际贸易格局

纺织业是各国经济发展早期的支柱产业，包括发达国家。第二次世界大战以前盛行的主要是"南北贸易"模式，即建立在资源比较优势基础上的产业间贸易。发达国家出口工业制造品，然后从发展中国家进口资源类以及简单的劳动密集型产品。当发达国家丧失比较优势后会放弃这些产品的生产，最先转移出去的通常是劳动力密集型的组装生产环节。纺织工业从 18 世纪在英国建立，经过 200 多年时间的产业转移，到 20 世纪中期亚洲等发展中国家占据全世界绝大部分生产份额。表 14-1 为 2016 年海关编号为 52 的棉织品主要贸易市场的进出口统计额。

表 14-1　2016 年主要贸易市场的纺织品进出口统计

序号	国家（地区）	进口贸易额（美元）	出口贸易额（美元）
1	中国	7743516202	14965725351
2	中国香港	1719915758	1869541825
3	印度	1071400719	6262460125
4	土耳其	2297306026	1720258584
5	美国	974425651	5677634571
6	柬埔寨	445507962	1412528
7	埃及	529609901	462116346
8	印度尼西亚	2096220450	782123486
9	日本	616677652	514411615
10	墨西哥	955108306	229637353
11	法国	402530221	314426986
12	德国	965502577	956553805

续表

序号	国家（地区）	进口贸易额（美元）	出口贸易额（美元）
13	意大利	1230457796	1418855010
14	英国	309292339	182991053
15	加拿大	114078338	27600691

数据来源：https：//comtrade. un. org/

从表 14 - 1 中可以看出，我国在棉制品的进出口市场中仍然占据重要地位，而发达国家依然是全球纺织品贸易的主要市场，随着发展中国家的经济发展，其纺织品的消费也在迅速增长。

二、服装国际贸易格局

服装基本属于劳动密集型产业，大部分生产国和出口国是不发达国家、发展中国家或工业化国家，集中于环太平洋地区。发达国家如美国、德国、法国、意大利也是重要的服饰产品出口国，主要以高品位或高技术产品为主。"大中华圈"包括我国大陆、港澳台地区是最能左右世界服装业的区域，虽无名义上的联盟，但产业的渗透转移和行业资源的互补已使这一地区在经济发展上成为事实上最有潜力的联合体。表 14 - 2 为 2016 年海关编码为 61 和 62 类服装主要贸易市场的服装进出口统计额。

表 14 - 2 2016 年主要贸易市场的服装进出口统计

序号	国家（地区）	进口贸易额（美元）	出口贸易额（美元）
1	中国	5948225667	146478364120
2	中国香港	12497306206	14915742603
3	印度	601064503	16961165299
4	土耳其	2483572302	14784502341
5	美国	84031071354	4924515581
6	柬埔寨	87614724	6627198459
7	埃及	534452230	1144618857
8	印度尼西亚	410533343	7171029527
9	日本	26249360086	453308446
10	墨西哥	3424698844	4061753809
11	法国	21518271709	10012029709
12	德国	35258525091	17116335117
13	意大利	14622047610	19968408836
14	英国	24481669956	7996371861
15	加拿大	8786272817	1101767343

数据来源：https：//comtrade. un. org/

从表 14-2 中可以看出，发达国家的服装类进口额相对较多，如美国、德国、英国等；发展中国家的服装出口较多，我国依然为服装类产品出口的大国，而如法国、德国、意大利等国家的服装出口多集中在高档时装类，出口量也比较大。

第三节　我国纺织品服装市场

一、我国纺织品服装市场现状

（一）生产规模

2016 年，在全球经济低迷、市场需求偏弱的复杂形势下，我国纺织行业深入推进转型升级，积极落实供给侧结构改革，纺织行业全年实现平稳增长，行业盈利能力稳定，运行质量持续改善，但企业成本负担依然较重，行业面临较大发展压力。据国家统计局数据，2016 年纺织行业规模以上企业工业增加值同比增长 4.9%，低于上年同期增速 1.4%；实现主营业务收入 73302.3 亿元，同比增长 4.1%，增速较上年同期放缓 0.9%；实现利润总额 4003.6 亿元，同比增长 4.5%，增速较上年同期放缓 0.9%；固定资产投资完成额 12838.7 亿元，同比增长 7.8%，增速较上年同期降低 7.2%。

服装是生活必需消费品，我国拥有超过 13 亿人口的庞大消费人群，随着城市化的发展和人均可支配收入的提高，我国已成为全球最重要的服装消费市场之一。国家统计局数据显示，我国服装产量从 2005 年的 151.99 亿件增长至 2013 年的 271.01 亿件；2016 年，我国服装行业规模以上企业累计完成服装产量 314.52 亿件，其中梭织服装 170.26 亿件，针织服装 144.27 亿件。

总体来说，我国纺织服装供给充足，但产品档次和附加值普遍较低，特别是在高档服装领域，拥有自主设计能力和品牌运作能力的服装企业较少。随着国际品牌的加速进入，一方面加剧了行业的竞争，为国内服装企业带来一定的经营压力；另一方面强化了消费者的品牌消费意识，使品牌消费逐渐成为服装消费的主流，为国内品牌服装企业创造了更好的发展空间。

（二）出口形势

1. 出口数量持续增长　我国的国际贸易在经济全球化的背景和全面建设这一历史任务下，充分利用国际和国内两个市场的资源，取得了大发展。自 1994 年开始，我国便一直保持着国际贸易中出口第一的地位。纺织服装的三大地位——国民经济支柱产业、民生产业和国际竞争优势产业有了更加进一步凸显。2005 年以来，中国纺织服装出口的国际竞争力有了很大的提高，对我国的出口创汇、进口能力的增强等都做出了突出的贡献。

2004 年 12 月 31 日，ATC 终止，全球纺织品服装贸易进入到了一体化发展阶段，配额的取消给中国纺织品服装出口带来了前所未有的发展机遇，产能得到充分释放。2005 年，全国纺织品服装贸易总额达到 1346.34 亿美元；2006 年，这一数值达到 1651.36 亿美元；2007 年达到 1943.53 亿美元。2005~2007 年，全国纺织品服装贸易总额每年以 300 亿美元以上的规模递增，增长率保持较高水平，2005 年为 17.9%，2006 年达 22.66%，2007 年为 17.69%。

2008 年，虽然遭遇全球金融危机，但我国在纺织服装出口总额上依然保持增长——累计完成服装及衣着附件出口总额为 1197.9 亿美元。2009 年，纺织行业出口出现近年来最大幅度下降。根据海关统计数据，我国累计完成服装及衣着附件出口总额为 1070.51 亿美元，与上年同期减少 127.39 亿美元，同比下降 10.63%。

2010 年，服装出口呈现强劲回升态势，基本恢复到 2009 年以前水平，并推动整个产业复苏。据海关统计，2010 年，我国累计完成服装及衣着附件出口 1294.88 亿美元，同比增长分别为 20.95%。出口数量分别微低于 2008 年、2007 年同期 0.02% 和 0.38%，差额正在逐步缩小。

2016 年，我国累计完成服装及衣着附件出口 1594.47 亿美元，同比下降 9.35%。服装出口数量为 295.93 亿件，同比下降 2.75%。其中，针织服装及附件出口 744.25 亿美元，同比下降 11.2%，出口数量为 188.98 亿件，同比下降 3.27%；梭织服装及附件出口 721.44 亿美元，同比下降 8.08%，出口数量为 106.95 亿件，同比下降 1.82%。表 14-3 为我国 2013~2017 年上半年纺织服装贸易额量，从中可以看出纺织服装贸易额在我国的货物贸易中占比还是比较大的。

表 14-3　我国 2013~2017 年上半年纺织服装贸易额量

年度	货物贸易额（亿美元）	纺织服装（亿美元）
2013	22100.4	2840.7
2014	23432.2	2984.9
2015	22844.9	2839.0
2016	20908.3	2672.5
2017（1~7 月）	12447.2	1497.5

数据来源：中国纺织品进出口商会官方网站 http://www.ccct.org.cn/

2. 出口对象更趋多元化　从 2011 年开始，一方面我国服装出口保持较平稳的增长；另一方面出口增幅呈现隐忧，区域结构有所优化。2012 年，国际市场的疲软，使全球服装加工贸易竞争更加激烈，东南亚国家依托更低的原料、劳动力成本和更优惠的政策措施，分流了中国很多订单。在国际要素成本增长、人民币持续升值的压力下，我国服装出口全年增幅收窄，更多的企业转向内销市场。

2016 年，亚洲地区是我国服装出口第一大洲，占出口总额的 36.68%；其次是欧洲，占出口总额的 27.97%；最后是北美洲，占出口总额的 22.58%。另外我国对非洲、拉丁美洲和大洋洲出口额分别占出口总额的 5.48%、4.56% 和 2.74%。

3. 地区出口布局优化　随着我国西部大开发、中部崛起、振兴东北老工业基地等区域发展战略的相继实施，我国服装出口的地区布局进一步优化。东北省市服装出口占全国比例持续下滑，中西部地区服装出口活跃。从各省市出口情况来看，截至 2016 年，我国服装出口仍集中在东部沿海地区，但份额继续下降。

（三）内销市场

随着城市化的发展和人均可支配收入的提高，我国服装行业增长迅速，销售额得到快速增长。国家统计局数据显示，2005～2013 年，我国服装零售商品销售额从 249.23 亿元增长至 2620.26 亿元，增长率均值为 32.44%，比同期 GDP 增长率均值高约 22.14%。

2010 年是我国服装产业处在后危机时代的产业恢复期和格局转型的起跑年。我国服装产业在成功应对全球金融危机冲击基础上，克服了劳动力资源短缺，原材料成本高速上涨，汇率调整、出口下滑等不利因素影响，积极调整产业结构，加快转变经济增长方式，服装产业全年保持平稳发展。据国家统计局数据，2016 年，我国社会消费品零售总额 332316 亿元，同比增长 10.4%。其中，限额以上单位商品零售额 145073 亿元，增长 8.3%；服装类商品零售额累计 10218 亿元，同比增长 6.8%。2016 年，全国网上零售额 51556 亿元，同比增长 26.2%，其中，实物商品网上零售额 41944 亿元，增长 25.6%，占社会消费品零售总额的比重为 12.6%；在实物商品网上零售额中，穿着类商品同比增长 18.1%。2016 年衣着类居民消费价格同比上涨 1.4%，其中服装价格上涨 1.4%，衣着加工服务费上涨 4.0%，鞋类价格上涨 1.4%。2016 年衣着类生产者出厂价格同比上涨 0.9%，较 2015 年提高 0.2%。由此可见，我国纺织品服装的内需市场在扩大，其中线上销售占有量正在逐年增加。

二、我国纺织品服装产业和产品结构分析

（一）我国纺织品服装产业结构

根据产品最终用途的不同，纺织产业可分成服用类纺织品、家用纺织品和产业用纺织品三大类。根据所用原料和加工系统的不同，纺织产业可分为棉纺织产业、毛纺织产业、绢纺织产业、麻纺织产业、化纤产业等；根据纺织产品的成品形式不同，纺织产业可分为原料类，如生产涤纶、腈纶等化纤；纱线类，如生产棉纱、涤棉混纺纱等；织物类，即各种织造产品；面料类，主要指生产印染产品；服装类；机械类等。

在发达国家和地区的纺织产业经营模式中，有一种叫微笑曲线的函数模型，可用来分析目前我国的纺织服装产业结构。

如图 14-1 所示，图中横坐标代表产业链，纵坐标代表产品价值，图中曲线为抛物线，抛物线的形状很像一张微笑的脸，微笑曲线之名由此得来。微笑曲线揭示了一个现象：在抛物线的左侧（价值链上游），随着配套软件等新技术研发的投入，产品附加价值逐渐上升；在抛物线的右侧（价值链下

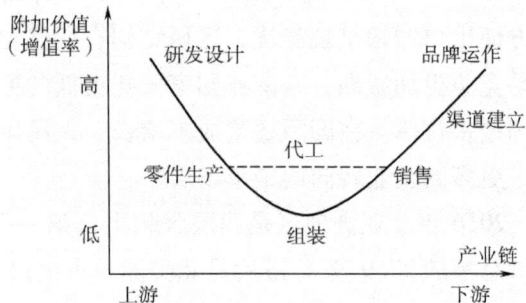

图 14-1 微笑曲线

游），随着品牌运作、销售渠道的建立，附加价值逐渐上升；作为劳动密集型的中间制造、装配环节，不但技术含量低、利润空间小，而且市场竞争激烈，容易被成本更低的同行所替代，因此成为整个价值链条中最不赚钱的部分。微笑曲线就是"附加价值曲线"，可通过开发新材料、品牌、行销渠道、运筹能力等提升工艺、制造、规模的附加价值，也就是通过向微笑曲线的两端渗透，来创造更多的价值。

我国纺织行业的大部分力量都集中在曲线的中间部分，即更多地从事纺纱、织造和服装加工等。在这部分产业里，随着数量的增加，价值不会有明显的提高，而我国的纺织企业却总在这个范围互相竞争，寻求生存的空间。随着能源、原材料及劳动力等的日益短缺；我国的纺织产业结构如不能进行适当的调整，将面临更大的风险。

（二）我国纺织品服装产品结构

我国纺织工业在经过"十二五"时期后，纺织业结构调整成效显著，产业结构进一步优化，产业用纺织品作为行业发展的新增长点作用进一步发挥，服装、家纺、产业用纤维加工量比重由 2010 年的 51：29：20 调整为 46.8：28.6：24.6，产业用纺织品行业纤维加工量年均增长 10.6%。化纤在全国纤维加工量中占比提高 12 个百分点，化纤产量占世界的比重提高 7.7 个百分点。尽管提高了产业用纤维的加工量，但基本还是服用纺织品纤维所占比重较大，而三大类纺织产品中产业用纺织品的技术含量和附加值最高。

我国现阶段的纺织品结构主要以服用纺织产品为主，同时在这类产品中也是以中低档的服用纺织品为主要生产方向，而对高档的服装面料还存在技术上和研发上的欠缺。我国纺织行业多年来只重视规模，不重视品牌；只重视硬件，不重视软件，虽然我国纺织生产能力已居世界第一位，但产品的档次、品种结构仍处于世界的中低档水平。

三、我国纺织品服装的竞争力分析

1995～1997 年随着国内外虚拟经济的持续升温，我国纺织服装业一度被认为是夕阳产业和弱势产业，伴随着全球虚拟财富幻觉的灭失，21 世纪初期，我国纺织服装重新被定位为国民经济的支柱产业和国际竞争优势明显的产业。截止到 2016 年我国的纺织服装出口依然居于全球第一，纺织工业为我国经济的起步和腾飞、居民真实财富增长和社会持续稳定做出了重大贡献。我国的主要优势有以下几方面。

（一）资源优势

原材料成本是影响纺织服装业竞争优势的较为重要的因素。作为纺织服装业的主要原料，我国有着丰富的天然纤维资源和迅速发展的化学纤维资源。

我国是棉花生产大国，从 1985 年以来我国的棉花产量一直位居世界第一，2017 年印度棉花种植面积的扩大有赶超我国的趋势，但我国的棉花产量依然占世界棉花产量的 20% 左右，棉花的自给率比较高。大部分棉纺品生产和出口规模位居世界第一位，棉纺织品出口有很大的比较优势。此外，我国还是羊毛生产大国，2015 年全年羊毛产量占全球的 15% 左右，同时还盛产麻与蚕丝等天然纤维。化学纤维方面，2016 年累计生产约 4944 万吨，产量一直位居世界第一，既能满足国内消费又可大量出口。

（二）劳动力成本和生产效率优势

根据国家统计局统计 2015 年中国劳动年龄人口总数为 91096 万人，连续第 4 年保持下滑的趋势；同时，2015 年劳动年龄人口占比达到 66.3%，较 2014 年 73.4% 下降约 7 个百分点，表明我国的劳动人数处于下跌趋势。据计算 2001~2012 年，我国每小时制造业劳动报酬的年均增幅为 11.9%，尽管制造业劳动力成本大幅上升，但我国在国际上仍将保持很强的竞争力。2012 年我国制造业工人的每小时工资平均为 2.1 美元，美国为 35 美元/小时，德国和法国分别达到 45.8 美元/小时和 39.8 美元/小时。

此外，与很多新兴的纺织服装生产国相比，我国劳动力具有较高的综合素质；同时，我国纺织服装工业具有较完整的传统工业体系，正在改革的产业技术和企业机制，良好的外部配套设施和基础设施，丰富的原材料和能源等，这些因素为发挥我国劳动力成本优势提供了有利条件。

（三）产业集群化优势

产业集群是指同一产业的企业以及该产业的相关产业和支撑产业的企业地理位置上的集中。纺织服装产业集群化是纺织服装行业的突出特征。集群化效应的最大好处是节约交易成本。近几年来，泉州的七匹狼、九牧王、柒牌、劲霸、利郎等一批知名服装品牌在国内外的影响逐渐增强，泉州服装整体竞争力明显提高，市场占有率不断上升，在全国影响力和知名度迅速扩大。

（四）品牌意识优势

虽然我国已经成为世界纺织品服装产品的出口大国，但若仔细分析其出口产品的结构，可以清楚地看到，在所有的出口产品中，加工贸易仍然占有一定比重。尤其是我国出口的服装产品大都为低附加值的产品，没有自己的品牌。

目前有如杉杉、李宁等品牌在全球范围内得到了一定的声誉，但品牌所蕴含的企业文化和地方人文理念的推广需要的是长期积累。随着我国《商标法》《广告法》等政策的出台，以及纺织服装产业化集群的发展，国内的服装品牌建设也取得了快速的发展。

☞ 思考题

1. 目前纺织品服装的主要生产市场有哪些？
2. 分析发展中国家在纺织品服装贸易中的作用和地位。
3. 分析我国纺织品服装企业的竞争优势。

参考文献

[1] 菲利普·科特勒. 营销管理 [M].14 版. 北京：中国人民大学出版社，2012.

[2] 菲利普·科特勒. 市场营销原理 [M].9 版. 北京：清华大学出版社，2003.

[3] 吴健安，聂元昆. 市场营销学 [M].5 版. 北京：高等教育出版社，2014.

[4] 菲利普·科特勒. 营销管理 [M].6 版. 北京：清华大学出版社，2017.

[5] 菲利普·科特勒. 市场营销原理. 亚洲版（上）[M]. 北京：中国人民大学出版社，1997.

[6] 王金泉. 纺织服装营销学 [M]. 北京：中国纺织出版社，2006.

[7] 宁俊，李晓慧. 服装营销实务与案例分析 [M]. 北京：中国纺织出版社.2000.

[8] 王建坤. 纺织服装贸易概论 [M]. 北京：中国纺织出版社，2009.

[9] 格威妮丝·穆尔. 服装市场营销与推广 [M]. 张龙琳，译. 北京：中国纺织出版社，2014.

[10] 小奥威尔·沃克，约翰·马林斯. 营销战略：以决策为导向的方法 [M]. 李先国，等，译. 北京：北京大学出版社，2007.

[11] 庄贵军. 营销管理：营销机会的识别、界定与利用 [M]. 北京：中国人民大学出版社，2011.

[12] 卡尔·麦克丹尼尔，小查尔斯·W·兰姆. 市场营销学案例与实践 [M]. 上海：上海人民出版社，2010.

[13] 王永贵. 营销管理 [M]. 大连：东北财经大学出版社，2011.

[14] 郭国庆. 市场营销学通论 [M].4 版. 北京：中国人民大学出版社，2011.

[15] 余思雅，周莉英. 探析服装风格的流行与传播 [J]. 现代装饰理论，2013（9）：126.

[16] 曾德福. 杜邦公司尼龙制品的启示 [J]. 江苏丝绸，1990（5）.

[17] 孟祥林. 市场营销学——理论与案例 [M]. 北京：机械工业出版社，2013.

[18] 祝文欣. 炒作与造势——服装企业事件营销及案例分析 [M]. 北京：机械工业出版社，2007.

[19] 蒋智威. 服装品牌营销案例集 [M]. 上海：东华大学出版社，2010.

[20] 万艳敏，吴海弘. 服装营销案例教程 [M]. 上海：东华大学出版社，2013.

[21] 首都服饰文化与服装产业研究基地，北京服装纺织行业协会编著. 北京服装产业发展研究报告 [M]. 北京：中国纺织出版社，2016.

[22] 姚穆. 纺织材料学 [M].4 版. 北京：中国纺织出版社，2015.

[23] 郭凤芝，邢声远，郭瑞良. 新型服装面料开发 [M]. 北京：中国纺织出版社，2014.

[24] Prahalad. C. K. and Hamel. G. The Core Competence of the Corporation [J]. Harvard Business Review, 1990, 68（3）：79-91.

[25] 黎继子. 纺织服装业供应链管理 [M]. 北京：中国纺织出版社，2014.

[26] 华梅，周梦. 服装概论 [M]. 北京：中国纺织出版社，2009.

[27] 宗亚宁，张海霞. 纺织材料学 [M].2 版. 上海：东华大学出版社，2013.

[28] 杨以雄. 服装市场营销 [M].3 版. 上海：东华大学出版社，2015.

[29] 蔡玉兰. 纺织服装国际贸易 [M]. 上海：东华大学出版社，2009.

[30] 胡玫. 经济全球化视野下的国际产业转移研究 [M]. 北京：对外经济贸易大学出版社，2016.

[31] 弗吉尼亚·格罗斯. 时尚产业管理：服装营销 [M]. 朱方龙，译. 北京：中国纺织出版社，2017.

[32] 穆慧玲. 服装流行趋势 [M]. 上海：东华大学出版社，2016.

［33］凯特·斯卡利，黛布拉·约翰斯顿·科布．色彩预测与流行趋势［M］．Coral Yee，译．北京：中国青年出版社，2013.

［34］莎伦·李·塔特．服装·产业·设计师［M］．5 版．苏洁，范艺，蔡建梅，等，译．北京：中国纺织出版社，2008.

［35］王蓉蓉．70 后—80 后—90 后生活方式与服装消费行为的实证研究［D］．浙江理工大学硕士学位论文．2014.

［36］艾尔·里斯，杰克·特劳特．品牌定位［M］．北京：中国友谊出版公司，1991.